# पाँच भक्त कवि

## विवाद और विमर्श के सन्दर्भ में

(आलोचना)

# पाँच भक्त कवि

विवाद और विमर्श के सन्दर्भ में

मुरली मनोहर प्रसाद सिंह

वाणी प्रकाशन ग्रुप
भारतीय ज्ञानपीठ
वाणी प्रकाशन : भारतीय ज्ञानपीठ की पुस्तकों के एकमात्र प्रकाशक एवं वितरक

लोकोदय ग्रन्थमाला : ग्रन्थांक 1304

पहला संस्करण : 2017
दूसरा संस्करण : 2025

वाणी प्रकाशन ग्रुप
भारतीय ज्ञानपीठ

वाणी प्रकाशन : भारतीय ज्ञानपीठ की पुस्तकों के एकमात्र प्रकाशक एवं वितरक

**वाणी प्रकाशन**
4695, 21-ए, दरियागंज, नयी दिल्ली-110 002
दूरभाष : 011-23273167, 23275710
ईमेल : sales@vaniprakashan.in
www.vaniprakashan.com

**ISBN : 978-93-7112-109-5**

**मूल्य : ₹ 500**

**पाँच भक्त कवि**
**विवाद और विमर्श के सन्दर्भ में**
*(आलोचना)*
**मुरली मनोहर प्रसाद सिंह**



PANCH BHAKT KAVI
Vivad Aur Vimarsh Ke Sandarbh Main
*(Critic)*
by Murli Manohar Prasad Singh

आवरण : महेश्वर

मुद्रक : आर. टेक ऑफ़सेट प्रिंटर्स, दिल्ली-110 032

# भूमिका

मैंने इस पुस्तक में भारतीय इतिहास और समाजविज्ञान के नये-नये अनुसन्धानों की रोशनी में पाँच प्रमुख रचनाकारों पर विस्तारपूर्वक लिखा है। भक्तिकालीन रचनाकारों में अब जायसी की कोई खास चर्चा नहीं होती। पद्मावत को मैं ऐतिहासिक रोमांस मानता हूँ। जायसी की मानवतावादी भावभूमि पर नये सिरे से विचार करना मुझे उनकी ऐतिहासिक अनिवार्यता की ओर आकृष्ट करता रहा। वर्तमान साम्प्रदायिक उन्माद के विरुद्ध संघर्ष के दौर में भी जायसी मुझे प्रासंगिक प्रतीत होते हैं। जहां तक मीराँबाई की चर्चा का प्रश्न है, इधर नये-नये समालोचकों ने स्त्री-विमर्श के अलावा अन्य दृष्टि बिन्दुओं से भी उन पर विचार किया है। इसी तरह कबीरदास पर भी नये ढंग से चर्चा-परिचर्चा का समकालीन प्रचलन इस बात के लिए आमन्त्रण देता है कि कबीर पर नये ऐतिहासिक और समकालीन परिप्रेक्ष्य में आलोचनात्मक भाष्य प्रस्तुत किया जाय। ब्रज प्रदेश की लोकसंस्कृति में पली-पगी कृष्णभक्ति पर विचार करने की एक प्रतिज्ञा काफी दिनों से मुझे इसलिए प्रेरित करती रही है ताकि यह स्पष्ट किया जाय कि ब्रज प्रदेश के लोक जीवन में जो स्त्री-स्वतन्त्रता थी, उसे सभी कृष्णभक्त कवियों ने आवश्यक परिष्कार-निखार के साथ प्रस्तुत कर आज के स्त्री विमर्श को भी आलोकित कर दिया है। इसी तरह कलजुग और रामराज्य का जो चित्रण तुलसीदास ने किया है, उसमें मुझे एक द्वन्द्व दिखायी पड़ता रहा है। अपने जमाने के यथार्थ की दुरवस्थाओं का चित्रण तुलसी ने कलजुग के रूप में प्रस्तुत किया है। कलजुग बनाम रामराज्य के रहस्य का उद्घाटन आवश्यक प्रतीत होता रहा है। आखिर रामराज्य की परिकल्पना में उदीयमान सामन्तवाद की कुछ विशेषताओं के आदर्शीकरण की प्रवृत्ति मुझे तुलसीदास के काव्य में झांकती नज़र आयी।

इन्हीं सन्दर्भों में भक्तिकाव्य के पाँच रचनाकारों पर केन्द्रित एक स्वतन्त्र पुस्तक की आवश्यकता मुझे महसूस होती रही है, जिसकी परिणति इस पुस्तक के रूप में हुई है।

ऐसी पुस्तक की योजना मैंने भारतीय ज्ञानपीठ के निदेशक श्री लीलाधर मंडलोई को बतलायी और उन्होंने इस प्रस्ताव पर अपनी सहमति जतलायी। इसलिए मैं उनका आभारी हूँ। रेखा अवस्थी का भी मैं आभारी हूँ, चूँकि उन्होंने लगातार विभिन्न मुद्दों पर बहस कर इस पुस्तक को बहु-आयामी दृष्टि से लिखने में सहायता दी है।

आशा है हिन्दी के छात्र, अनुसन्धानकर्ता और साहित्यप्रेमी को यह पुस्तक निराश नहीं करेगी। पाँच भक्तकवियों के बहाने 200 वर्षों तक चलनेवाले भक्ति आन्दोलन की विभिन्न अन्तःप्रवृत्तियों का भी उद्घाटन स्वतः हो जाता है। इसलिए मुझे उम्मीद है कि आज के पाठक इस पुस्तक को पसन्द करेंगे।

**—मुरली मनोहर प्रसाद सिंह**

# विषयानुक्रम

# कबीर साहित्य के मूल्यांकन की ऐतिहासिक पृष्ठभूमि

किसी भी रचनाकार की विचारधारा अथवा विचारचेतना का उद्‌भव और क्रमिक विकास किसी विशिष्ट ऐतिहासिक परिस्थिति के कारण ही होता है। कबीर की विचारचेतना और उसकी प्रासंगिकता का अध्ययन करने के लिए यह आवश्यक है कि उसे प्रचलित तत्कालीन परिस्थितियों के ठोस सन्दर्भ में देखा जाए और इस बात की छानबीन की जाय कि उक्त परिस्थिति ने उनकी सोचसमझ, उनकी अनुभव प्रक्रिया और उनके संज्ञान को किस प्रकार प्रभावित किया। यद्यपि मध्ययुग की धार्मिक और दार्शनिक प्रणालियाँ सामन्तवाद की सीमाओं में जकड़ी थीं किन्तु इससे यह निष्कर्ष यान्त्रिक रूप से निकालना सर्वथा भ्रांत होगा कि कबीर के विचार अथवा मध्ययुग के सभी विचार सामन्ती शासकों के हितों के पृष्ठपोषक थे। सामन्ती विचारधारा की सीमाओं तथा उस युग की ऐतिहासिक बाध्यताओं की जकड़बन्दी के कारण कबीर की विचारधारा की भी सीमाएँ हैं, जिनके परिणामस्वरूप अनेक प्रकार की असंगतियों की झलक कबीर में भी उल्लेखनीय स्पष्टता के साथ दिखायी देती है।

कबीर नाथपन्थी जोगी परिवार में पले-बढ़े थे। ये नाथपन्थी न तो हिन्दू माने जाते थे, न मुसलमान। 'कबीर' नामक पुस्तक में हज़ारीप्रसाद द्विवेदी इस तथ्य की पुष्टि करते हैं कि ''जोगी जाति का सम्बन्ध नाथपन्थ से है। जान पड़ता है, कबीर के वंश में भी नाथपन्थी संस्कार पूरी मात्रा में थे। यदि नाथपन्थी सिद्धातों की जानकारी न हो तो कबीर की वाणियों को समझ सकना भी मुश्किल है।'' गोरखनाथ के समय से ही नाथपन्थी लोग हिन्दुओं और मुसलमानों के बाह्याचार, धार्मिक पाखंड, जातपाँत की कट्टरता, सामाजिक रुढ़िवाद और धार्मिक अंधविश्वासों के विरुद्ध भारत के पश्चिमी, उत्तरी और पूर्वी भागों में अपना आन्दोलन चला रहे थे। नाथपन्थियों में गृहस्थ लोग भी शामिल थे, पर आन्दोलन का नेतृत्व मुख्यत: वैरागियों और फकीरों के हाथ में था। वे स्वेच्छा से गरीबी का, सादगी का और सांसारिक सुखों से विरक्त सन्तों का जीवन जीते थे। एक आन्दोलन के रूप में नाथपन्थियों की यह जीवनशैली सामन्ती विलासिता, ऐश्वर्य और मदांधता के खिलाफ एक प्रकार के प्रोटेस्ट या विरोध की अभिव्यक्ति थी। सामन्तवाद के खिलाफ यह विरोध, सामन्ती शासकवर्ग के

रहनसहन के तौरतरीकों, उनकी शाहखर्ची और ऐशोआराम के पीछे दीवाने रहने की उनकी आदतों के खिलाफ विरोध के रूप में प्रकट होता था। सांसारिकता को तिलांजलि देने की यह भावना, वैराग्य की यह प्रवृत्ति दरअसल उनकी विरोध भावना की ही आध्यात्मिक अभिव्यक्ति थी। दिल्ली सल्तनत के शासकों के काल में अर्थात चौदहवीं पन्द्रहवीं सदियों में भूराजस्व की वसूली के क्रम में किसानों पर जिस प्रकार के जुल्म होते थे, उनके विरोध में लाखों किसान अपने गाँव छोड़कर, ज़मीन, घर-बार छोड़कर भाग जाते थे और शहरों के दस्तकारों-कारीगरों की टोली में शामिल हो जाते थे। यहाँ मध्ययुग के इतिहासकारों द्वारा इस सन्दर्भ में प्रस्तुत किये गये तथ्यों और निष्कर्षों को विस्तार से रखने की गुंजाइश न होने के कारण सिर्फ इतना बताना आवश्यक है कि किसानों पर जुल्म ढाने में हिन्दू और मुसलमान भूस्वामी समान रूप से हिस्सा लेते थे।

पलट कर विगत इतिहास के इन अध्यायों का गहराई से अध्ययन करने से ही पता चलता है कि सांसारिक सुखों से वैराग्य की भावना, जीवन की क्षणभंगुरता के बोध, जगत को काल का चबेना कहने की प्रवृत्ति, मानवीय समानता की पुकार, हृदय की शुद्धता, धार्मिक रुढ़िवाद के खंडन तथा निर्गुण ब्रह्म से सच्ची प्रीति (सहज समाधि) के पीछे मूलतः देहातों और शहरों के गरीबों की सामन्तवाद विरोधी चेतना ही व्यापक रूप से काम कर रही थी। सिद्धों, नाथों, सन्तों और सूफ़ियों के साहित्य को इसी ऐतिहासिक सन्दर्भ में ठीक से समझा जा सकता है। मध्ययुगीन साहित्य के रहस्यवाद को समझने की कुंजी भी यह ऐतिहासिक प्रक्रिया ही प्रदान करती है, न कि तात्विक चिन्तन-प्रक्रिया। कबीर के रहस्यवाद और एकेश्वरवाद को दर्शन की कसौटी पर परखना सर्वथा गलत है। सन्तों या निरगुनिया कवियों के काव्य को समझने के लिए वैदिक परम्परा का चौखटा अपर्याप्त है। श्रमण परम्परा तथा सूफी आन्दोलन ने सन्त साहित्य की अन्तर्वस्तु और उसकी वैचारिक चेतना के निर्धारण में निर्णायक भूमिका निभायी थी। इसके साथ ही महाराष्ट्र में ज्ञानेश्वर और नामदेव ने भी हिन्दी की निरगुनिया काव्यधारा के प्रवर्तक कबीर को बड़ी गहराई से प्रभावित किया था। इतिहासकार प्रोफेसर इरफान हबीब के एक लेख ('मध्ययुग में लोकप्रिय एकेश्वरवाद का ऐतिहासिक विन्यास') में कबीर के तथा अन्य निरगुनिया सन्तों के एकेश्वरवाद का विवेचन ऐतिहासिक सन्दर्भ में किया गया है। प्रोफेसर इरफान हबीब सन्तकाव्य आन्दोलन के एकेश्वरवाद के एक "नाटकीय पहलू" अर्थात नामदेव, कबीर, रैदास, नानक, दादू आदि की जातियों ( रंगसाज, जुलाहा, चमार, खत्री, धुनिया) का उल्लेख करते हुए यह बताते हैं कि ये उत्पीड़ित और दलित सामाजिक तबकों से आये थे; इनका एकेश्वरवाद समाज की निचली जातियों की आवाज़ बनकर प्रगट हुआ था। कबीर के एकेश्वरवाद के सम्बन्ध में वे कहते हैं :

"वास्तव में कबीर एक ऐसे एकेश्वरवाद की स्थापना करते हैं, जिसमें ईश्वर के प्रति पूर्ण समर्पण तो है परन्तु सारे धार्मिक अनुष्ठानों को नकारा गया है और इस तरह वह कट्टर इस्लाम से बहुत आगे निकल गया है। कबीर के लिए ईश्वर से एकाकार होने का अर्थ मनुष्यों का एक होना है और इसलिए वहाँ शुद्धता और छुआछूत की प्रथा को सम्पूर्ण रूप से, स्पष्ट शब्दों में नकारा गया है तथा सब तरह के अनुष्ठानों को अस्वीकार किया गया है।" (साम्प्रदायिकता और संस्कृति के सवाल, पृ. 23)

कबीर का एकेश्वरवाद शंकराचार्य के अद्वैतवाद से भिन्न एक विचारधारा है। शंकराचार्य के अद्वैतवाद में जीवात्मा की कोई पृथक सत्ता नहीं है। अद्वैत वेदान्त का शंकराचार्य द्वारा प्रस्तुत विवेचन शास्त्रीय पुरोहितवाद का ही ऐसा संस्करण था जो पुरानी ढहती हुई सामाजिक व्यवस्था, ब्राह्मणवादी प्रभुत्व और जातपाँत के भेदभाव को नयी परिस्थितियों में बचाये रखना चाहता था। शंकराचार्य के नेतृत्व में नये सिरे से सारे हिन्दुस्तान में मठों और मन्दिरों की प्रतिष्ठा हुई। सामन्ती राजाओं और भूस्वामियों ने दान तथा संरक्षण के द्वारा इस शास्त्रीय पुरोहितवाद, बाह्य आचारों, यज्ञों और मन्दिरों को प्रोत्साहित कर बौद्धों, जैनों, शैवों, शाक्तों और अवैदिक श्रमण परम्पराओं को परास्त करने के लिए शंकर के अद्वैतवाद को अपना नवीन घोषणापत्र बना लिया।

कबीर समेत भक्ति आन्दोलन के सभी प्रारम्भिक रचनाकारों का साहित्य अपने आप में एक शुद्ध धार्मिक आन्दोलन की अभिव्यक्ति न होकर तत्कालीन सामाजिक-आर्थिक यथार्थ की टकराहटों और असंगतियों की आदर्शवादी अभिव्यक्ति है। भारतीय दर्शन के इतिहास के प्रसिद्ध व्याख्याता श्री के. दामोदरन की पुस्तक "भारतीय चिंतन परम्परा" में भक्ति आन्दोलन नाम से एक स्वतन्त्र अध्याय है। हिन्दी के मध्ययुगीन साहित्य को सही परिप्रेक्ष्य में समझने के लिए इसका अध्ययन करना चाहिए। उनकी पुस्तक के उल्लिखित अध्याय का यह अंश उपर्युक्त सन्दर्भ में पठनीय है :

"भक्ति आन्दोलन के रचनाकारों ने सांस्कृतिक क्षेत्र में राष्ट्रीय नवजागरण का रूप धारण किया; सामाजिक विषयवस्तु में वे जातिप्रथा के आधिपत्य और अन्यायों के विरुद्ध अत्यन्त महत्त्वपूर्ण विद्रोह के द्योतक थे। इस आन्दोलन ने भारत में विभिन्न राष्ट्रीय इकाइयों के उदय को नया बल प्रदान किया, साथ ही राष्ट्रीय भाषाओं और उनके साहित्य की अभिवृद्धि का मार्ग भी प्रशस्त किया। व्यापारी और दस्तकार, सामन्ती उत्पीड़न का मुकाबला करने के लिए, इस आन्दोलन से प्रेरणा प्राप्त करते थे। यह सिद्धान्त कि ईश्वर के सामने सभी मनुष्य—फिर वह ऊँची जाति का हो अथवा नीची जाति का—समान हैं, इस आन्दोलन का ऐसा केन्द्रबिन्दु बन गया जिसने पुरोहित वर्ग और जातिप्रथा के आतंक के विरुद्ध संघर्ष करनेवाली आम जनता के व्यापक हिस्सों को अपने चारों ओर एकजुट किया।" (वही, पृ. 327)

उदीयमान व्यापारी पूँजीवाद के एकदम शुरुआती समय अर्थात् चौदहवीं-पन्द्रहवीं

सदी में मनुष्य की समानता और समस्त जनता की एकता पर ज़ोर दिया जाना ऐतिहासिक आवश्यकता के अनुरूप एक ऐसा बोध और आह्वान था जो जातपाँत और धार्मिक भेदभाव पर आधारित तुच्छ सामाजिक विभाजनों को समाप्त करना चाहता था, चूँकि ये विभाजन घरेलू राष्ट्रीय बाज़ार के विकास के रास्ते में बाधा उत्पन्न करते थे, आर्थिक सम्बन्धों में हो रहे परिवर्तनों को रोकते थे और व्यक्ति के गुणों और योग्यताओं को अनदेखा करते थे। उदीयमान व्यापारी पूँजीवाद की आवश्यकताओं की अभिव्यक्ति की दृष्टि से धार्मिक वेशभूषा और आध्यात्मिक तर्क-वितर्क के चोगे में प्रारम्भिक भक्ति आन्दोलन स्वतन्त्रता, खासतौर पर व्यक्तिगत स्वतन्त्रता और जातपाँत के श्रेणीक्रम से सामाजिक मुक्ति की ऐतिहासिक आकांक्षाओं के एक विराट जनजागरण का अग्रदूत बनकर प्रकट हुआ था। किन्तु उसकी सीमाएँ थीं। तभी यह आन्दोलन सत्रहवीं सदी आते-आते शास्त्रीय पुरोहितवाद के द्वारा जीत लिया गया और इस पर सवर्ण हिन्दू समाज का रुढ़िवाद हावी हो गया। तुलसीदास अपनी रचनाओं में भक्ति आन्दोलन के प्रारम्भिक प्रवर्त्तकों की जिस भाषा में भर्त्सना करते हैं, खिल्ली उड़ाते हैं और वैदिक-पौराणिक संस्कृति के मानमूल्यों की पुनः प्रतिष्ठा करते हैं, उससे भी उपर्युक्त निष्कर्ष को स्पष्ट रूप में समझने में मदद मिलती है। तुलसीदास से सम्बन्धित अध्याय में भक्तिकाल की ऐतिहासिक परिणतियों का यह परिप्रेक्ष्य विस्तार से प्रस्तुत किया गया है।

यहाँ आप के मन में यह प्रश्न उठ रहा होगा कि जनजागरण का यह विराट आन्दोलन विफल क्यों हो गया? इस प्रश्न का बहुत अच्छा उत्तर श्री के. दामोदरन ने दिया है कि "भक्ति काल की अपनी सीमाएँ थीं। यह सच है कि सामूहिक प्रार्थनाओं, नृत्यों और संकीर्तनों से सन्तों का व्यक्तित्व जनता की सृजनात्मक क्षमता को प्रेरणा प्रदान कर रहा था। उनके व्यक्तित्व ने जनता में एक नई चेतना जगायी और क्रियाशीलता के लिए विशाल जनसमुदाय में नई स्फूर्ति पैदा की। उसने सामन्तवाद के अन्तर्गत फैले जातिवादी और धार्मिक अलगाव को भी खत्म किया। किन्तु धर्म के लिए प्रेरणा मूलतः संवदेनात्मक अधिक है, तर्क करने अथवा युक्तिपूर्वक सोचने का अवसर कम मिलता है। अतः धार्मिक भावना न तो सामाजिक समस्याओं के तर्कसंगत विश्लेषण के लिए सक्षम है, न ही इन समस्याओं का युक्तियुक्त समाधान ढूँढ निकालने में वह अधिक सफल होती है। भक्ति आन्दोलन ने आम जनता में जागृति तो पैदा की किन्तु वह सामाजिक और आर्थिक व्यवस्था में मौजूद असंगतियों के वास्तविक कारणों को समझने और मानव के दुखों और पीड़ाओं के नूतन समाधान प्रस्तुत करने में सफल नहीं हुआ। यही एक मुख्य कारण है कि इस आन्दोलन की परिणति, जिसने सामन्ती उत्पीड़न और पुरोहिती रुढ़िवाद के विरुद्ध जनता को संयुक्त किया था, अन्ततः घोर संकीर्णतावाद में हुई। सिक्ख धर्म की विकास-प्रक्रिया इसका

एक स्पष्ट उदाहरण है।'' (वही, पृष्ठ 335–36)

इसकी एक परिणति तुलसीदास में हुई, दूसरी परिणति सिक्खों के साम्प्रदायिक रुढ़िवाद में हुई और तीसरी परिणति रीतिकाल में राधाकृष्ण के बहाने परकीया स्त्री के शृंगारवर्णन, नायक–नायिका भेद और सामन्ती संरक्षण में रचित दरबारी साहित्य के रूप में हुई।

सामाजिक–आर्थिक इतिहास में झांक कर श्री के. दामोदरन ने यह भी बताया कि ''यदि यह आन्दोलन सदा के लिए सामाजिक असमानताओं और जातिप्रथा से उत्पन्न अन्यायों को खत्म नहीं कर सका, तो सम्भवतः इसका मुख्य कारण यह था कि कारीगर, व्यापारी और दस्तकार, जो इस आन्दोलन के प्रधान आर्थिक आधार थे, अब भी कमज़ोर और असंगठित थे।'' (वही, पृष्ठ 337)

इतिहासकार इरफान हबीब की यह मान्यता है कि इससे पहले कि हिन्दुस्तान के अन्दर धीमी गति से उदित होनेवाला व्यापारी पूँजीवाद सामन्तवाद पर विजय पाता, विज्ञान, तर्कशीलता तथा प्रौद्योगिकी के क्षेत्रों में अपना समुचित विकास कर हिन्दुस्तान को प्रगति की नई मंजिल पर पहुँचाता, मुगल शासन के उत्कर्ष काल में ही उसकी अवनति शुरू हो गयी। अकबर के शासन के दौरान कट्टरपन्थी मुसलमान और कट्टरपन्थी हिन्दुत्व के झंडे के नीचे प्रौद्योगिकी, ज्ञानोन्मेष और लौकिक जीवन के प्रति तर्कशील दृष्टिकोणों को आगे ले चलनेवाली ताकतों को पीछे हटना पड़ा। इतिहास की संक्रमणशील अवस्था के इसी दौर में अर्थात् सत्रहवीं सदी में यूरोप का व्यापारी पूँजीवाद आ धमका जिसके पास विज्ञान की अभ्युदयशील नई शक्ति थी और देशदेशान्तर पर प्रभुत्व हासिल करनेवाले समुद्री बेड़े भी। मुगल शासन का अधिकृत इतिहास लिखनेवाले अबुल फज़ल के हवालों से भी इन्हीं तथ्यों की पुष्टि होती है।

भक्तिकाल के अन्तिम दौर में उसकी रुढ़िवादी परिणति और शास्त्रीय पुरोहितवाद की निर्विवाद पुनः प्रतिष्ठा को समझने के लिए इतिहास के इस आधारभूत नियम पर गौर करना आवश्यक है कि भक्ति आन्दोलन के प्रारम्भ से ही उसके अन्दर परस्पर विरोधी दो प्रवृत्तियाँ क्रियाशील थीं। एक प्रवृत्ति का प्रतिनिधित्व सरहपा, गोरखनाथ, ज्ञानेश्वर, नामदेव, बाबा शेख फरीद आदि की विरासत को संशोधित–परिष्कृत करने का कार्य सन्त काव्यधारा के रचनाकार कर रहे थे।, दूसरी प्रवृत्ति का प्रतिनिधित्व अद्वैत वेदान्त के व्याख्याताओं में रामानुज, मध्व, निम्बार्क आदि के विभिन्न सम्प्रदाय कर रहे थे।

भक्ति आन्दोलन के इस द्वन्द्व अथवा अन्तर्विरोध पर अनेक समालोचकों ने नये सिरे से विचार किया है। हिन्दी समालोचना में लम्बे अरसे तक यह समझा जाता रहा कि मध्ययुग के इतिहास और भक्तिकालीन साहित्य के भीतर अन्तर्निहित अन्तर्विरोध की व्याख्या की कुंजी हिन्दुत्व और इस्लाम के संघर्ष में मिलती है। इस दृष्टिकोण

को श्यामसुन्दर दास, आचार्य रामचन्द्र शुक्ल, रामकुमार वर्मा, परशुराम चतुर्वेदी आदि ने पल्लवित किया था। लम्बे समय से बद्धमूल इस धारणा का खंडन करने और नयी दृष्टि से सोचने की प्रेरणा सबसे पहले डॉ. रामविलास शर्मा की ओर से आई। "आचार्य शुक्ल और हिन्दी आलोचना" नामक पुस्तक में उन्होंने मध्यकाल के हिन्दू सामन्तों, पंडों, पुरोहितों आदि की भूमिका का प्रश्न उठाकर व्याख्या का नया सूत्र उपलब्ध कराया :

"जो लोग इस्लाम और हिन्दू धर्म की टक्कर में मध्यकालीन समाज की आशा-निराशा का स्रोत ढूँढते हैं वे उस समय के साहित्यिक आन्दोलनों के सामाजिक आधार का सही-सही पता नहीं लगा सकते।" (वही, पृष्ठ 86, संस्करण 1955)

डॉ. रामविलास शर्मा से पहले भक्तिकाल के उद्‌भव की व्याख्या के सन्दर्भ में डॉ. हज़ारी प्रसाद द्विवेदी ने भी हिन्दू-मुस्लिम संघर्ष के साम्प्रदायिक आग्रह को खारिज करते हुए एक लम्बा निबन्ध 'भारतीय चिन्ता का स्वाभाविक विकास' शीर्षक से लिखा था और मध्ययुग के लोकजीवन के भीतर की उस शक्ति की ओर इशारा किया था जो उसे "स्वाभाविक विकास की ओर ठेले लिये जा रही थी।" (हिन्दी साहित्य की भूमिका, पृष्ठ 15)

भक्तिकालीन भारतीय समाज के भीतर उभर रहे मूलभूत अन्तर्विरोध की खोज करते हुए डॉ. नामवर सिंह ने "दूसरी परम्परा की खोज" में जो निष्कर्ष निकाला है, वह डॉ. रामविलास शर्मा और हज़ारी प्रसाद द्विवेदी द्वारा बताये गए सूत्रों का ही नया रूपान्तरण है। नामवर सिंह का कहना है: "मध्ययुग के भारतीय इतिहास का मुख्य अन्तर्विरोध शास्त्र और लोक के बीच का द्वन्द्व है, न कि इस्लाम और हिन्दू धर्म का संघर्ष।" (वही, पृष्ठ 77)

अपनी इस स्थापना के निहितार्थ को स्पष्ट करते हुए नामवर सिंह प्रख्यात मार्क्सवादी इतिहासकार जॉन इरविन के एक लेख 'भारतीय सभ्यता और संस्कृति के भीतर वर्ग संघर्ष' (द क्लास स्ट्रगल इन इंडियन हिस्ट्री एंड कल्चर, द मॉडर्न क्वाटर्ली, जिल्द 1, संख्या 2, लंदन, मार्च 1946) से बड़ा उद्धरण देते हैं। इस उद्धरण पर गौर करना आवश्यक है। वह इस प्रकार है : "ऐसे समय आते रहे हैं जब आर्य लोग अपनी आत्मसात कर लेने की प्रवृत्ति को खो देते रहे हैं। परिणाम यह होता था कि ब्राह्मणवादी निरंकुशता पहले से ही आर्थिक दृष्टि से दलित जनता पर निष्ठुरतापूर्वक लाद दी जाती थी। ऐसी परिस्थिति में संकट अनिवार्य था। दलित जनशक्तियाँ रुढ़िवाद के स्तर के नीचे वेग से संगठित होने लगी थीं और एक खुले विद्रोह की भूमिका तैयार हो रही थी। बौद्ध धर्म का प्रारम्भिक इतिहास, वस्तुतः ऐसा ही था जिसने ब्राह्मणवादी कर्मकांड के विरुद्ध जनव्यापी विद्रोह का रूप धारण कर लिया था।" जॉन इरविन के उक्त लेख का दूसरा उद्धरण भी गौर करने लायक है जो भक्ति काल

के प्रारम्भिक रचनाकारों, मुख्यतः सन्तों और वैष्णवों के साहित्य पर प्रकाश डालता है : "ये सम्प्रदाय ब्राह्मण-धर्म की अनुदारता के विरुद्ध व्यापक जनविद्रोह के रूप में जनता द्वारा अपनाये गये। ये आन्दोलन रहस्यवादी प्रकृति के थे और व्यक्ति को जाति तथा रुढ़ियों की परवाह किये बगैर अपने ढंग से पूर्णता प्राप्त करने का आह्वान करके ब्राह्मणों के पुरोहितवाद को सीधे चुनौती दे रहे थे। इस प्रकार लोकसंस्कृति वह मुख्य माध्यम बन गयी जिसके द्वारा यह धार्मिक विद्रोह जनता में फैल गया और काल क्रम से उस आन्दोलन के समान ही, लोक संस्कृति, उच्चवर्गीय आचार-संहिता की अवज्ञा का साधन बन गयी। इसका परिधान हमेशा एक समृद्ध मानववाद रहा जिसमें जीवन की पूर्ण स्वीकृति और ऐन्द्रिक उपभोग का भाव निहित था, और इस प्रकार यह भावना तपस्या और उपासना पर बल देनेवाले कट्टरपन्थ के सर्वथा विपरीत थी।" ('दूसरी परम्परा की खोज' में उद्धत, पृष्ठ 77-78) जॉन इरविन के निष्कर्ष का यह अंश सन्तों और वैष्णवों की बानियों तथा पदों के सारतत्व पर अपना काल्पनिक आग्रह चस्पाँ कर देता है। अतः उल्लिखित वाक्यांश से सहमत होना मुश्किल है। नामवर सिंह ने इस पहलू को अनदेखा कर दिया है। सारे सन्त और वैष्णव रचनाकार लौकिक जीवन और ऐन्द्रिक उपभोग का तिरस्कार करते हैं। जॉन इरविन सम्भवतः सन्तों के साहित्य से पूरी तरह परिचित न थे, इसलिए यह गलती हुई है।

अगर आप इस्लाम और हिन्दू धर्म के बीच अन्तर्विरोध को कुंजी बनाकर भक्ति साहित्य की व्याख्या करेंगे तो फिर यह आपकी विवशता होगी कि आप कबीर को इस्लाम का या हिन्दुत्व का प्रवक्ता मानें, जबकि कबीर न तो इस्लाम का प्रतिनिधित्व करते हैं और न हिन्दुत्व का। इस प्रकार की गलती अनेक समालोचकों ने की है। डॉ. धर्मवीर की अभी-अभी प्रकाशित पुस्तक 'कबीर के आलोचक' में इसी समस्या का विशद विवेचन किया गया है। अयोध्या सिंह उपाध्याय 'हरिऔध' की 1916 में प्रकाशित पुस्तक 'कबीर वचनावली' में कबीर तथा कबीर पन्थ को हिन्दू धर्म की एक शाखा के रूप में वैष्णव मत के अन्तर्गत परिगणित किया गया है। इस निष्कर्ष पर तीखी टिप्पणी करते हुए डॉ. धर्मवीर कहते है : "हरिऔधजी का कबीर के दर्शन के बारे में यह निचोड़ तब है जब वे अच्छी तरह से जानते हैं कि कबीर ने अवतारवाद, देववाद, वर्णाश्रम धर्म, मूर्तिपूजा, कर्मकांड, व्रत-उपवास और तीर्थयात्रा का जमकर खंडन किया है। कबीर ने इन धार्मिक बातों का विरोध करने में किसी सन्देह की गुंजाइश नहीं छोड़ी। यदि कबीर तब भी वैष्णव धर्म के हैं तो क्या हरिऔध जी का कोई भी रामानन्दी वैष्णव इन बातों में से किसी एक बात का भी कबीर की तरह खंडन कर सकता है?" (वही, पृष्ठ 27)। कबीर और सन्तमत का अनुशीलन करनेवाले हिन्दी के बड़े-बड़े विद्वानों ने कितनी भ्रांति फैलायी है, कितना भयंकर गड़बड़झाला किया है इसका उदाहरण हरिऔध जी का यह निष्कर्ष भी है कि कबीर द्वारा अवतारवाद

और मूर्तिपूजा का खंडन मूलतः "प्राचीन आर्य धर्म का अवलम्बन" मात्र है तथा "कबीर साहब अन्त में वेदान्त धर्मावलम्बी हो गये थे।" (कबीर वचनावली, पृष्ठ 53-54 तथा पृष्ठ 85) डॉ. धर्मवीर कबीर को आर्य धर्म, वैदिक परम्परा और इस्लाम का विरोधी सिद्ध करते हैं। उनकी मान्यता है : "वे साफ-साफ कहते हैं कि मैं हिन्दू नहीं हूँ, कोई मेरे मत की हिन्दू व्याख्या न करे, मेरा वेदों से विरोध है, हिन्दू धर्म के अवतारों को मैं नहीं मानता, लेकिन इसके बाद भी अयोध्या सिंह द्वारा इस पुस्तक में बार-बार हिन्दू लिखा गया है। अयोध्या सिंह की यही ब्राह्मणी दृष्टि इस बात के लिए ज़िम्मेदार है कि दलित समाज के धर्म की अलग पहचान नहीं बनने दी जाती। उनका अपना धर्म अलग है, उस धर्म की अलग परिभाषा है, लेकिन हिन्दू लेखक इसे जबरन अपने में मिलाना चाहते हैं। इस प्रकार दलितों द्वारा किये गये धार्मिक विद्रोह के सारे इतिहास को नाममात्र को और ऊपर-ऊपर से हिन्दुओं द्वारा अपने में समा लेने की गुप्त प्रक्रिया ही कबीर के पृथक धर्म की स्थापना में अड़चन है। यह तो कोई बात नहीं हुई कि चूँकि कबीर ईश्वर को मानते हैं और हिन्दू भी ईश्वर को मानते हैं, इसलिए कबीर हिन्दू सिद्ध हो जाते हैं। ऐसे तो ईसाइयों और मुसलमानों को हिन्दू कहना पड़ जाएगा।" (वही पृष्ठ 40) डॉ. धर्मवीर की पुस्तक में आचार्य शुक्ल के इस मत का भी खंडन किया गया है कि कबीर, रैदास, दादू आदि सन्तों की बानियों में "ज्ञान का जो थोड़ा-बहुत अवयव है, वह भारतीय वेदान्त का है।" (जायसी ग्रन्थावली, पृष्ठ 120)

श्यामसुन्दरदास, रामचन्द्र शुक्ल, रामकुमार वर्मा, परशुराम चतुर्वेदी, माता प्रसाद गुप्त आदि कबीर के विद्रोही तेवर के प्रशंसक नहीं माने जाते। पर हज़ारी प्रसाद द्विवेदी तो कबीर के बहुत बड़े प्रशंसक माने जाते हैं। डॉ. धर्मवीर कबीर की विचारधारा की सही-सही समझ और पहचान के मामले में हिन्दी आलोचना के गड़बड़झाले में हज़ारी प्रसाद द्विवेदी के योगदान को अचूक ढंग से उद्घाटित करते हुए कहते हैं : "जो कबीर कहते हैं डॉ. द्विवेदी उस बात को उसी तरह नहीं लेते। वे इसमें अपना ब्राह्मणी नमकमिर्च लगाते हैं। कबीर को आर-पार देखने का एक साफ कबीरी दर्पण है। लेकिन वे उस कबीरी दर्पण को हटाकर ब्राह्मणी दर्पण से कबीर को देखना चाहते हैं। फलतः उनके लिए कबीर एकदम दुर्बोध हो जाते हैं। उदाहरण के रूप में कबीर स्पष्ट शब्दों में वेद का विरोध करते हैं। लेकिन डॉ. द्विवेदी को यह सिद्ध करना है कि वे वेद के समर्थक थे, कबीर पुराण और मूर्तिपूजा के विरोधी हैं लेकिन डॉ. द्विवेदी को यह सिद्ध करना है कि कबीर का दर्शन पुराणों से ही निकला है। कबीर रामानन्द को अपना गुरु नहीं मानते लेकिन डॉ. द्विवेदी को कबीर से ज्यादा इस जनश्रुति को प्रश्रय देना है कि कबीर के गुरु रामानन्द थे। यदि डॉ. द्विवेदी वेद, पुराण और रामानन्द के चश्मों के बिना कबीर को समझने का प्रयत्न करते तो उनके लिए कबीर दुर्बोध नहीं

रह जाते।'' (वही, पृष्ठ 77) डॉ. द्विवेदी पौराणिक रस्मों, चश्मों, चौखटों से बन्धे हैं, अतः वे कबीर के वेद-विरोधी विस्फोट को ''वैदिक और पौराणिक व्याख्या के बर्तनों में सम्भालना चाह रहे थे।'' (वही, पृष्ठ 77)

हज़ारी प्रसाद द्विवेदी की पुस्तक ''कबीर'' से डॉ. धर्मवीर ने अनेक ऐसे उदाहरण देकर यह बताया है कि द्विवेदी जी में भी वैदिक-पौराणिक संस्कृति का चौखटा कितनी गहराई के साथ बद्धमूल है। उदाहरण के लिए डॉ. हज़ारी प्रसाद द्विवेदी के इस निष्कर्ष को लिया जा सकता है—''चाहे कबीर साहब हों अथवा पन्द्रहवीं सदी के दूसरे निर्गुणवादी, उन सब के मार्ग-दर्शक गुप्त रूप से पुराण ही हैं।'' (कबीर, पृष्ठ 117)

हिन्दी आलोचना में बद्धमूल वैदिक-पौराणिक विचार-दृष्टि से लिपटे मूल्यांकनों का मकड़जाल कबीर साहित्य की समालोचना पर भी फैला हुआ है। इससे मुक्त होकर ही कबीर को सही ढंग से समझा जा सकता है।

## आज के सन्दर्भ में कबीर का मूल्यांकन

अतीत के अनेक रचनाकारों का कृतित्व साहित्यिक इतिहास और सांस्कृतिक संग्रहालय का मृत अंश बन चुका है। पर कबीर का साहित्य इस प्रकार का अप्रासंगिक और निष्प्राण साहित्य नहीं है। आज की विचारधारात्मक उठापटक और सामाजिक वितंडावाद के बीच अनेक बार कबीर की बानियों के हवाले दिये जाते हैं; उनकी उक्तियों की सार्थकता बतायी जाती है और उन्हें आज के सवर्ण हिन्दूवादी आग्रहों तथा मुस्लिम कट्टरपन्थ से लड़ने के लिए बुलावा दिया जाता है।

आपको सम्भवतः यह भी मालूम होगा कि विगत साहित्यिक विरासत के मूल्यांकन, भक्तिकाल क़े मूलभूत अन्तर्विरोधों की परीक्षा तथा साहित्य में रहस्यवाद की भूमिका को लेकर पिछले पचास वर्षों की हिन्दी समालोचना में जितने भी विवाद हुए हैं, सारे विवादों के केन्द्र में कबीर ही रहे हैं। उनके साहित्य पर आचार्य शुक्ल की टिप्पणियों को लेकर भी कम बहस नहीं रही है। यहाँ तक कि पंडित हज़ारी प्रसाद द्विवेदी ने 'कबीर' नाम से एक स्वतन्त्र पुस्तक ही लिख दी। इसके बावजूद अभी तक विवाद थमा नहीं है। अभी पिछले अरसे में ही नामवर सिंह ने ''दूसरी परम्परा की खोज'' नामक पुस्तक में कबीर की पुनः प्रतिष्ठा के क्रम में मार्क्सवादी साहित्य समीक्षा को खंगालने का एक विचारोत्तेजक प्रयास किया है।

दरअसल अतीत के क्लासिक साहित्य के मूल्यांकन के सन्दर्भ में आज की समालोचना के सामने दोहरी समस्या है—उस विशेष कालखंड में उक्त साहित्य की ऐतिहासिक भूमिका तथा आज के युग में उक्त साहित्य की सार्थकता। विगत युग की क्लासिक कृतियों के तत्कालीन सम्पूर्ण सन्दर्भों में अर्थवत्ता के हर आयाम का निचोड़ प्रस्तुत करने का दायित्व आलोचना के आगे एक चुनौती की तरह होता है। इसी तरह

आज उक्त कृतियों को अपने युगबोध और वर्तमान यथार्थ के अन्तर्विरोधों के हर आयाम के आलोक में पढ़ना होगा, तभी हम क्लासिक साहित्य की विगत अर्थवत्ता और वर्तमान सार्थकता के बीच सम्बन्ध कायम कर पायेंगे। आलोचना के आगे यह दूसरी चुनौती है।

'कबीर वाणी' नामक एक पुस्तक का अभी-अभी प्रकाशन हुआ है। इसके संकलनकर्ता सम्पादक हैं उर्दू के प्रसिद्ध प्रगतिशील शायर अली सरदार जाफरी। इस पुस्तक की भूमिका में सरदार जाफरी ने उल्लिखित दोनों सन्दर्भों में अपना विवेचन प्रस्तुत करते हुए कहा है कि कबीर की बानियों में "दिखावटी धर्म से विद्रोह और वास्तविक धर्म के प्रचार का क्रान्तिकारी पहलू यह था कि उसने मध्ययुग के मनुष्य को आत्मप्रतिष्ठा, आत्मसम्मान और आत्मविश्वास दिया और मनुष्य को मनुष्य से प्रेम करना सिखाया। सन्तों और सूफियों के पास उतनी ताकत तो थी नहीं कि वे उस अन्याय और अत्याचार के खिलाफ लड़ सकते जिनका केन्द्र शाही दरबार और अमीरों के महल थे। इसलिए उन्होंने उनकी तरफ बड़े तिरस्कार के साथ मुँह फेर लिया, सन्तोष और धीरज का उपदेश दिया। सन्तोष का अर्थ वैराग्य नहीं था बल्कि बादशाहों, दरबारियों और अमीरों से विमुख होकर व्यापार और शारीरिक श्रम से रोज़ी कमाना था, जिसका आदर्श कबीर ने पेश किया था। इसलिए व्यापार और शिल्प की आमदनी पर सन्तोष करना और ईश्वर का उपकार मानते हुए जीवन व्यतीत करना ही सबसे बड़ा सन्तोष था।" (कबीर वाणी, पृष्ठ 34)

विगत युग में कबीर के कृतित्व का सारतत्व प्रस्तुत करने के बाद सरदार जाफरी ने आज के युग-सन्दर्भ में अपना मन्तव्य इस प्रकार रखा है :

"हमें आज भी कबीर के नेतृत्व की जरूरत है, उस रोशनी की जरूरत है जो इस सन्त के दिल से पैदा हुई थी। आज दुनिया आज़ाद हो रही है। विज्ञान की असाधरण प्रगति ने मनुष्य का प्रभुत्व बढ़ा दिया है। उद्योगों ने उसके बाहुबल में वृद्धि कर दी है। मनुष्य सितारों पर कमन्दें फेंक रहा है। फिर भी वह तुच्छ है, संकटग्रस्त है, दुःखी है। वह वर्गों में बंटा हुआ है, जातियों में विभाजित है। उसके बीच धर्मों की दीवारें खड़ी हैं।

जातियों, धर्मों, वर्गों आदि में विभाजित समाज की संकटग्रस्तता के समय कबीर का साहित्य प्रासंगिक हो जाता है, चूँकि मध्ययुगीन समाज की लगभग ऐसी ही चुनौतियों और उथलपुथल के बीच उन्होंने महान ऐतिहासिक भूमिका निभायी थी। कबीर युगसंधि के उस काल में उत्पन्न हुए थे जब भिन्न-भिन्न धर्म-साधनाओं और सामाजिक विचार-प्रवृत्तियों के बीच अन्तहीन टकराहट का सिलसिला शुरू हो गया था। हज़ारी प्रसाद द्विवेदी के अनुसार वे युगसंधि के ऐसे ही चौराहे पर उत्पन्न हुए थे। "वे मुसलमान होकर भी असल में मुसलमान नहीं थे। वे हिन्दू होकर भी हिन्दू नहीं थे। वे साधु

होकर भी योगी (अगृहस्थ) नहीं थे। वे वैष्णव होकर भी वैष्णव नहीं थे। वे योगी होकर भी योगी नहीं थे। वे कुछ भगवान की ओर से ही सबसे न्यारे बनाकर भेजे गये थे। वे भगवान के नृसिंहावतार की मानो प्रतिमूर्ति थे।'' (हिन्दी साहित्य : उद्‌भव और विकास, पृष्ठ 77) कबीर के सम्बन्ध में हज़ारी प्रसाद द्विवेदी के निम्नलिखित उद्धरण की अक्सर चर्चा की जाती है : ''कबीरदास ऐसे ही मिलन-बिन्दु पर खड़े थे, जहाँ से एक ओर हिन्दुत्व निकल जाता है, दूसरी ओर मुसलमानत्व; जहाँ एक ओर ज्ञान निकल जाता है, दूसरी ओर अशिक्षा; जहाँ एक ओर योगमार्ग निकल जाता है, दूसरी ओर भक्तिमार्ग; जहाँ एक ओर निर्गुण भावना निकल जाती है, दूसरी ओर सगुण साधना; उसी प्रशस्त चौराहे पर वे खड़े थे। वे दोनों ओर देख सकते थे और परस्पर विरुद्ध दिशा में गये मार्गों के गुणदोष उन्हें स्पष्ट दिखाई दे जाते थे।'' (वही, पृष्ठ 77-78)

कबीर ने शास्त्रीय ग्रन्थों और पोथियों के ज्ञान को सर्वथा अस्वीकार कर दिया, चूँकि यह पुराना ज्ञान मनुष्य-मनुष्य के बीच स्वाभाविक प्रेमपूर्ण सम्बन्ध के रास्ते में अवरोध बन गया था। सारे धार्मिक मतवादों, साधनापद्धतियों, उपासनामार्गों, कर्मकांडों और बाह्याचारों का खंडन कर आत्मचेतना, आत्मतत्व, अन्तःसाक्षात्कार, मनुष्य की आत्मा की निर्मलता और मानवीय सद्‌भाव की सहजता को नये लोकधर्म के रूप में प्रतिष्ठित करने के लिए वे संघर्ष चला रहे थे। जनसाधारण की भाषा सें वह नयी विचारधारा का प्रचार कर रहे थे। अंहकार से मुक्ति, सदाचार के पालन और इन्सानी रिश्ते में आपसी प्यार की नयी नैतिकता का वे पाठ पढ़ा रहे थे। डॉ. रामकुमार वर्मा की दृष्टि में ''कबीर ने धर्म और जीवन में कोई भेद नहीं रहने दिया। जीवन की सात्विक अभिव्यक्ति ही धर्म का सोपान है। जिस धर्म के लिए जीवन की स्वाभाविक और सात्विक गति एवं मति में परिवर्तन करना पड़े, उसे हम धर्म की संज्ञा नहीं दे सकते।'' ( हिन्दी साहित्य (द्वितीय खंड), सम्पादक धीरेन्द्र वर्मा एवं ब्रजेश्वर वर्मा-पृष्ठ 212)। नये मानववाद की स्थापना के लिए यह अद्‌भुत प्रकार का आन्दोलन था। सभी धर्मों, सभी पन्थों, सभी मत-मतान्तरों को खारिज कर वे एक तत्व पर ज़ोर दे रहे थे, जिसे कुछ विद्वान एकेश्वरवाद की संज्ञा देते हैं, कुछ विद्वान अद्वैतवाद के नाम से अभिहित करते हैं और कुछ लोग निर्गुणवाद कहते हैं। यह अनुभव पर आधारित नया ज्ञान था—अतः अनेक विद्वान कबीर के मत को ज्ञानमार्ग की भी संज्ञा देते हैं। एक तत्व पर शास्त्रीय ग्रन्थों, धार्मिक आडम्बरों और मनुष्य के अहंकार के कारण पर्दा पड़ा हुआ है। पुराने ज्ञान और आडम्बर और अहंकार से मुक्त होकर ही उस एक तत्व को पाया जा सकता है :

हरि है खांड रेतु महि बिखरी, हाथी चुनी न जाई।
कही कबीर गुरि भली बुझाई, कीटी होई के खाई॥

हरि तो खांड की तरह है जो संसार रूपी रेत में बिखरा हुआ, फैला हुआ, मौजूद है। अहंकार और मद से उन्मत्त मन रूपी हाथी उसे चुन नहीं सकता। कबीर का कहना है कि गुरु ने उन्हें भलीभांति समझा दिया है कि अपनी सहज और सूक्ष्म शक्ति से कीट की तरह अथवा चींटी की तरह उस खांड को पाया जा सकता है। मैं यही कर रहा हूँ।

हरि, ईश्वर, राम, गोविन्द आदि उस परम तत्व के ही प्रतीक हैं। कबीर के यहाँ ईश्वरतत्व और मानवप्रेम दोनों अभिन्न हैं। उसे पिता रूप में, माँ के रूप में, मित्र के रूप में, पति रूप में, प्रेयसी रूप में—सभी प्रकार के मानवीय रिश्तों द्वारा सहज ही पाया जा सकता है।

जातिप्रथा और वर्णाश्रम व्यवस्था पर जितनी चोट कबीर ने की थी, उतनी मध्ययुग में किसी ने भी न की थी। कबीर की बानियों की तात्विक मीमांसा के क्रम में प्रायः सभी समालोचकों ने यह सिद्ध किया है कि कबीर ईश्वर का अस्तित्व स्वीकार करते हैं। इन विद्वानों ने यह भी सिद्ध किया है कि कबीर निर्गुण ईश्वर, अज्ञात परमसत्ता या सृष्टि के रचयिता ब्रह्म के अस्तित्व में विश्वास करते हैं, पर श्री कबीर मन्दिर बड़हरा के सन्त अभिलाष दास इन मान्यताओं का खंडन करते हैं। उनका कहना है कि कबीर ब्रह्मवाद नहीं मानते बल्कि जीवात्मा को ही एक मात्र परम तत्व के रूप में स्वीकार करते हैं। कबीर के पदों की व्याख्या का सर्वथा नया वैचारिक परिप्रेक्ष्य प्रस्तुत करते हुए श्री अभिलाष दास ने अपना अलग निष्कर्ष निकाला है :

"यह चेतन जीव ही परम तत्व है। सारी कला-कल्पनाएँ, सारे ज्ञान-विज्ञान इसी के हैं। जीव ही ईश्वर-ब्रह्म, देवी-देवता तथा भूतप्रेत की कल्पना करनेवाला तथा वेद, बाइबल, कुरआन आदि शास्त्रों का रचनेवाला है। अतः जीव ही सर्वोपरि है। पहली ही रमैनी में कहते हैं "एक जीव कित कहूँ बखानी।" अर्थात एक जीव ही सत्य है, मैं विशेष वर्णन करके क्या कहूँ।" (कबीर—व्यक्तित्व और कतित्व, पृष्ठ 106)

विश्वविद्यालयों के हिन्दी जगत तथा हिन्दी समालोचना क्षेत्र के विद्वानों के बीच कबीर के दर्शन और उनकी विचारधारा पर नये सिरे से विवेचन-विश्लेषण की आवश्यकता महसूस की जा रही है, क्योंकि ब्राह्मणवादी चिन्तनप्रणाली से कबीर की बानियों की सुसंगत व्याख्या हो नहीं पा रही। परन्तु अभिलाष दास की व्याख्याएँ कबीर के अभिप्रायों को कहीं अधिक सहज तथा सुसंगत रूप में पेश करती हैं। इन व्याख्याओं से यह स्पष्ट होता है कि कबीर अगम, अगोचर, परोक्ष, निर्गुण के समर्थक न होकर इहलौकिकता और जीववाद के समर्थक थे। उदाहरण के लिए अभिलाष दास निम्नलिखित साखी की जो व्याख्या करते हैं, उस पर गौर कीजिए :

साँच कहौं तो है नहीं, झुठहि लागु पियारि।

मो शिर ढारे ढेंकुली, सींचे और कि क्यारी॥

अर्थात यदि सच्ची-सच्ची कहूँ तो कहना पड़ेगा कि परमात्मा है ही नहीं। पर लोग यह नहीं मानते और झूठी बात ही उन्हें पसन्द आती, झूठी बातें ही उन्हें प्रिय लगती हैं। लोग मेरे सिर पर ढेंकुली ढारते हैं और दूसरे की क्यारी सींचते हैं अर्थात अनुयायी मेरा कहलाते हैं और परिपोषण दूसरे मतों का करते हैं। इसी तरह निम्नलिखित पद की व्याख्या पर ध्यान दीजिए :

अलख निरंजन लखै न कोई। जेहि बन्धे बँधा सब लोई।
जेहि झूठे सब बाँधु अयाना। झूठा वचन साँच कै माना॥

अर्थात अलक्षित परब्रह्म को किसी ने देखा नहीं। पर अचरच की बात है कि परब्रह्म परमेश्वर की अवधारणा से सब बँध गये हैं। जिस झूठ की मान्यता में सब अज्ञानी बन्धे हैं, उस झूठे वचन को उन्होंने सच्चा करके मान रखा है।

यहाँ मैंने कबीर साहित्य के अध्ययन की इस नई दिशा की ओर संकेत मात्र किया है। विस्तृत जानकारी के लिए अभिलाष दास कृत "बीजक पारख प्रबोधिनी व्याख्या" और "कबीर दर्शन" नामक पुस्तकों का गम्भीरता से अध्ययन आवश्यक है। व्याख्या, आस्वादन, वैचारिक विश्लेषण और मूल्यांकन की दृष्टि से हिन्दी समालोचना किस तरह ब्राह्मणवादी आग्रहों और कसौटियों से ग्रस्त है, यह 'कबीर के आलोचक' नामक पुस्तक के लेखक डॉ. धर्मवीर दिखला चुके हैं। अतः वैदिक-पौराणिक सांस्कृतिक दृष्टि पर पुनर्विचार की प्रक्रिया में कबीर एक जटिल समस्या बनकर आ खड़े हुए हैं मानो आज भी कह रहे हों :

"यह जग अन्धा मैं केहि समझावौं। घर की वस्तु नज़र नहीं आवत, दियना बारि के ढूँढत अन्धा।"

इधर समकालीन कवियों-कलाकारों के बीच कबीर पथप्रदर्शक बनकर आ धमके हैं। अभी पिछले दिनों भीष्म साहनी द्वारा लिखित नाटक 'कबिरा खड़ा बाज़ार में' की, रंगमंच पर एम. के. रैना ने नाट्य प्रस्तुति की थी। केदारनाथ सिंह के नये कविता संग्रह में 'उत्तर कबीर' नाम से एक लम्बी कविता है जो आज के यथार्थ की विडम्बनाओं को उलटबाँसी की शैली में प्रस्तुत करती है।

कथ्य और सांकेतिक व्यंजनाओं के कारण कबीर की बानियाँ आज के पाठकों को समकालीन जीवन के बदले हुए सन्दर्भों में उतना ही झकझोरती हैं, जितना मध्यकालीन यथार्थबोध के सन्दर्भों में। इसलिए कबीर के साहित्य पर कालदेवता का वश नहीं चलता, चूँकि धूल झाड़कर हर चुनौती के मौके पर वह बहस के अखाड़े में मुस्तैद होकर खड़ा हो जाता है।

## कबीर पर सिद्धों और नाथों का प्रभाव

कबीर की बानियों की काव्यात्मक बुनावट पर तथा उनकी विचारधारा पर सिद्ध साहित्य, नाथपन्थी योगियों के साहित्य तथा मराठी सन्त कवियों में ज्ञानेश्वर तथा नामदेव के साहित्य का गहरा प्रभाव है। कबीर ही नहीं सम्पूर्ण सन्त साहित्य आठवीं-नौवीं सदी से चली आ रही विभिन्न अवैदिक साधना पद्धतियों से काफी-कुछ ग्रहण करता है, पर अपनी विचारधारा का भी स्वतन्त्र रूप में विकास करता है। इसलिए यह भ्रम हम सबको नहीं होना चाहिए कि कबीर की विचारधारा नाथपन्थ की नकल मात्र है। उसका अपना स्वतन्त्र स्वरूप है। यद्यपि कबीर बौद्धों से भी बहुत कुछ लेते हैं, योगियों और तान्त्रिकों से भी, पर कबीर न तो बौद्ध हैं, न हठयोगी, न नाथपन्थी। पन्द्रहवीं सदी की ठोस सामाजिक वास्तविकताओं और वैचारिक चुनौतियों के बरक्स कबीर की विचारधारा क्रमशः और उत्तरोत्तर विकसित होती है। बौद्ध धर्म का जब ह्रास हुआ तो आठवीं-नौवीं सदी तक आते-आते यह तन्त्र-मन्त्र की साधना में बदल गया और उसके अपने बाह्याचार तथा कर्मकांड भी बन गये। वज्रयान और महायान नामक शाखाओं में विभक्त बौद्ध भिक्षुओं के साधना-सम्बन्धी पदों में काया योग, सहज शून्य की अवस्था तथा समाधि जन्य भावदशाओं का वर्णन मिलता है। इसी साहित्य को 84 सिद्धों का साहित्य कहा जाता है। हज़ारी प्रसाद द्विवेदी के शब्दों में सिद्ध साहित्य के ''पदों की योजना इस प्रकार की है कि ऊपर से उससे कुत्सित लोक-विरुद्ध अर्थ प्रकट हो, या परस्पर विरोधी अनर्थक बातें प्रतीत हों, किन्तु साधना के रहस्यात्मक शब्दों की जानकारी प्राप्त होने पर साधनात्मक विशुद्ध अर्थ स्पष्ट हो जाए।'' (हिन्दी साहित्य: उद्‌भव और विकास, पृष्ठ 15)

इन्हीं रचनाओं को उलटबाँसी की संज्ञा दी जाती है। कबीर ने भी ऐसी उलटबाँसियों की रचना की है। इन्हें कूट पद या अन्योक्ति शैली के पद मानने में हिन्दी के विद्वानों को कोई कठिनाई नहीं रही है। नाथपन्थी जोगियों में खासकर मछेंदरनाथ और गोरखनाथ के भी ऐसे कूट पद मिलते हैं। उलटबाँसी की यह काव्यपरम्परा निरगुनिया सन्तों की बानियों में अपने परिपक्व और समृद्ध रूप में देखने को मिलती है। उदाहरण के लिए कबीर का निम्नलिखित पद देखा जा सकता है :

एक अचंभौ देखा रे भाई।
ठाढ़ा सिंघ चरावै गाई॥ टेक॥
पहिलै पूत पिछै भई माई, चेला कै गुर लागै पाई।
जल की मछरी तरवरि ब्याई, कूता कौ लै गयी बिलाई।
बैलहि डारि गोंनि घरि आई, घोरै चढ़ि भैंस चरावन जाई।
तलि करि साखा उपरि करि मूल, बहुत भांति जड़ लागे फूल।
कहै कबीर या पद कौं बूझै, ताकौं तीनिउँ त्रिभुवन सूझै॥

कबीर कहते हैं कि हे भाई, मैंने एक अचंभा देखा कि सिंह खड़ा होकर गाय चरा रहा है। पहले पुत्र हुआ, पीछे माता हुई। गुरु शिष्य के पैर छूता है। जल में विचरनेवाली मछली पेड़ के ऊपर बच्चा देती है। बिल्ली कुत्ते का शिकार कर उठा ले जाती है। अनाज की थैली बैल को बाहर छोड़कर घर वापस आ गयी। भैंस घोड़े पर बैठकर उसे चराने जा रही है। पेड़ की शाखा ज़मीन के अन्दर नीचे है और जड़ ऊपर की तरफ है। फूल डालों और टहनियों में नहीं लगते बल्कि जड़ों में खिले हुए हैं। कबीरदास कहते हैं कि जो इस रहस्य को समझता है, उसे तीनों लोकों के ज्ञान का साक्षात्कार हो जाता है। इस पद का यह ऊपरी अर्थ है, पर उलटबाँसी के रूप में इसकी व्यंजना भिन्न है। कबीर कहते हैं कि जीव ने इन्द्रियों को वशीभूत कर लिया है ( सिंह गाय को चरा रहा है)। सिद्धि प्राप्त कर लेने के बाद आत्मतत्व स्वयं जीवात्मा तक पहुँच जाता है (गुरु स्वयं शिष्य के पैर छूता है)। मूलाधार में स्थित कुंडलिनी उत्थित होकर सुषुम्ना मार्ग से ब्रह्मरंध्र अर्थात गगनमंडल में पहुँचकर ज्ञान को जन्म देती है—अर्थ यह कि विषयोन्मुख बहिर्मुख प्रवृत्ति अन्तार्मुख प्रवृत्ति के नियन्त्रण में आ जाती है (बिल्ली कुत्ते को दबोच लेती है)। साधक की सिद्धावस्था में मन (अनाज की थैली, गोंनी), अविवेक (बैल) को चैतन्य (घर) की ओर ले जाता है। सिद्धावस्था में इन्द्रियों (घोड़े) की सवारी निग्रहवृत्ति (भैंस) द्वारा हो जाती है अर्थात् इन्द्रियाँ निग्रहवृत्ति के नियन्त्रण में आ जाती हैं। मनुष्य के शरीर की रचना ही ऐसी है कि मूल, जड़ (मस्तिष्क, ब्रह्मरंध्र) ऊपर रहता है और शाखाएँ (नाड़ी मंडल) नीचे। साधना की सिद्धावस्था में शरीर के मूल अर्थात् चैतन्य में, ब्रह्मरंध्र में, मस्तिष्क में आनन्द के फूल खिल उठते हैं। कबीर कहते हैं कि सिद्धावस्था के इस रहस्य को जो जान लेता है, उसे तीनों लोकों के ज्ञान का साक्षात्कार हो जाता है। मूल शब्द में श्लेष है और सम्पूर्ण पद में रूपकातिशयोक्ति अलंकार है।

आपने ध्यान दिया होगा कि इस पद में किस तरह उलटा-पुलटा बयान किया गया है। आपने इस बात पर भी गौर किया होगा कि कहना कुछ चाहते हैं, पर कहते कुछ और ही हैं। ऊटपटांग ढंग से वर्णन की इस कला में मूल मन्तव्य ढँका हुआ रहता है यानी मुख्य आशय पारिभाषिक पदों और प्रतीकों के व्यंजना व्यापार द्वारा ही प्रकट होता है। सुषुम्ना, नाड़ी मंडल, ब्रह्मरंध्र, साधना, सिद्धावस्था, विषयासक्ति, इन्द्रियाँ, आनन्द, आत्मतत्व जैसे पारिभाषिक पद तान्त्रिकों, योगियों, सिद्धों, नाथों और सन्तों में समान रूप से प्रचलित थे। ये सभी सम्प्रदाय इनका समान अर्थ करते थे। अत: साधना सम्बन्धी शब्दों को कुछ प्रतीकों के साथ संयुक्त करके नये अर्थ की व्यंजना के लिए इस्तेमाल में लाया जाता था। उलटबाँसी की यह शैली सरहपाद, गोरखनाथ और कबीर में समान रूप मे मिलती है। कबीर तथा अन्य सन्तों ने सहज समाधि के आनन्द के क्षणों की अभिव्यक्ति में कुछ नयी उद्‌भावनाएँ भी कीं जो

नाथों और सिद्धों के पदों में नहीं मिलती हैं। 'अनभौ साँचा' अर्थात् सहज सच्चे अनुभव-ज्ञान की कसौटी भी मूलतः निरगुनिया सन्त कवियों ने ही विकसित की। परम तत्व से एकाकार होने की साधना की अभिव्यक्ति के लिए स्त्री-पुरुष प्रेम, पिता-पुत्र प्रेम, माँ-बेटे के प्रेम के रूपक के अलावा दास्य भाव की प्रेमभक्ति के साँचे का भी उपयोग किया गया है। इसके अतिरिक्त साधना की तुलना शूर से करते हुए युद्ध के रूपकों में भी साधना के कठिन मार्ग को बतलाया गया है :

जब बजै जुझाउर बाजा, तब कायर उठि-उठि भाजा।
कोई सूर लड़ै मैदानां, जिन मारि किया घमसांनां॥
जहँ बाँधि सकल हथियारा, गुर ग्याँन कौ खड्ग सम्हारा।
जब बस कियौ पाँचौ थाना, तब राम भया मिहर बांना॥

(पदसंख्या 205, कबीर वाङ्मय, खंड 2, पृष्ठ 259)

जातिप्रथा, सामाजिक भेदभाव, धार्मिक कर्मकांड, मूर्तिपूजा, बाह्याचार, छुआछूत, यज्ञ, वेद-पुराण, पंडित-पुरोहित आदि की तीखी आलोचना यद्यपि सिद्धों और नाथों की बानियों में भी मिलती है, पर एक व्यवस्थित वैचारिक साँचे में कबीर ने वैदिक-पौराणिक संस्कृति के सभी पहलुओं पर आक्रमण की नई अभिव्यक्ति-प्रणाली का प्रवर्त्तन किया, जिसे बाद में परवर्ती सन्तों तथा कबीरपन्थी रचनाकारों ने और भी समृद्ध किया। दलीलों की एक अनुभवगम्य सहज लोकशैली का विकास मध्यकालीन सन्तकाव्य की सर्वोपरि विशेषता है। यद्यपि बाद में निर्गुण के खंडन के लिए सूरदास के भ्रमरगीत में और तुलसीदास के रामचरितमानस में भी इस शैली का अपने ढंग से विकास किया गया। पर सीधी मार करनेवाली जुबान और तर्कशक्ति का जैसा अक्खड़पन सन्तों की बानियों में मिलता है, वैसा अन्यों की रचनाओं में फिर उपलब्ध न हो सका। इस प्रसंग में यहाँ विस्तारपूर्वक विवेचन की गुंजाइश नहीं है। कबीर की भाषा की व्यंग्यशक्ति पर चर्चा के क्रम में विस्तार से आप इसका अध्ययन कर पायेंगे।

हज़ारी प्रसाद द्विवेदी, रामकुमार वर्मा आदि विद्वानों की मान्यता है कि कबीर आदि सन्त कवियों पर सिद्धों का उतना ही प्रभाव पड़ा जितना नाथपन्थ के माध्यम से आ सकता था। इन विद्वानों ने नाथों और सन्तों के साहित्य को आमने-सामने रखकर यह प्रमाणित किया है कि दोनों के बीच बड़ा गहरा सम्बन्ध है; यह सम्बन्ध प्रत्यक्ष भी है और प्रगाढ़ भी। रामकुमार वर्मा की यह टिप्पणी उल्लेखनीय है : "नाथ सम्प्रदाय की आचार निष्ठा, विवेक सम्पन्नता, अन्धविश्वासों को तोड़ने की उग्रता एवं परम्परागत कर्मकांडों की निरर्थकता सन्त सम्प्रदाय में सीधी चली आई। अनेक प्रसंगों में उनकी अभिव्यक्ति में साम्य है।" (हिन्दी साहित्य, द्वितीय खंड, सम्पादक: धीरेन्द्र वर्मा, प्रकाशक: भारतीय हिन्दी परिषद, प्रयाग, पृष्ठ 204) जिस उल्लिखित पुस्तक में एक अध्याय के तौर पर सन्तकाव्य की यह विवेचना प्रकाशित हुई है, मेरा सुझाव है,

इसे आप सब लोग ध्यान से अवश्य पढ़ें। आपकी सुविधा के लिए रामकुमार वर्मा द्वारा लिखित विवेचना का एक और भी अंश प्रस्तुत कर रहा हूँ : ''यह निर्विवाद रूप से कहा जा सकता है कि सन्तकाव्य में प्राचीन वैदिक साहित्य की उपेक्षा की गयी है। यदि इस दृष्टिकोण से सन्तकाव्य पर विचार किया जाए तो ज्ञात होगा कि इसका दृष्टिकोण बौद्ध धर्म के दृष्टिकोण के अनुरूप ही है जो शताब्दियों तक वैदिक धर्म से संघर्ष करता रहा। यदि बौद्ध धर्म के विकास का इतिहास देखा जाए तो स्पष्ट हो जाएगा कि सन्तकाव्य बौद्ध साहित्य की परम्परा से ही अनुप्राणित हुआ होगा। बौद्ध साहित्य से वैपुल्यवाद या महायान का विकास हुआ, महायान से मन्त्रयान, मन्त्रयान मे वज्रयान या तान्त्रिक बौद्ध धर्म में परिणत हुआ। इसी वज्रयान की प्रक्रिया में नाथ सम्प्रदाय का विकास हुआ और नाथ सम्प्रदाय के प्रेरणामूलक तत्वों को ग्रहण कर सन्त सम्प्रदाय अवतरित हुआ। यह देखा जा सकता है कि इस विकास की प्रक्रिया में बौद्ध धर्म से लेकर नाथ सम्प्रदाय तक जो-जो जीवन के तत्व मनोभावों के धरातल पर उभर सके उन सबका समाहार सन्त सम्प्रदाय में हुआ। बौद्ध धर्म के शून्यवाद से लेकर नाथ सम्प्रदाय के योग तक तथा वज्रयान के सिद्धों की 'सन्धा भाषा' की उलटबाँसियों से लेकर नाथ सम्प्रदाय की अवधूत भावना तक सन्तकाव्य में सभी विचार-सरणियाँ पोषित हो सकीं। बौद्ध धर्म से प्रेरित इस विचारधारा के विकास से ही यह सम्भव हुआ कि सन्तकाव्य समस्त वैदिक परम्परा के उन कर्मकांडों का विरोध कर सका जो कालान्तर में वैष्णव धर्म में भक्ति के साधन थे। इसलिए अवतार, मूर्ति, तीर्थ, व्रत, माला आदि सन्त सम्प्रदाय को ग्राह्य नहीं हो सके, जो कर्मकांड के प्रतीक बने हुए थे। दूसरी ओर शून्य, कायातीर्थ, सहज समाधि, योग जिसके अन्तर्गत इड़ा, पिंगला, सुषुम्ना नाड़ियाँ, षटचक्र, सहस्त्र दल कमल, चन्द्र और सूर्य तथा जीवन की स्वाभाविक और अन्तःकरणजनित श्रद्धा और रागात्मिका वृत्ति की प्रधानता सन्तकाव्य में हो सकी।'' ( वही, पृष्ठ 189-190)

श्यामसुन्दर दास द्वारा सम्पादित कबीर ग्रन्थावली पढ़ें या पारस नाथ तिवारी द्वारा सम्पादित कबीर साहित्य का अध्ययन करें, आपको पता चलेगा कि कबीर के सैकड़ों पद अवधूतों अर्थात् नाथपन्थी योगियों को सम्बोधित हैं। दरअसल कबीर ने इन अवधूतों की साधना पद्धति का भी खंडन किया। हज़ारी प्रसाद द्विवेदी के अनुसार कबीर के जो पद सन्तों को सम्बोधित हैं, वे मूलतः कबीर के दृष्टिकोण या उनकी स्थापनाओं का स्पष्टीकरण करने के उद्देश्य से रचे गये हैं; परन्तु जो पद अवधूतों को सम्बोधित हैं वे मूलतः नाथपन्थियों के हठयोग का खंडन करने के उद्देश्य से रचे गये हैं। (कबीर, पृष्ठ 78) कबीर नाथपन्थियों के हठयोग की विभिन्न क्रियाओं के द्वारा प्राप्त शून्य भाव को मदिरा के नशे में धुत्त मानसिक दशा के समान अस्थायी मानते हैं ; वे तो सहज समाधि को ही शाश्वत मानते हैं। इसी तरह अनहद नाद बजने

की स्थिति को योगी परम सत्य मानता है, पर कबीर इसे नहीं मानते। वे पूछते हैं :

बाजै जन्त्र नाद-धुनि हुई, जो बजावैं सो औरे कोई।
बाज़ी नाचै कौतिग देखा, जो नचावै सो किनहुँ न देखा॥

(कबीर ग्रन्थावली, सम्पादक, श्यामसुन्दरदास, पृष्ठ 230-31)

जो इस अनहद नाद को बजाता है, जो बाज़ीगर को नचाता है—उस परम तत्व से एकाकार होने पर कबीर की दृष्टि है। जबकि जोगी योगक्रिया द्वारा अनहद नाद बजने की स्थिति को ही भ्रमवश परमसुख मान बैठे हैं। गोरखपन्थी जोगियों को ही कबीर ने अवधूत के रूप में सम्बोधित किया है। ये लोग कनफटा जोगी भी कहलाते थे। ये लोग कान में छेद कर कुंडल धारण करते थे (या अब भी कुछ ऐसे जोगी हैं) जिसे मुद्रा कहते थे, उसके साथ काली सींग की सीटी गले में होती थी, जिसे शृंगी कहते थे। इनके हाथ में नारियल का खप्पर होता था, वस्त्र गेरुआ, सिर पर जटाएँ, शरीर पर भभूत और ललाट पर त्रिपुंड। कबीरदास इन अवधूतों के बाह्य आचार को देखकर कहते हैं कि ये असली योगी नहीं हो सकते, चूँकि मन में मुद्रा नहीं है, मन में खप्पर और सींगी भी नहीं है; मन के भीतर आसन और मन का जपतप भी नहीं है। (कबीर ग्रन्थावली, पदसंख्या 206)।

अनेक विद्वानों ने कबीर की साखियों, रमैनियों और पदों के क्रमिक विकास का अध्ययन कर यह निष्कर्ष निकाला है कि नाथपन्थियों के हठयोग से उनका मोह भंग हो गया था। एक ऐसा भी वक्त आया जब वे स्वतन्त्र मार्ग की तलाश करने लगे। डॉ. मोती सिंह ने 'कबीर की भक्ति, आस्था और साधना' शीर्षक लेख में यही निष्कर्ष निकाला है। उनकी स्थापना है कि "कबीर का सुझाव जिस रूप में भक्तिवाद की ओर बढ़ा उसमें अनिवार्य था कि बाह्यक्रिया बहुल योगमार्ग उन्हें हेय प्रतीत हो।" (कबीर, सम्पादन, विजयेंद्र स्नातक, पृष्ठ 135) अपनी इस स्थापना की सोदाहरण विवेचना के उद्देश्य से डॉ. मोती सिंह ने कबीर के पद "सन्तो, सहज समाधि भली" को उद्धृत किया है। जब से सांई से मिलन हुआ, सुरति शाश्वत हो गयी; इस सहज समाधि में न तो आँख मूँदते हैं, न कान छिदवाते हैं बल्कि खुले नैन से हँस-हँस देखते हैं और सुन्दर रूप को बस निहारते ही रहते हैं। उन्मनी की यह दशा ही परम सुख है। ऐसा प्रतीत होता है कि गृहस्थ धर्म का पालन करनेवाले जनसाधारण से हठयोगी कट से गये थे; उनके आतंक, चमत्कार, करामात, वेशभूषा और बाह्याचार के कारण आम जनता पर नाथपन्थियों का अच्छा प्रभाव नहीं पड़ता था। अत: कबीर ने हठयोग के अन्तर्गत माने जानेवाले पिपीलिका मार्ग को त्यागकर विहंगम मार्ग को अपनाया। जब इस घर के अन्दर ही परमसुख उपलब्ध है, आत्मसाक्षात्कार हो सकता है, तो फिर प्राणायाम द्वारा कुंडलिनी के जागरण की जरूरत ही क्या है। यही तो पिपीलिका मार्ग था जो कठिन यौगिक साधना द्वारा जीभ को उलटकर तालु से सटाने

की अनिवार्यता बताता था। इससे कहीं बेहतर तो विहंगम मार्ग था जिसमें प्राणायाम के बिना भी मन उच्च अवस्था को प्राप्त हो जाता है और उस दशा में मनुष्य की बाह्य भौतिक सत्ता के सभी तत्व लुप्त हो जाते हैं, मन समाधि की अवस्था में पहुँचकर इन विषयों से अलग हो जाता है। यही तो परमपद है, चरम आनन्द की अवस्था, जहाँ बिना सरोवर के ही आनन्द की तरंगें उठा करती हैं और आत्मा चकवे की तरह जल के न होते हुए भी किलोल करती रहती है ( सूखे सरवर उठै हिलोर, बिनु जल चकवा करत किलोर)। सहज समाधि की इस अवस्था के अपने स्वतन्त्र मार्ग की ओर बढ़कर कबीर ने प्रेमभक्ति के सर्वथा नये स्वरूप की कल्पना की। इस तरह ज्ञान, योग और भक्ति तीनों की सम्मिलन भूमि पर कबीर ने अपने अलग प्रकार के पन्थ और साधना-मार्ग का विकास किया।

कबीर की भक्ति वही नहीं है जो वैष्णवों की है। कबीर सम्बन्धी समालोचना के गड़बड़झाले में इस प्रकार की भ्रान्ति खूब फैली। अनेक विद्वान यह मानने लगे कि कबीर योगमार्ग छोड़कर दक्षिण भारत के मन्दिरों के आलवाड़ भक्तों, रामानुजाचार्य, स्वामी रामानन्द आदि के द्वारा प्रवर्तित भक्ति मार्ग के अनुयायी बन गये थे। इस घट के अन्दर ही सृजनहार है, इस घट के अन्दर ही आनन्दलोक है, इस घट के अन्दर ही आत्मरूप परमतत्व है, अत: सहज समाधि द्वारा उससे तादात्म्य हो सकता है, उसे प्रेम और भक्ति से पाया जा सकता है—सहज समाधि की इस पद्धति की यदि आप वैष्णव उपासना पद्धति से तुलना कर देखेंगे तो पता चलेगा कि कबीर का मार्ग सर्वथा भिन्न मार्ग है। सुरति-निरति की इस सहज अवस्था का कोई भी संकेत वैष्णव भक्ति में दिखायी नहीं पड़ता। स्त्री-पुरुष सम्बन्ध, पति-पत्नी सम्बन्ध, माँ और बेटे का सम्बन्ध—ये सारे सम्बन्ध कबीर के यहाँ प्रेमाभिव्यक्ति के प्रतीक मात्र हैं।

हठयोगियों और वैष्णवों से भिन्न इन सन्तों के मुख्य लक्षण बतलाते हुए कबीर ने चार बातों का उल्लेख किया था—किसी से भी बैर न रखना (निर्वैरता), किसी भी चीज की कामना न करना (निहकामता), परमतत्व रूपी साँई से प्रेम (साईं सेती नेह) और विषय वासना का त्याग (विषया सूँ न्यारा)—

कबीर निरवैरी निहकामता, साईं सेती नेह।
विषया सूँ न्यारा रहे, सन्तनि का अंग एह॥

(कबीर ग्रन्थावली, साखी—1, पृष्ठ 85)

## कबीर का दर्शन

कबीर के काव्य में परम तत्व, जीव, माया, सृष्टि आदि पर विचार अवश्य ही व्यक्त किये गये हैं, पर ये विचार एक सन्त के अनुभव-प्रसूत ज्ञानकण हैं। इन्हें दर्शन की एक सुसंगत व्यवस्था के रूप में देखना उचित नहीं है। इसके अतिरिक्त एक और भी

समस्या है। कबीर को लम्बी आयु मिली थी। कहते हैं वे 120 वर्ष तक जीते रहे। अगर इसे जनश्रुति मानकर टाल भी दें तो इतना अनुमान करना सहज है कि कम से कम 75-78 वर्ष तक की उम्र उन्होंने अवश्य ही पायी होगी। एक जोगी, फकीर, सन्त, साधु और भक्त के रूप में उन्होंने अनेक स्थानों की यात्रा की थी, भाँति-भाँति के लोगों से मिले थे; तरह-तरह के धर्मशास्त्रियों, चिन्तकों, भक्तों, ज्ञानियों आदि से वे टकराये थे। इसी लम्बी प्रक्रिया में कबीर के विचारों का भी निरन्तर परिष्कार हुआ होगा; निरन्तर परिवर्तन, संशोधन और आत्मशोधन के सिलसिले से इन्कार नहीं किया जा सकता। ऐसी स्थिति में कबीरदास द्वारा रचित प्रारम्भिक बानियों की विचार-दृष्टि और प्रौढ़ावस्था में रचित बानियों की विचार-दृष्टि में तालमेल बिठा पाना मुश्किल होगा। कबीर की बानियों में दिखाई पड़नेवाले विरोधाभासों और परस्पर विरोधी दृष्टिकोणों को हिन्दी के विद्वानों ने प्राय: नज़रअन्दाज़ किया है। इससे भ्राँतियाँ बढ़ी हैं। वस्तुत: कबीर साहित्य में दिखनेवाली असंगतियों के कारण भी यही हैं कि अपने प्रारम्भिक विचारों का अतिक्रमण कर वे निरन्तर विकसित होते रहे हैं। चूँकि ऐतिहासिक तिथिक्रम से उनकी रचनाओं का संकलन न हुआ है, न हो सकता है, अत: दार्शनिक प्रणाली के रूप में कबीर की विचार-व्यवस्था को ढूँढ निकालना लगभग असम्भव कार्य है।

कबीर अद्वैतवादी हैं। एकेश्वरवादी हैं। द्वैताद्वैत समतत्ववादी हैं। ब्रह्मवादी हैं। नाथपन्थी हैं। सूफी हैं। पता नहीं, इस तरह की कितनी धारणाएँ हैं। कबीर के सम्बन्ध में इस तरह की आलोचनात्मक अराजकता के मूल में हरेक आलोचक का निजी पूर्वाग्रह सक्रिय रहा है। डॉ. रामचन्द्र तिवारी ने भी इस तथ्य की पुष्टि की है—''वास्तविकता यह है कि कबीर के दार्शनिक विचारों के सम्बन्ध में निर्णय करते समय प्रत्येक विचारक किसी न किसी पूर्वाग्रह से प्रेरित रहता है। मोहसिन फानी ने जब कबीर को 'मूवाहिन्द' (एकेश्वरवादी) कहा था तो उसका निर्णय इस्लाम की धर्म भावना से प्रभावित था। बाबू श्यामसुन्दरदास ने जब कबीर को 'ब्रह्मवादी' या 'अद्वैतवादी' कहा था तो वे यह मानकर चल रहे थे कि निर्गुण सन्तधारा शंकराचार्य के अद्वैतवाद से किसी न किसी रूप में प्रेरित और प्रभावित है। डॉ. बड़थ्वाल ने जब कबीर को अद्वैतवादी कहा था तो वे पूरी निर्गुण सन्त-परम्परा में व्याप्त विचारों को वेदान्त के पुराने मतों के अन्तर्गत व्यवस्थित करना चाहते थे। आचार्य हज़ारी प्रसाद द्विवेदी ने जब कबीर को द्वैताद्वैत विलक्षण समतत्ववादी कहा तो वे नाथपन्थी योगियों के सिद्धान्तों को पृष्ठभूमि में रखकर कबीर की तुलना कर रहे थे। इसी प्रकार जिन विद्वानों ने कबीर को स्वतन्त्र विचारक माना है, वे कबीर की प्रतिभा से प्रभावित होने के साथ ही यह मानकर चले हैं कि कबीर परम्परागत शास्त्रीय चिन्तन के कायल नहीं थे।''

(कबीर मीमांसा, पृष्ठ 112-113)

कबीर को किसी विशिष्ट धार्मिक साधना के मतपोषक या किसी एक दार्शनिक धारा के समर्थक के रूप में देखने के आग्रह को छोड़कर सीधे-सीधे विभिन्न विषयों पर उनके विचार को समझने का प्रयत्न ज्यादा आवश्यक है। अतः सबसे पहले ब्रह्म पर उनके विचार को हम देखें। इसके बाद अन्य विचार क्रमानुसार आयेंगे।

**ब्रह्म**

कबीर के काव्य में ब्रह्म एक है। उसका कोई रूप, कोई आकार, कोई व्यक्तित्व नहीं है। वह रूपातीत, गुणातीत है। वह न तो सगुण है, न निर्गुण—दोनों से परे है। वह इस जगत, इस सृष्टि के अणु-परमाणु में व्याप्त है। उसे किसी मूर्ति, किसी देवालय, किसी तीर्थ में नहीं पाया जा सकता। वह हमारे शरीर के अन्दर, घट के अन्दर, पिंड के अन्दर, हमारी प्रत्येक साँस में विद्यमान है। वह अवतार ग्रहण नहीं करता। संसार की प्रत्येक वस्तु में वह छिपा है, अन्तर्निहित है। उसका न तो वर्णन हो सकता है, और न उसकी कल्पना की जा सकती है। उसे सिर्फ अनुभव द्वारा पाया जा सकता है—गूंगे के गुड़ के समान। उसके अनेक नाम हैं—राम, गोविन्द, हरि, केशव, करीम, रहीम, खुदा, अल्लाह, निरंजन, अलख आदि। नाम की भिन्नताओं के बावजूद परम तत्व तो एक ही है। उसे न तो वर्गों में बाँटा जा सकता है, न धर्मों में, न जातियों में। उसकी प्राप्ति भक्ति से, प्रेम से, आत्मानुभूति से हो सकती है। योग के अन्तर्गत उसकी प्राप्ति सहज समाधि से भी हो सकती है ( साधो सहज समाधि भली)। इस साधना में मार्गदर्शन सिर्फ गुरु ही कर सकता है। साधक को परमात्मा से मिलाने की क्षमता के कारण गुरु का स्थान परमात्मा से भी ऊँचा है।

जिन विद्वानों ने यह मान लिया है कि कबीर के ब्रह्म शंकराचार्य के अद्वैत वेदान्तवाले ब्रह्म हैं, अर्थात् सम्पूर्ण जगत में ब्रह्म परिव्याप्त है, उन्हें कबीर के इन पदों पर ध्यान देना चाहिए। कबीर पूछते हैं :

पंडित शोधि कहो समुझाई, जाते आवागमन नशाई।
अर्थ धर्म औ काम मोक्ष, कहु कौन दिशा बसे भाई॥
उत्तर कि दक्खिन पूरब कि पच्छिम, स्वर्ग पताल कि माहीं।
बिना गोपाल ठौर नहिं कतहूँ, नर्क जात धौं काहीं॥

जब गोपाल के अतिरिक्त और कहीं कुछ ठौर बाकी ही नहीं बचा तो फिर पंडित, ज़रा खोज करके बताओ, कि ऐसी स्थिति में नरक फिर कहाँ है? मुक्ति किस दिशा में बसती है? ये अर्थ, धर्म, काम, मोक्ष आदि कहाँ किस दिशा में बसे हुए हैं?

इस तरह स्पष्ट है कि कुछ पदों में कबीर ब्रह्म की सर्वव्यापकता, जगत से ब्रह्म की अनन्यता तथा ब्रह्म और जीव में एकात्म अभिन्नता को स्वीकार नहीं करते। तत्वमसि का उपदेश देनेवाले अद्वैत ब्रह्मवाद का वे अनेक स्थलों पर खंडन करते हैं। इससे पता

चलता है कि दर्शन के स्तर पर कबीर के काव्य में असंगतियाँ और विरोधाभास भी हैं।

## जीव

कबीर जीव और ब्रह्म के पृथक अस्तित्व को स्वीकार करते हैं। अनेक पदों में यह संकेत दिया गया है कि माया के खेल के कारण दोनों अलग हो गये हैं। यह माया ही है जो अविद्या, मोहपाश, विषयासक्ति आदि के द्वारा जीव पर अज्ञान का पर्दा डाल देती है। कबीर कहते हैं ''जे सोऊँ तौ दोइ जणाँ, जे जागूँ तौ एक।'' रात्रि के अँधेरे में, अर्थात, अज्ञान के वश में होने के कारण ब्रह्म और जीव अलग-अलग प्रतीत होते हैं। अगर ज्ञान हो जाए तो 'इस घट अन्तर सिरजनहार' को पाया जा सकता है। ज्ञानोदय की दशा में जीवात्मा ब्रह्म का अंश हो जाती है—'कहु कबीर इहुराम कौ अंसु।' अज्ञान की दशा में यह जीव 'हद का जीवन' (सीमाबद्ध) होता है पर ज्ञानोदय की दशा में 'बेहद का जीवन' (असीम में अनुरक्त) होता है। इसी हद के जीव को, सांसारिकता और विषयासक्ति में लीन जीव को सम्बोधित करते हैं—'जागि रे जीव जागि रे।'

## माया

माया ब्रह्म की ही सृष्टि है। उसकी दो शक्तियाँ हैं—आवरण और विक्षेप। आवरण शक्ति से वह सत्य को ढँक देती है और विक्षेप शक्ति से भ्रांति उत्पन्न करती है। उस युग की विभिन्न धर्म साधनाओं में माया की अवधारणा किसी न किसी रूप में प्रचलित थी। कबीर इससे मुक्त न हो सके। वे उसे ठगिनी, पापिनी, मोहिनी, सर्पिणी आदि की संज्ञा देते हैं। परम तत्व के साक्षात्कार में माया को बहुत बड़ी बाधा बताते हैं। वे माया के ध्वंस और विनाश की बात नहीं करते बल्कि उसे वश में करने, उस पर नियन्त्रण करने, उस पर विजय प्राप्त करने की बात करते हैं। वे मानते हैं कि माया सन्तों की दासी / चेरी बन जाती है—'कबीर माया दासी सन्त की, ऊभी देइ असीस।' कबीर काव्य में माया निरंजन की शक्ति है—ब्रह्मांड में जो माया है, पिंड में वही कुंडलिनी है। कुंडलिनी को ही माया माना गया, आद्यशक्ति माना गया। माया रूपी नागिन की फुफकार ही प्राणध्वनि है। कबीर के पदों में इस माया की महिमा खूब गायी गयी है।

## जगत

सन्तकाव्य धारा में तथा कबीर की बानियों में जो कुछ दिखाई दे रहा है, उसे जगत, गोचर जगत की संज्ञा दी गयी है। यह चंचल है, गतिशील है, अस्थिर है, क्षणिक है, नश्वर है। माया ने ही इस जगत की रचना की है, इसलिए यह जगत भ्रान्तिजनक है। धन, वैभव, आडम्बर, सुखभोग, सम्पत्ति, पद, अधिकार—ये सब जगत के ही रूप

हैं। पर चाहे राजा हो, रंक हो, फकीर हो—सबको जाना है। सभी क्षणभंगुर हैं, मरणशील हैं। यह संसार दिन की हाट है जो सांझ होते ही उठ जायेगी। जगत की निस्सारता और क्षणभंगुरता के बारे में कबीर की अनेक साखियाँ और पद हैं।

क्षणभंगुरता का संवेदनशील चित्र प्रस्तुत करने में कबीर की बानियों को बड़ी सफलता मिली। ऐसे ही एक पद में कबीर पूछते हैं—इस झूठे तन पर गर्व क्यों करते हो? मरने के बाद परिवारवाले इस शरीर को क्षणभर भी घर में रखने को तैयार नहीं होते। जिस शरीर को—जिस पिंड को खीर, खांड, और घी से सँवारा, उसी शरीर को प्राण निकल जाने के बाद निकृष्ट समझकर जला दिया जाता है। जिस शरीर पर सुरुचि-अभिरुचि के साथ पगड़ी बाँधी जाती थी, उसे मृत्यु के बाद कौए अपनी चोंच से खोद-खोद कर खाते हैं। हड्डियाँ सूखी लकड़ी के समान जलती हैं और केश तृण के ढेर के समान जल जाते हैं। कबीर कहते हैं यम का डंडा लगने पर भी लोग मोह नहीं त्यागते :

झुठे तन के क्या गरबावै।
मरै तौ पल भरि रहन न पावै॥
खीर खांड घृत संवारा, प्राण गए लै बाहरि ज़ारा।
जिहिं सिरि रचि रचि बाँधत पागा, सो सिरु चंचु संवारहिं कागा।
हाड़ जरै जैसे लकड़ी झूरी, केस जरै जैसे त्रिन कै कूरी।
कहै कबीर नर अजहुं न जागै, जम का डंड मूंड महिं लागै॥

इस जगत की सृष्टि के सम्बन्ध में कबीर की मान्यता का विवेचन करते हुए अक्सर सांख्य, अद्वैत वेदान्त, शैव दर्शन, तन्त्रसाधना और योग दर्शन के प्रभाव की चर्चा की जाती है। कुछेक बानियों में अल्लाह के नूर से सारे संसार की सृष्टि का उल्लेख होने के कारण कबीर पर इस्लाम के प्रभाव का उल्लेख किया जाता है। कबीर ने इस संसार की सृष्टि का स्वरूप समझाते हुए सत्व, रज, तम—इन तीन गुणों अर्थात् त्रिगुणात्मक प्रकृति का ज़िक्र किया है; आकाश, वायु, अग्नि, जल एवं पृथ्वी नामक पंचतत्वों की भी बात की है। सांख्य दर्शन में इन तत्वों को अनश्वर माना गया है जबकि कबीर की बानियों में इन तत्वों को भी नश्वर माना गया है, (नहीं ब्रह्माण्डि, पिंडि पुनि नाहीं पंचतत्व भी नाहीं)। इस प्रसंग में कबीर के दर्शन पर 'कबीर मीमांसा' नामक पुस्तक के लेखक डॉ. रामचन्द्र तिवारी का निष्कर्ष यथोचित प्रतीत होता है कि "सांख्य की शब्दावली का प्रयोग करते हुए भी कबीर ने सांख्य की दृष्टि से संसार को नहीं देखा है।" (पृष्ठ 128) यही स्थिति अन्य दर्शनों की भी है। कबीर ने न तो अद्वैत दर्शन की दृष्टि से संसार को देखा है, न शैव, शाक्त, तन्त्र और योग की दृष्टि से। कबीर की शब्दावली में इन दर्शनों के पारिभाषिक शब्दों की उपस्थिति के कारण ही भ्रांति होती है।

## मोक्ष

कबीर इस मायाकृत संसार में आसक्ति नहीं रखते। अतः प्रवृत्तिमार्गी नहीं माने जा सकते। उन्हें आमतौर पर निवृत्तिमार्गी माना जाता है। मोक्ष की धारणा एक विचार-रूढ़ि के रूप में प्राचीन काल से ही चली आ रही थी। कबीर इस धारणा के सर्वग्रासी आतंक से मुक्त न थे। कबीर ने भी उस विचार-रूढ़ि के अनुसार मोक्ष को जीवन-मरण के चक्र, इस संसार में बार-बार आगमन के चक्र से छुटकारे के अर्थ में ही ग्रहण किया है। प्राचीन विचार-रूढ़ि यह भी रही है कि जीव जीवन-मरण के बन्धन से मुक्त होकर भवसागर तर जाता है और बैकुंठ लोक में पहुँच जाता है। पर कबीर इस बैकुंठ लोक में विश्वास नहीं करते। कबीर किसी भी ऐसे बैकुंठ लोक के अस्तित्व का खंडन करते हैं। वे पूछते हैं—राम, मुझे तार कर, मेरा उद्धार कर आप मुझे कहाँ ले जाओगे? वह बैकुंठ कहाँ है? ( राम मोहि तारि कहाँ लै जइहौ?) कबीर की दृष्टि में सांसारिक विषय-वासनाओं से विमुख होना ही जीव की मुक्ति है, जीव का मोक्ष है ( कबीर जीवन मृतक है, रहै, तजै जगत की आस)।

## कबीर के राम

कबीर की बानियों में जिस राम का बार-बार उल्लेख होता है, वह दशरथ पुत्र राम नहीं, बल्कि निर्गुण-निराकार परम सत्ता के अर्थ में 'राम' के अस्तित्व को स्वीकारा गया है। कबीर ने भी राम की भक्ति की है और तुलसी ने भी। एक निरगुनिया है और दूसरे सगुनिया। दोनों की राम भक्ति के सारतत्व में काफी अन्तर है। अलौकिक-अगोचर परम सत्ता के लिए कबीर की बानियों में सिर्फ राम का ही उल्लेख नहीं हुआ है, बल्कि हरि, गोविन्द, निरंजन, केशव, नारायण, माधव, मुकुन्द, विश्ववम्भर, बीठुला, मुरारि, करीम, रहीम आदि का नाम लिया गया है। सदियों से चले आ रहे वैचारिक संस्कारों को व्यक्त करनेवाले पारिभाषिक पदों को स्वीकार करने और उनके प्रयोगों द्वारा ही नयी बात कहने की कबीर की विवशता के कारण अनेक समस्याएँ उठ खड़ी हुई हैं।

लेकिन यदि कबीर की बानियों में आये ऐसे प्रसंगों पर ठीक से ध्यान दें तो पता चलेगा कि वे जिस राम की उपासना करते हैं, वह अविगत है, परम तत्व है और वेद-पुराण आदि उसका मर्म नहीं जानते (अविगत की गति लखी न जाइ। चारि वेद जाके सुमृत पुरानां, नौ व्याकरणां मरम न जाना)। न तो उसकी रूपरेखा है, न कोई वर्ण; वह निर्भय, अखिल निरंजन, वर्ण-अवर्ण से परे, सृष्टि और लय से परे है। वह लोक और वेद दोनों से परे है। प्राचीन काल से चली आ रही नेति-नेति शैली—अर्थात् वह यह भी नहीं है, वह भी नहीं है—कबीर की बानियों में बार-बार मिलती है।

कबीर की कविताओं में निरूपित यह सर्वव्यापी अगोचर परम तत्व ही सृष्टि का कर्ता है। 'बीजक' की एक रमैनी में उन्होंने यह बताया है कि परमात्मा ने स्वयं कुम्भकार की भाँति सृष्टि की है।

'गुरु ग्रन्थ साहिब' में संगृहीत एक पद में वे इस परम तत्व को बाज़ीगर बताते हैं। कबीर के निर्गुण राम कृपालु हैं, भक्तों के लिए करुणानिधान हैं, दुखभंजक और प्रतिपालक हैं।

डॉ. हज़ारी प्रसाद द्विवेदी ने भी यह स्वीकार किया है कि "कबीर तात्विक दृष्टि से अद्वैतवादी नहीं थे और उनके 'निर्गुण राम में और वेदान्तियों के पारिभाषिक निर्गुण ब्रह्म' में मौलिक भेद है।" (कबीर, पृष्ठ 116)

## भक्ति

कबीर निर्गुण-निराकार, अरूप-अगोचर परम सत्ता या राम के भक्त थे। प्रश्न यह है कि अरूप और निर्गुण भगवान भक्ति का विषय कैसे हो सकता है? भगवद्विषयक प्रेम को ही भक्ति कहते हैं। भक्ति के लिए अपने उपास्य के प्रति अनन्य भावना होनी चाहिए, बिना शर्त उत्सर्ग की भावना, आत्मसमर्पण। कबीर की बानियों में यह अनन्य भावना इस सीमा तक है कि वे कहते हैं—हे गुसाईं! मैं तो तुम्हारा गुलाम हूँ, मुझे बेच दो। सारा तन-मन-धन तेरा है और तेरे लिए ही है। राम ही गाहक और राम ही सौदागर हैं। कबीर तो तनमन धन न्योछावर कर अपने को, अपने राम पर कुर्बान कर चुके हैं :

मैं गुलाम मोहिं बेचि गुसाई।
तन-मन-धन मेरा रामजीक ताई।
आनि कबीरा हाटि उतारा,
सोइ गाहक सोइ बेंचनि हारा।
बेचैं राम तो राखै कौन,
राखै राम तो बेचै कौन।

कबीर के पदों में अनन्य प्रेमभावना की अभिव्यक्ति रतिशृंगार के रूपकों के माध्यम से भी हुई है—तलफै बिन बालम मोर जिया। अथवा एक अन्य पद में—मैं अबला पिउ पिउ करूँ निर्गुण मेरा पीव।

नाथपन्थियों के प्रभाव से मुक्त होने के बाद कबीर ने भक्ति और प्रीति के दाम्पत्यवाले रूपकों में प्रेम की अनन्यता की तो व्यंजना की है, इसके अतिरिक्त 'सहज समाधि' का एक नया रागात्मक क्षेत्र भी चुना जो जोगियों की समाधि से भिन्न प्रेमपगी सुरति-निरति थी। ऐसा प्रतीत होता है कि कबीर की सृजनात्मकता प्रौढ़ परिपक्व रूप में जीवन के अन्तिम समय में नया रूप ग्रहण कर रही थी। इस दृष्टि से 'साधो सहज

समाधि भली' जैसे पद रागात्मक व्यंजना की दृष्टि से भी अनूठे और रचनाशिल्प की दृष्टि से भी नयी उद्भावना के प्रमाण हैं। इसी पद में ''जहँ-जहँ डोलों सोई परिकरमा'' तथा ''खुले नैन पहिचानौं हँसि-हँसि, सुन्दर रूप निहारों'' जैसी सुन्दर अभिव्यक्तियाँ हैं। कबीर ने नाथपन्थियों के प्रभावों का अतिक्रमण कर जब अपना स्वतन्त्र विकास किया, तभी प्रेम के बादल की वर्षा से उनकी आत्मा का अन्तर्तम भीग गया। प्रेम और भक्ति से आर्द्र सैकड़ों पद हैं जो उनके जीवन काल के अन्तिम दिनों की रचना प्रतीत होते हैं। इन्हीं पदों में भक्ति का नया स्वरूप उभरता है। इस भक्ति को रहस्यवादियों के साधनात्मक रहस्यवाद से भिन्न रूप में देखना और समझना चाहिए। कबीर की भक्ति वैष्णवों की नवधा भक्ति से भी भिन्न है। उपास्य के रूप का संकेत प्रतीकात्मक मात्र होने से नवधा भक्ति से उसका अन्तर स्पष्ट हो जाता है। रामकुमार वर्मा ने धीरेन्द्र वर्मा और ब्रजेश्वर वर्मा द्वारा सम्पादित 'हिन्दी साहित्य' के दूसरे खंड में सन्तकाव्य का विस्तारपूर्वक विवेचन किया है। वर्मा जी कबीर की भक्ति के विभिन्न अवयवों का उल्लेख करते हुए बताते हैं कि उससे निम्नलिखित आवश्यकताओं की पूर्ति हुई :

''ब्रह्म को रूप और गुण में सीमित न करते हुए उसे प्रतीकों द्वारा मानसिक धरातल पर लाने में सफलता, प्रेम के माध्यम से आडम्बर और कर्मकांड की आवश्यकता दूर करना, अशिक्षित और अर्धशिक्षित जनता के हृदय में ब्रह्म की अनुभूति उत्पन्न करने के लिए विविध सम्बन्धों की अवधारणा और गुरु, राजा, पिता, माता, स्वामी, मित्र और पति के रूपकों के सहारे उससे नैकट्य स्थापित करना, सूफ़ी मत के प्रेमतत्व और वैष्णव धर्म के भक्ति तत्व को मिलाकर हिन्दू और मुसलमानों के बीच साम्प्रदायिकता दूर करना, विश्वव्यापी प्रेम से विश्वधर्म की स्थापना करना जिसमें वर्गभेद और जातिभेद के लिए कोई स्थान नहीं है और इस प्रेम के माध्यम से आत्मसमर्पण की भावनाओं को जागरित करना जिसमें पति-पत्नी के प्रेम की पूर्णता से रहस्यवाद की व्यावहारिक परम्परा का सूत्रपात हो।''( वही, पृष्ठ 215)

इस तरह स्पष्ट है कि कबीर की भक्ति में सभी मनुष्यों के लिए समानता की भावना है। इसमें किसी भी बाह्यचार या धार्मिक कर्मकांड को स्थान नहीं दिया गया है। यह भक्ति ईश्वर के दरबार में सबकी समानता और एकता की पक्षधर है।

## कबीर की भाषा के विभिन्न रूप

कबीर के अपने हाथों लिखी उनकी बानियों की हस्तलिखित पोथी अभी तक किसी को भी प्राप्त नहीं हुई है। कबीर की बानियों को उनके शिष्यों ने तथा कबीरपन्थी सन्तों ने ही लिखित रूप प्रदान किया है। यहाँ तक कि राजस्थान के कबीरपन्थियों के यहाँ एक तरह का पाठ मिलता है, तो काशी-गोरखपुर आदि पूर्वी अंचलों के

कबीरपन्थियों के यहाँ दूसरी तरह का पाठ मिलता है। पंजाब के 'गुरु ग्रन्थ साहिब' के अन्तर्गत भी कबीर की बानियाँ संगृहीत हैं। अत: कबीर साहित्य की तीसरी पाठ-परम्परा ने कबीर की भाषा के सन्दर्भ में विद्वानों के बीच मतभेद बढ़ाया ही है। कबीर की बानियों के ये तीनों प्रकार के पाठ सोलहवीं-सत्रहवीं सदी की हस्तलिखित पोथियों पर आधारित हैं। कबीर के जीवनकाल में संगृहीत किसी भी हस्तलिखित पोथी के अभाव के कारण प्राय: सभी अनुमानों पर निर्भर हैं। कबीर ग्रन्थावली के रूप में डॉ. माता प्रसाद गुप्त और डॉ. पारस नाथ तिवारी द्वारा अलग-अलग ढंग से सम्पादित पुस्तकें उपलब्ध हैं। ये तीनों ग्रन्थ प्राय: दादूपन्थी एवं निरंजनी पन्थी सन्तों की राजस्थानी परम्परा पर निर्भर हैं। 'सन्त कबीर' नाम से संकलित डॉ. रामकुमार वर्मा का पाठ पंजाबी पाठ परम्परा पर निर्भर है। बाबू श्यामसुन्दरदास द्वारा सम्पादित 'कबीर ग्रन्थावली' का पाठ भी पंजाबी परम्परा पर निर्भर करता है क्योंकि उन्होंने भी 'गुरु ग्रन्थ साहिब' से संकलित कबीर की बानियों की भाषा-संरचना को पाठ निर्धारण का आधार बनाया है। इधर ही डॉ. शुकदेव सिंह द्वारा सम्पादित 'बीजक' का प्रकाशन हुआ है। इसमें अवधी-भोजपुरी अथवा पूर्वी प्रदेश की पाठ परम्परा को भाषा संरचना की दृष्टि से निर्णायक महत्त्व प्रदान किया गया है। इसके अतिरिक्त कबीर बानियों के ऐसे ग्रन्थ भी हैं जिनमें खड़ी बोली को भाषा-संरचना की दृष्टि से प्रमुखता प्रदान की गयी है।

इससे स्पष्ट है कि कबीर की बानियों में सिर्फ शब्दभंडार की दृष्टि से ही नहीं, उच्चारणभेद, वाक्यगठन, सर्वनाम तथा क्रियापदों के प्रयोगों के लिहाज़ से भी कहीं पंजाबी भाषा के लक्षण प्रकट होते हैं तो कहीं राजस्थानी भाषा के, कहीं अवधी-भोजपुरी के तो कहीं खड़ी बोली के। मध्ययुग में प्राप्त उल्लिखित चार बोलियों की अलग-अलग प्रकार की भाषा संरचनाओं के मिश्रित प्रयोगों से कबीर की भाषा के सम्बन्ध में निर्णय की जटिलता से बचने के लिए सुगम उपाय यह निकाला गया कि उसे 'सधुक्कड़ी भाषा' कहा जाए। दरअसल आचार्य रामचन्द्र शुक्ल द्वारा ही इस प्रवृत्ति का आरम्भ किया गया था। 'हिन्दी साहित्य का इतिहास' में उनकी शंकाओं और ऊहापोह को स्पष्ट रूप से आप देख सकते हैं :

''उनकी भाषा सधुक्कड़ी अर्थात् राजस्थानी-पंजाबी मिली खड़ी बोली है, पर 'रमैनी' और 'सबद' में गाने के पद हैं जिनमें काव्य की ब्रजभाषा और कहीं-कहीं पूरबी बोली का भी व्यवहार है।'' (पृष्ठ 75)

इस उद्धरण से यह भी पता चलता है कि आचार्य शुक्ल कबीर की भाषा के सम्बन्ध में प्रचलित विवाद को सिर्फ पंजाबी, अवधी-भोजपुरी, खड़ी बोली तक ही सीमित नहीं रखते। ब्रजभाषा का उल्लेख कर वे इस पेचीदा समस्या को और भी उलझा देते हैं। आचार्य विश्वनाथ प्रसाद मिश्र इस समस्या के समाधान के बजाय एक नया पहलू जोड़ देते हैं। उनका कहना है कि ''साखियों की भाषा में खड़ी का

जितना व्यवहार मिलता है, उतना सबदी में नहीं। उसमें ब्रजी के शब्द कुछ अधिक मिलते हैं। रमैनी में पूर्वी रूप बराबर दिखाई देते हैं; जैसे—कोई-कोई या कोऊ-कोऊ के स्थान पर केऊ-केऊ। इस प्रकार विचार करने से यह कहा जा सकता है कि कबीर की तीन प्रकार की कृतियों में स्थूल रूप से हिन्दी की तीन उपभाषाओं की स्पष्ट और निश्चित प्रवृत्ति मिल जाती है।" ( हिन्दी साहित्य का अतीत, भाग-1, पृष्ठ 152)

1993 में प्रकाशित 'कबीर वाङ्मय' (तीनों खंडों) के सम्पादक डॉ. जयदेव सिंह और वासुदेव सिंह ने कबीर की भाषा के स्वरूप पर नये ढंग से विचार किया है। चूँकि रमैनी के पाठालोचन में डॉ. शुकदेव सिंह इस निष्कर्ष पर पहुँचे हैं कि कबीर की भाषा का मूल ढाँचा अवधी-भोजपुरी पर अवलम्बित है, अत: कबीर वाङ्मय के सम्पादक-द्वय का कहना है कि साखियों और पदों में पंजाबी तथा राजस्थानी के अधिक प्रयोग असंगत प्रतीत होते हैं। इसे वे कबीर की स्वाभाविक भाषा भी नहीं मानते। इन दोनों सम्पादकों की स्थापना से कबीर-साहित्य के विद्यार्थी के नाते आपका परिचित होना आवश्यक है। स्थापना इस प्रकार है :

"वस्तुत: कबीर की भाषा के सम्बन्ध में अन्तिम निर्णय टेढ़ी खीर है। अनुमान के आधार पर इतना ही कहा जा सकता है कि सन्त कबीर के जीवन का अधिकांश काशी में बीता, उनके भाषागत संस्कार अध्ययन की अपेक्षा श्रवण से बने, उन्होंने विभिन्न स्थानों की यात्रा की तथा वे अनेक प्रकार के साधुसन्तों के सम्पर्क में आये, अत: उनकी भाषा का मूल आधार पूर्वी रहा होगा, जिसमें अन्य बोलियों और भाषाओं के लोकप्रचलित शब्द अनायास ही आ गये होंगे" (कबीर वाङ्मय, खंड-1, पृष्ठ 16)

## कबीर की भाषा के पारिभाषिक शब्द

कबीर की कविता के तीन रूप हैं—साखी, सबद और रमैनी। इन तीनों प्रकार की बानियों में मध्यकालीन धर्मसाधनाओं, भारतीय दर्शन, इस्लाम तथा सूफ़ीमत के पारिभाषिक शब्दों की भरमार है। अनेक स्थलों पर कबीर की बानियों के अर्थ ग्रहण में इन शब्दों की वजह से आम पाठकों को बहुत कठिनाई का अनुभव होता है। यहाँ तक कि मध्यकालीन साहित्य के विशेषज्ञ विद्वानों का भी दिमाग चकराने लगता है। इसलिए आप देखेंगे कि कबीर के साहित्य पर प्रकाशित आलोचनाग्रन्थों या कबीर बानियों का पाठालोचन करनेवाले ग्रथों के अन्त में पारिभाषिक शब्दों की व्याख्या प्रस्तुत करनेवाले परिशिष्ट जोड़े गये हैं। बौद्ध, जैन, योग, तन्त्र, शैव, शाक्त और सूफ़ी मतों से सम्बन्धित अनेक ऐसे शब्दों के अर्थों को लेकर भी विद्वानों के बीच विवाद छिड़ा हुआ है। अत: एक ही साखी या पद के अनेक प्रकार से अर्थ किये जाते

हैं, उनके अभिप्रायों को लेकर माथापच्ची करनी पड़ती है। उदाहरण के लिए अनहद नाद, सुरति-निरति, उन्मनी, कुंडलिनी, इड़ा-पिंगला, गगन गुफा, सहज समाधि, गगनघटा, निरंजन, खसम, सुधारस, शून्य, पिंड, अंड, घट, हंसा, अच्छर, शब्द, गर्भत्रास जैसे सैकड़ों शब्दों की एक तालिका बनायी जा सकती है। नाथपन्थी योगियों की धर्मसाधना से सम्बन्धित शास्त्रीय ग्रन्थों में इन शब्दों के निश्चित पारिभाषिक अर्थ हैं। कबीर की बानियों में इन शब्दों के प्राय: वही अर्थ हैं। इसी तरह सूफ़ी मत और इस्लाम से सम्बन्धित शब्दों में वजूद, ग़ैब, दीदार, इश्क़, नूर, अल्लाह, खुदा, करीम, काबा, बुत, पीर, मुरीद, रब, मुरशिद, रोज़ा, नमाज़, कलमा, बिहिश्त, बन्दा, मस्तान आदि पर गौर किया जा सकता है। इनके अर्थ भी सूफ़ी धर्मसाधना की विभिन्न परम्पराओं द्वारा निश्चित कर दिये गये हैं। कबीर इनका उपयोग भी प्राय: उन्हीं अर्थों में करते हैं।

पर उलटबाँसियों, रूपकों, अन्योक्तियों में इन पारिभाषिक शब्दों का तात्विक अभिप्राय नयी अर्थभंगिमा ग्रहण कर लेता है चूँकि लक्षणा तथा व्यंजना की सहायता से कृतिकार का तात्पर्य वाच्यार्थ तक सीमित नहीं रहता है। यद्यपि सिद्धों और नाथों ने भी उलटबाँसियों, रूपकों, तथा अन्योक्तियों में इन परिभाषिक शब्दों के प्रयोग दोहरे अर्थों में किये हैं, पर इन प्रयोगों में वाच्यार्थ की सीमाओं का अतिक्रमण नहीं होता। इसके अतिरिक्त प्रेम और भक्ति का सन्दर्भ देकर कबीर ने पारिभाषिक शब्दों के अभिप्रायों को मध्ययुग की सामाजिक आवश्यकताओं के सन्दर्भ में नयी प्राणवत्ता दे दी है।

विभिन्न धर्मसाधनाओं के पारिभाषिक पदों के अतिरिक्त जुलाहों, बुनकरों, व्यापारियों तथा खेतिहर आबादी के विभिन्न धंधों से सम्बन्धित पेशेवर शब्दावली का उपयोग भी कबीर की बानियों में बहुतायत से मिलता है।

धर्मसाधना, दर्शन, काव्यपरम्परा, कृषि, व्यापार, दस्तकारी और हाट बाज़ार— इन सभी स्रोतों से लिये गये शब्दों के बाहुल्य ने कबीर की बानियों में ताज़गी, सादगी, ज़िन्दादिली और सजीव व्यंजकता का संचार कर दिया है। सामाजिक तथा धार्मिक विवाद से जुड़े प्रश्नों पर कबीर की भाषा सीधी चोट करने, विरोधियों को मर्माहत करने और भेद की बात को धारदार ढंग से खोलकर रखने की अद्‌भुत सामर्थ्य का परिचय देती है। डॉ. हज़ारी प्रसाद द्विवेदी की यह स्थापना लोकोक्ति का रूप ले चुकी है :

''भाषा पर कबीर का जबर्दस्त अधिकार था। वे वाणी के डिक्टेटर थे। जिस बात को उन्होंने जिस रूप में कहना चाहा है उसे उसी रूप में भाषा से कहलवा दिया— बन गया तो सीधे-सीधे, नहीं तो दरेरा देकर। भाषा कुछ कबीर के सामने लाचार सी नज़र आती है।''

## कबीर की भाषा की शक्ति

कबीर की भाषा पर अपनी टिप्पणी के क्रम में आचार्य द्विवेदी ने एक अन्य स्थल पर यह भी कहा है कि "कबीर की भाषा से ज्यादा साफ और ज़ोरदार भाषा की सम्भावना भी नहीं है।" (वही, पृष्ठ 174) आखिर भाषा के ये गुण कबीर में आये कहाँ से? ज़ाहिर है आप यह भी जानना चाहेंगे कि जब वे पढ़े-लिखे नहीं थे तो फिर युग-युग तक जीवित रहनेवाला यह क्लासिक साहित्य उन्होंने रचा कैसे? जिस साखी में कबीर ने 'मसि कागद छुवों नहीं/कलम गह्यों नहिं हाथ' जैसी अभिव्यक्ति की है, उसी में उनका यह भी वक्तव्य है—"कबीर मुखहि जनाई बात।" इस वक्तव्य को यदि आप सन्तों की काव्यसृजन प्रक्रिया की कुंजी बनायें तो बहुत सारी बातें स्पष्ट हो जायेंगी। मसलन यह बात स्पष्ट होगी कि उस युग के सामाजिक और धार्मिक विवादों ने सन्तों और दलित-उत्पीड़ित जनता के बीच सवाल-जवाब, बहस और ज्ञानोदय की एक नई वाचिक परम्परा का सूत्रपात किया था। इस परम्परा को गढ़ने और विकसित करने में लोकायत, सांख्य, जैन, सिद्ध, बौद्ध और नाथों के अलावा सूफ़ियों का बहुत बड़ा योगदान था। ब्राह्मणवाद और वैदिक संस्कृति के विरुद्ध संघर्ष में शास्त्रीय ग्रन्थों को नकारने तथा अनुभव के आधार पर नई तर्क व्यवस्था निर्मित करने में भ्रमणशील श्रमणों की पहली युक्ति यही होती थी कि पोथियों और शास्त्रों को छोड़ो, जब तक इनसे छुटकारा नहीं पाते तब तक तुम ज्ञान का साक्षात्कार नहीं कर सकते। "पोथी पढ़ि-पढ़ि जग मुआ, पंडित भया न कोई" जैसी अनेक उक्तियाँ इसी तथ्य की पुष्टि करती हैं। आत्म-तत्व, परम सत्य और प्रेम जिस शिखर पर अवस्थित है, वहाँ पहुँचने का रास्ता फिसलन भरा है। यहाँ तक कि चींटी भी उस रास्ते को पार न कर फिसल कर गिर पड़ती है। पर इन मूर्ख पंडितों को तो देखो, जो वहाँ पहुँचने के लिए बैलों पर अपनी ज्ञानगठरी लाद कर चल पड़े हैं :

> कबिरा का घर सिखर पर, जहाँ सिलहली गैल।
> पाँव न टिकै पिपीलिका, पंडित लादे बैल॥

अपने जीवनानुभव के साक्ष्य पर आधारित तर्कों से कबीर पंडित को, मुल्ला को, धार्मिक मठाधीशों को, योगियों और अवधूतों को निरुत्तर कर देते हैं; जातिप्रथा के समर्थकों की बोलती बन्द कर देते हैं; धार्मिक कर्मकांड और बाह्य आडम्बरों की धज्जियाँ उड़ा देते हैं। दरअसल यह सब शब्द चयन, कथनभंगिमा और भाषा की व्यंजनाशक्ति का कमाल न होकर सामाजिक दृष्टि से प्रासंगिक नई तर्कप्रणाली की शक्ति है जो कबीर की बानियों में प्रखरता, ओज और नई स्फूर्ति उत्पन्न करती है। आजीविका के लिए मेहनत-मशक्कत करनेवालों की यह स्पन्दनशील वाग्धारा है जिसका आवेग परजीवी समाज की शास्त्रबद्ध रूढ़िवादिता की चट्टान पर निरन्तर आघात कर रहा है। वस्तुतः उस युग के सन्दर्भ में यह भाषा नहीं, बल्कि जन-जन की भाखा

है—भाखा बहता नीर।

कबीर की काव्यभाषा की शक्ति का मूल्यांकन शास्त्रीय मानदंडों के आधार पर करना व्यर्थ है। यद्यपि इस काव्यभाषा में अनेक स्थलों पर उपमा, रूपक, उत्प्रेक्षा, अप्रस्तुत-प्रशंसा, काव्यलिंग जैसे अलंकारों के चमत्कार और उनकी छटा मिल जायगी, पर कृतिकार के कवित्व की आत्मा अलंकार-सौन्दर्य में अन्तर्निहित नहीं है। सारभूत सत्यों को चुभनेवाली मार्मिक उक्तियों में ढालने की यह कला सपाट-बयानी को भी सजीव और विचारोत्तेजक बना देती है।

विभिन्न प्रकार के श्रोतासमूहों को सम्बोधित कबीर की बानियों के तेवर और मिज़ाज से उनकी काव्यभाषा में विविधता आई है। बातचीत-बहस, समझाने-बुझाने, और तर्क-वितर्क करनेवाली सीधी-सादी भाषा भी चोट और व्यंग्य के कारण धारदार हो गयी है। पर भक्ति और प्रेम की व्यंजना करनेवाली बानियों में अजीब सी मिठास, निजी एकान्त साधना की तल्लीनता और घनीभूत रसमयता है। उलटबाँसियों में उलटीपुलटी कथनभंगिमा और अनेकार्थी प्रतीक-योजना कहीं-कहीं धक्कामार चमत्कारप्रियता का आस्वाद प्रदान करती है, कहीं बौद्धिक दुरूहता के आवरण में रहस्य के उद्‌घाटन के लिए आमंत्रित करती है। प्रचलित शब्दों के वाच्यार्थों पर निर्भर रहकर कबीर की उलटबाँसियों को नहीं समझा जा सकता। इसके लिए सिद्धों और नाथपन्थियों की साधना सम्बन्धी शब्दावली के निश्चित पारिभाषिक अर्थों तथा प्रतीकयोजना के अभिप्रायों को जानना आवश्यक होता है। इसलिए इन रचनाओं के प्रसंग में यह कहा जाता है कि ये 'सन्धा भाषा' में रचित हैं अर्थात् रहस्य से आवृत्त अभिप्रायों को व्यंजित करनेवाली भाषा में। कबीर की बानियों में व्यवहृत 'सन्धा भाषा' की प्रणाली सिद्धों और नाथों की 'सन्धा भाषा' जैसी है। ऐसा प्रतीत होता है कि शास्त्र-ज्ञानी पंडितों की परीक्षा लेने तथा उनके ज्ञानदर्प को चुनौती देने के उद्‌देश्य से उन्होंने अनेक उलटबाँसियों की रचना की थी। उदाहरण के लिए आप इस पद को देख सकते हैं :

ऐसा अद्‌भूत मेरे गुरु कथा, मैं रहा उमेषै।
मूसा हस्ती सौं लड़ै, कोई बिरला पेषै॥
मूसा पैठा बाँबि मैं, लारै साँपिनि धाई।
उलटि मूसै साँपिनि गिली, यहु अचरज भाई॥
चीटीं परबत उखारिया, लै राख्यो चौड़ै।
मुर्गी मिनकी सों लड़ै, झल पांनी दौड़ै॥
सुरही चूषै बछतलि, बछा दूध उतारै।
ऐसा नवल गुँनी भया, सार दूलहिं मारै॥
भील लुका बन बीझ मैं ससा सर मारै।
कहैं कबीर ताहि गुर करौं, जो या पदहिं बिचारै॥

इस उलटबाँसी द्वारा मूलतः यह कहने का प्रयत्न किया गया है कि सामान्य जीव यद्यपि विषयों के वश में रहता है पर जो सिद्ध साधक होता है वह विषयों पर नियन्त्रण कर लेता है। कबीर कहते हैं—मेरे गुरु ने एक अद्‌भुत सत्य का कथन किया; मैं अचरज में पड़ गया (उमेषै)। अचरज की बात यह है कि चूहा हाथी से लड़ पड़ा (अर्थात् साधक माया को पछाड़ बैठा)। इस घटना को कोई बिरला ही जान पाया है। साधक (चूहा) विषयों (बाँबी) में पैठ गया और विषय रूपी सर्पिणी उसके पीछे पड़ गयी। किन्तु अचरज की घटना तो यह है कि चूहे ने पलट कर साँप को निगल लिया अर्थात् साधक विषयों को वशीभूत कर लेता है। साधक की अन्तःवृत्ति (चींटी) ऐसी होती है कि वह विषय रूपी पर्वत को उखाड़ फेंकती है और उसे गड्‌ढे में फेंक देती है। साधक (मुर्गी) वासना (बिल्ली) से लड़ पड़ता है और विषयासक्ति की अग्नि भक्ति के जलाशय का रूप ले लेती है। गाय बछड़े के निचले भाग को मुँह से चूसती है अर्थात् भक्ति से आत्मतत्व की प्राप्ति होती है और आत्मतत्व बोध (बछड़ा) से आनन्द (दूध) की सृष्टि होती है। साधक का चित्त (नेवला) ऐसा गुणी हो गया है कि वह वासना से उन्मत्त सिंह को मार डालता है। मोह रूपी शिकारी डर के मारे सघन वन में छिप जाता है और साधक (खरगोश) उस पर ज्ञान के बाण से प्रहार करता है। कबीर का कहना है कि जो इस पद के अर्थ को समझ कर बता देगा, उसे मैं अपने गुरु के रूप में स्वीकार कर लूँगा। कबीर पन्थी सन्त आज भी राग रामकली में खँजड़ी पर इस उलटबाँसी को गाकर पंडितों को चुनौती देते हैं।

इस पद से आप समझ गये होंगे कि उलटबाँसी क्या चीज़ है। आपने देखा कि उलटीपुलटी भाषा में गुत्थी रखने, किसी सत्य को पहेली के रूप में पेश करने और असम्भव घटनाओं की अतिरंजित कल्पनाओं के प्रतीकात्मक अर्थ व्यंजित करने के उद्‌देश्य से रचित बानियों की भाषा को 'सन्धा भाषा' की संज्ञा दी गयी थी।

कबीर को सन्धा भाषा में रचित उलटबाँसियों की यह परम्परा सिद्धों और नाथों से मिली थी। उदाहरण के लिए सिद्धों की बानियों के संग्रह 'चर्यापद' तथा गोरखनाथ की बानियों के संग्रह 'गोरखबानी' को आप देख सकते हैं। सिद्ध डिंडिपा कहते हैं बैल ब्याता है, गाय बांझ रहती है और बछड़ा तीनों समय दुहा जाता है। इसी तरह गोरखनाथ एक पद में कहते हैं जल में आग लगी, मछली पर्वत पर चढ़ गयी और खरगोश जल में रहता है। ये सारे शब्द प्रतीक हैं जो सातवीं-आठवीं सदी से ही जोगियों की साधना में अन्य अर्थ की व्यंजना के लिए उपयोग में लाये जाते रहे हैं। आचार्य हज़ारी प्रसाद द्विवेदी ने 'कबीर' नामक पुस्तक के एक अध्याय ''योग परक रूपक और उलटबाँसियाँ'' में ऐसे शब्दों की तालिका प्रस्तुत की है। मेरा परामर्श है कि आप लोग इसे अवश्य पढ़ें। इसी अध्याय में बताया गया है कि बौद्ध साहित्य के एक वक्तव्य के आधार पर सहज यान और वज्र यान के साधकों ने 'सन्धा भाषा' पद

का प्रयोग किया था। महामोहापाध्याय पंडित विधुशेखर भट्टाचार्य की यह मान्यता है कि सन्धा भाषा मूलतः संस्कृत 'सन्धाय' शब्द का अपभ्रंश रूप है जिसका अर्थ होता है अभिप्राय युक्त भाषा। परन्तु हिन्दी के अनेक विद्वानों ने इसका रूप बदल कर 'संध्या भाषा' कर दिया और गोधूलि बेला जैसी स्थिति के अर्थ में अथवा अँधेरे और प्रकाश के बीच की अस्पष्ट स्थिति के अर्थ में इसे प्रचारित कर दिया।

## कबीर की भाषा में व्यंग्य

जनसाधारण को धर्मान्ध बनानेवाले पंडित और मुल्ला से कबीर सार्वजनिक रूप से प्रश्न पूछते हैं। कबीर के प्रश्नों की तर्कशक्ति में गहरा व्यंग्य छिपा रहता है। उदाहरण के लिए निम्नलिखित पद रमैनी से उद्धत है :

पढ़ि-पढ़ि पंडित करू चतुराई, निज मुक्ति मोंहि कहु समुझाई।
कहँ बस पुरुष कहाँ सो गाऊँ, पंडित मोहिं सुनावहु नाऊँ।
चारि वेद ब्रह्में निज ठाना, मुक्तिक मर्म उनहुँ नहिं जाना।।
दान-पुन्य उन बहुत बखाना, अपने मरन की खबरि न जाना।
एक नाम है अगम गँभीरा, तहवाँ स्थिर दास कबीरा॥
चिउँटी जहाँ न चढ़ि सकै, राई न ठहराय।
आवागमन की गम नहीं, तहँ सकलो जग जाय॥

हे पंडित! तुम शास्त्र पढ़-पढ़ कर चतुराई करते फिरते हो और लोगों के बीच मुक्ति के विषय में उपदेश झाड़ते हो। ज़रा मुझे भी तो समझाओ कि तुमने मुक्ति का स्वयं क्या अनुभव किया है? लोगों को तो यह बताते हो कि मुक्ति परम पुरुष से मिलन है—लेकिन मुझे यह तो बताओ कि वह परम पुरुष कहाँ वास करता है? उस परम पुरुष का नाम क्या है?

(जब पंडित चुप लगा जाता है तो कबीर फिर कहते हैं :) तुम बताते रहते हो कि ब्रह्म ने चारों वेदों की रचना की। पर क्या वे भी मुक्ति का मर्म जान पाये? तुम कहते हो कि मुक्ति के लिए ब्रह्मा ने दान-पुण्य का बार-बार बखान किया है। पर मैं पूछता हूँ कि क्या उन्हें भी अपनी मृत्यु की खबर थी? क्या उन्हें पता था कि मृत्यु के बाद क्या होता है? कबीर तो सिर्फ एक तत्व को जानता है जो कि अगम और गम्भीर है। कबीर उस एक तत्व पर अडिग रूप से कायम है—और वह परम तत्व है आत्मतत्व।

इस परम तत्व तक चींटी (मन) भी नहीं पहुँच सकती और न वहाँ बुद्धि (राई) स्थिर होकर रुक सकती है, यह आत्मा-रूपी परम तत्व आवागमन से परे है और देशकाल से भी परे है। अज्ञान के बन्धन से छुटकारा पाकर ही आत्मारूपी परम तत्व की अनुभूति हो सकती है, यह आत्मानुभूति ही मुक्ति है। कबीर मूर्तिपूजा के खंडन के सिलसिले में टिप्पणी करते हैं :

पाहन पूजे हरि मिले तो मैं पुजूँ पहाड़।
याते वह चक्की भली पीस खाय संसार॥

पत्थर की देवमूर्ति की तुलना में चक्की कहीं बेहतर है जो रोज़ाना आटा पीसने के काम आती है। इस प्रकार की साखियों में धार्मिक आडम्बर के खंडन से एक सत्य की उद्घोषणा होती है। कबीर यह भी कहते हैं कि देखो तो भला–'मूरति से दुनिया फल माँगे, अपने हाथ बनाये।' अपने ही हाथों रची गयी मूर्ति से दुनिया फल माँगती है, उसकी पूजा-अर्चना करती है। 'साधो देखो जग बौराना' शीर्षक पद में कहा गया— "आतम छोड़ि पषानैं पूजैं तिनका थोथा ज्ञाना। आसन मारि डिम्भ धरि बैठे मन में बहुत गुमाना॥" निर्जीव पत्थर को लोग परब्रह्म परमेश्वर के रूप में सत्य मान बैठे हैं, जबकि अपने भीतर अवस्थित आत्मचेतना को, आत्मसत्ता को पहचानने-स्वीकारने के लिए तैयार नहीं हैं। मुसलमानों की भी यही स्थिति है :

कांकड़ पाथर जोड़ि कै मस्जिद लई चुनाय।
ता चढ़ि मुल्ला बांग दे क्या बहरा हुआ खुदाय॥

खुदा सर्वव्यापक है तो फिर ज़ोर से पुकारने का क्या मतलब? क्या वह बहरा है? क़ाज़ी की कथनी और करनी में अन्तर का उल्लेख कर कबीर कहते हैं :

कबीर क़ाज़ी स्वादि बसि, ब्रम्ह हतै तब दोइ।
चढ़ि मसीति एकै कहै, दरि क्यूँ साँचा होइ॥

जब क़ाज़ी स्वाद के वशीभूत होकर जीव का वध करता है, उस समय वह ब्रह्म को द्वैत की दृष्टि से देखता है—अर्थात् अपने लिए एक ब्रह्म और जीव के लिए दूसरा ब्रह्म। किन्तु मस्जिद पर चढ़कर जब 'ला इलाह इल्लिल्लाह' की घोषणा करते हुए बांग देता है तो वह यह एलान कर रहा होता है कि ब्रह्म एक है। ईश्वर के दरबार में क़ाज़ी क्या सफाई देगा?

कलियुग के स्वामी-संन्यासी पर व्यंग्य और छींटाकाशी के द्वारा उनका चरित्र उद्घाटित किया गया है। कबीर की साखी है :

कलि का स्वामी लोभिया, पीतल धरी खटाइ।
राजदुबारै यों फिरैं, ज्यों हरहाई गाइ॥

कलियुग के दिखावटी साधु लोभी होते हैं जैसे पीतल के बर्तन में पड़ी खटाई। दूसरों के खेत चरनेवाली गाय के समान राजदरबारों में लोभवश चक्कर काटते रहते हैं। इसी तरह गोरखपन्थी जोगियों के बाह्य आडम्बरों पर भी कबीर की दृष्टि पड़ी। उन्होंने पूछा :

मन न रंगाए, रंगाए जोगी कपरा।
आसन मारि मन्दिर में बैठे, नाम छाँड़ि पूजन लागे पथरा।
कनवा फड़ाय जोगी जटवा बढ़ौलें, दाढ़ी बढ़ाय जोगी होइ गैले बकरा।

जंगल जाय जोगी धुनिया रमौले, काम ज़राय जोगी होय गैले हिजरा॥
मथवा मुँड़ाय जोगी कपड़ा रंगौले, गीता बाँच के होय गैले लबरा।
कहत कबीर सुनो भाई साधो, जम दर बजवाँ बाँधल जैबे पकरा॥

यह उल्लेखनीय है कि कबीर सिर्फ हिन्दू-मुस्लिम कर्मकांड का भंडाफोड़ नहीं करते बल्कि सिद्धों, जोगियों, शैवों, शाक्तों और जैनियों के साधना-सम्बन्धी झूठे आडम्बरों और बाह्याचारों की भी खिल्ली उड़ाते हैं।

जातिप्रथा के समर्थकों-खासकर ब्राह्मणवादी पंडितों पर कबीर ने गहरा चुभता हुआ व्यंग्य किया था :

जो तुम बाम्हन बाम्हनि जाये।
आनबाट तुम काहे न आये?

मध्ययुग के सामाजिक रुढ़िवाद, शास्त्रीय पुरोहितवाद और कथनी-करनी में अन्तर बरतनेवाले पाखंडी समाज की अनैतिकता पर तर्कबाण बरसाने के क्रम में कबीर के काव्य की व्यंग्यात्मकता गहरी मार करती है। इस दृष्टि से मध्ययुग के सर्वाधिक जागरूक कृतिकार के रूप में वे आज भी प्रासंगिक बने हुए हैं। कबीर के व्यंग्य उनकी युगबोधक चेतना के औज़ार के रूप में लोकोक्ति का रूप ले चुके हैं।

## कबीर की काव्यभाषा का सौन्दर्य

कबीर ने अपने जमाने की जीती जागती रोज़मर्रा की भाषा में अपनी बानियों की रचना की है। उनकी कविताओं में विभिन्न स्रोतों से शब्दों का चयन किया गया है। एक तरफ संस्कृत, प्राकृत, अपभ्रंश के जन-प्रचलित तथा आवश्यकतानुसार पारिभाषिक शब्द लिये गये हैं, तो दूसरी तरफ अरबी-फारसी स्रोत से आये शब्दों की संख्या भी काफी है। आधुनिक भारतीय भाषाओं का यह अभ्युदय काल है। अत: खड़ी बोली, ब्रजभाषा, अवधी, राजस्थानी, भोजपुरी के उच्चारण तथा शब्दसंगीत ने कबीर की बानियों में अद्‌भुत ढंग की सजीवता का संचार किया है। राम स्वरूप चतुर्वेदी ने कबीर की भाषा की सृजनधर्मी विविधता की ओर इशारा करते हुए ठीक ही कहा है "कबीर में कई तरह के रंग हैं, भाषा के भी और संवेदना के भी। हिन्दी की बहुरूपी प्रकृति उनमें खूब खुली है।" (हिन्दी साहित्य और संवेदना का विकास, पृष्ठ 46)

कबीर अपने समय की जिस दलित-पीड़ित जनता को सम्बोधित कर रहे थे, उसके सगे अनुभवों की निधि से ही शब्द, वाक्यांश, मुहावरे, क्रियापद और चुस्त उक्तियाँ छाँटते थे। कबीर समेत सभी मध्यकालीन सन्तों ने सिद्धों-नाथों की वाचिक परम्परा का परिष्कार किया था। सन्तों की वाग्धारा की टकसाल से निकलनेवाली बानियों पर जनसाधारण के संघर्ष और कष्ट से परिपूर्ण जीवनानुभव की गहरी छाप है। सत्य की आँच में तपी और ढली कबीर की काव्यभाषा में एक ओर यदि दो टूक

खरापन है, तो दूसरी ओर उस जमाने की पीड़ित मानवता के लिए करुणा और गहरी आत्मीयता भी। अगर आई. ए. रिर्चड्स की भाषा में आलोचनात्मक मूल्यांकन के नये मानदंड की दृष्टि से देखें तो पता चलता है कि भाषिक संरचना में कबीर एक तनाव के कम्पन को बनाये रखते हैं। तार्किकता और प्रेम की सहजानुभूति के बीच सेतु भी है और टक्कर भी। कहना चाहिए कि कबीर का सृजनकर्म इसी तनी हुई प्रत्यंचा पर अपनी टंकार प्रतिध्वनित करता है जिससे सम्भाव्य अर्थों के झरोखे खुलने लगते हैं।

## काव्यरूप और छन्दविधान

कबीर की बानियों में 14 काव्यरूपों का उपयोग हुआ है। उदाहरण के लिए साखी, सबदी, रमैनी, चौंतीसा, चाँचर, हिंडोली, विप्रमतीसी आदि। ये सभी काव्यरूप सिद्धों और नाथों की काव्यपरम्परा से सन्त कवियों को प्राप्त हुए थे। यद्यपि ये सभी काव्यरूप लोक गीतों की वाचिक परम्परा में भी उपलब्ध थे, पर जोगियों की बानियों में इनके पदबन्ध और रूपविन्यास एक निश्चित स्वरूप ग्रहण कर चुके थे। अतः इस्तेमाल में घिसे जा चुके रूपबन्धों को कबीर ने अपनी प्रतिभा से और भी क्षमतावान बना दिया। इस सन्दर्भ में 'साखी' का उल्लेख किया जा सकता है। संस्कृत शब्द साक्षी का ही अपभ्रंश रूप साखी है। सिद्ध साहित्य और नाथ साहित्य में इस काव्यरूप को ज्ञान की आँख माना गया। किसी अद्‌भुत सत्य की प्रतीति कराने के उद्‌देश्य से प्रायः 'साखी' का ही उपयोग किया गया। कबीर की बानियों में रमैनी एक ऐसा काव्यरूप है जिसमें दोहा और चौपाई छन्दों का सम्मिलित प्रयोग किया गया है। इसके अतिरिक्त चाँचर ऐसा लोकछन्द है जो वसन्त ऋतु के मादक परिवेश के अनुकूल माना जाता है। कबीर की बानियों में प्रेमानुभूति तथा आध्यात्मिकता की संवेदना व्यक्त करने के लिए प्रायः चाँचर का प्रयोग किया गया। उनके गेय पदों में हिंडोला, कहरा, बेलि आदि को अपनाया गया है।

छन्दों की दृष्टि से दोहा, सोरठा, चौपाई, वीर, अरिल्ल, ताटंक, लावनी, उल्लाला आदि का भरपूर उपयोग कबीर के काव्य में देखा जा सकता है। 'कबीर मीमांसा' नामक पुस्तक में डॉ. रामचन्द्र तिवारी ने यह माना है कि छन्दों के प्रयोग में कबीर के यहाँ त्रुटियाँ बहुत हैं। डॉ. तिवारी इसका सन्दर्भ सहित स्पष्टीकरण करते हैं—''छन्दों की रचना करते समय भी कबीर ने संगीत को ही महत्त्व दिया है और इसी कारण छन्दों की शास्त्रीय मर्यादा भंग हो गयी है।'' ( वही, पृष्ठ 158)

आज भी उत्तर भारत में जोगियों और सन्तों की रमती हुई टोलियों और उनके पन्थों के आश्रमों में बानियों के गायन की परम्परा मौजूद है। राजा भरथरी के गीत गानेवाले जोगी तथा कबीर पन्थी सन्त इस परम्परा की अलग-अलग प्रकार की कड़ियाँ

हैं।

गुरु ग्रन्थ साहिब में संगृहीत कबीर के पद विभिन्न रागों में वर्गीकृत कर प्रस्तुत किये गये हैं। मसलन सिरी रागु, रागु गउड़ी, रागु आसा, रागु गूजरी आदि के संकेत पद के अन्त में दिये गये हैं। डॉ. रामचन्द्र तिवारी का अनुमान है कि कबीर को तत्कालीन वाद्यों की बनावट का ज्ञान था; उनके ध्वनिभेदों से भी वे परिचित थे। दरअसल सांसारिकता के जंजाल में फंसे लोगों की रागद्वेष ग्रन्थि को विगलित करने और हृदय की तरलता की मधुर व्यंजना करने में संगीत का उपयोग सन्तों के द्वारा भी होता रहा है। इससे स्पष्ट हो जाता है कि कबीर की काव्यभाषा संगीत के नाद तत्व से परिपूर्ण है। काव्य भाषा में सौन्दर्य की सृष्टि में लोकछन्दों तथा संगीत तत्व का यह योग कबीर को अद्वितीयता प्रदान करता है।

## कबीर के काव्य में भावसौन्दर्य और कलात्मक सौष्ठव

कबीर को मध्ययुग के क्रान्तिकारी समाजसुधारक के रूप में आसानी से स्वीकृति मिल जाती है, पर एक महत् कृतिकार अथवा एक श्रेष्ठ कवि के रूप में उनकी पहचान कायम करने में अनेक प्रकार की मुश्किलें रही हैं। साफ तौर पर दो टूक भाषा में तो किसी ने भी नहीं कहा कि कबीर कवि नहीं हैं, कि उनकी कविता बेकार है, कि उनकी बानियाँ कलाशून्य हैं। पर अगर-मगर, लेकिन-परन्तु लगाकर तुलसी, सूर और जायसी की तुलना में कबीर को समकक्षता का दर्जा देने से इनकार किया जाता रहा है। आचार्य रामचन्द्र शुक्ल ने अपने इतिहास ग्रन्थ में ज्ञानाश्रयी शाखा की रचनाओं को साहित्य मानने से ही इन्कार कर दिया, यद्यपि कबीर को इसके अपवाद के रूप में उल्लिखित कर उनकी प्रतिभा का लोहा मान लिया :

''इस शाखा (ज्ञानाश्रयी) की रचनाएँ साहित्यिक नहीं हैं—फुटकर दोहों या पदों के रूप में हैं जिनकी भाषा और शैली अधिकतर अव्यस्थित और ऊटपटाँग है। कबीर आदि दो एक प्रतिभा सम्पन्न सन्तों को छोड़ औरों में ज्ञानमार्ग की सुनी-सुनाई बातों का पिष्ट-पेषण तथा हठयोग की बातों के कुछ रूपक भद्दी तुकबन्दियों में हैं। भक्तिरस में मग्न करनेवाली सरलता भी बहुत कम पायी जाती है। बात यह है कि इस पन्थ का प्रभाव शिक्षित जनता पर नहीं पड़ा, क्योंकि उसके लिए न तो इस पन्थ में कोई नई बात थी, न नया आकर्षण। संस्कृत बुद्धि, संस्कृत हृदय और संस्कृत वाणी का वह विकास इस शाखा में नहीं पाया जाता जो शिक्षित समाज को अपनी ओर आकर्षित करता। पर अशिक्षित और निम्नश्रेणी की जनता पर इन सन्त महात्माओं का बड़ा भारी उपकार है। उच्च विषयों का कुछ आभास देकर, आचरण की शुद्धता पर ज़ोर देकर, आडम्बरों का तिरस्कार करके, आत्म गौरव का भाव उत्पन्न करके, इन्होंने इसे ऊपर उठाने का स्तुत्य प्रयास किया। पाश्चात्यों ने इन्हें जो ''धर्मसुधारक'' की

उपाधि दी है, वह इसी बात को ध्यान में रखकर।'' (हिन्दी साहित्य का इतिहास, पृष्ठ 66)

आचार्य शुक्ल के मूल्यांकनों के चौखटे में दिखाया गया है कि कबीर साधुओं का सत्संग भी करते थे और जुलाहे का काम भी करते थे। कबीर ने मुसलमान फकीरों का भी सत्संग किया था। वे किसी को भी ''ज्ञानी या बड़ा मानने के लिए तैयार नहीं थे।'' कबीर ने सूफ़ियों के ढर्रे पर ईश्वर को उपासना ही नहीं प्रेम का भी विषय बनाया और उसकी प्राप्ति के लिए हठयोगियों की साधना का समर्थन किया। इस प्रकार, आचार्य शुक्ल के अनुसार—''उन्होंने भारतीय ब्रह्मवाद के साथ सूफ़ियों के भावात्मक रहस्यवाद, हठयोगियों के साधनात्मक रहस्यवाद और वैष्णवों के अंहिसावाद तथा प्रपत्तिवाद का मेल करके अपना पन्थ खड़ा किया। उनकी बानी में ये सब अवयव अवश्य स्पष्ट लक्षित होते हैं।'' (वही, पृष्ठ 72)

''यद्यपि वे पढ़े लिखे न थे पर उनकी प्रतिभा बड़ी प्रखर थी जिससे उनके मुँह से बड़ी चुटीली और व्यंग चमत्कारपूर्ण बातें निकलती थीं। उनकी उक्तियों में विरोध और असम्भव का चमत्कार लोगों को बहुत आकर्षित करता था।'' (वही, पृष्ठ 73)

इससे स्पष्ट है कि आचार्य रामचन्द्र शुक्ल कबीर की उलटबाँसियों के चमत्कार, गूढ़ ज्ञान तथा सूफ़ियों जैसे ईश्वर-प्रेम के कारण उनकी प्रतिभा का लोहा मानते थे वर्ना एक महत् कृतिकार के रूप में मान्यता देने के पक्ष में वे नहीं थे। इसके पीछे जो तर्क है, उस पर विचार करना आवश्यक है। अरूप परम सत्ता से प्रेम को व्यक्त करनेवाली बानियों में योगमार्ग या हठयोग की शब्दावली भरी है तथा सूफ़ियों की भावसाधना से लिया गया रागात्मक तत्व छाया हुआ है। ये बानियाँ गूढ़ तथा वैचित्र्य बोध के चमत्कारों के कारण विस्मित-चकित अवश्य करती हैं; काव्य की मार्मिक संवेदना की अभिव्यक्ति की दृष्टि से ये रचनाएँ महत्त्वहीन हैं। अत: ऐसी रचनाओं में ''संस्कृत बुद्धि, संस्कृत हृदय और संस्कृत वाणी का विकास'' न हो सका। ये रचनाएँ धर्मसुधार की दृष्टि से अपनी प्रचारात्मकता और तर्कवितर्क में महत्त्वपूर्ण हो सकती हैं, पर साहित्यिक सौष्ठव और सांस्कृतिक परम्परा के उन्नयन की दृष्टि से महत्त्व-शून्य हैं।

सांस्कृतिक परम्परा के निर्माण में ऊँची जातियों के कुलीनतावादी दृष्टिकोण अर्थात् वैदिक-पौराणिक संस्कृति के आग्रहों से कबीर तथा अन्य निरगुनिया सन्तों के काव्य के मर्म को समझा नहीं जा सकता। आप लोगों को इस बात की सूचना अवश्य होगी कि हिन्दी समालोचना के क्षेत्र में प्रचलित कबीर-विरोधी दुराग्रहों पर लगातार चर्चा हुई है और उनके खंडन के क्रम में कबीर पर पुनर्विचार सम्भव हो सका है। इस सिलसिले में रवीन्द्रनाथ ठाकुर द्वारा किये गये कबीर-काव्य के अँग्रेजी भावानुवाद, क्षितिमोहन सेन की कबीर तथा सन्त साहित्य पर लिखी टिप्पणियों—यानी कुल

मिलाकर बंगाल नवजागरण के प्रभाव से नई आलोचना-दृष्टि का विकास हुआ। इस आलोचना-दृष्टि को अत्यन्त सक्षम ढंग से 'कबीर' नामक अपनी पुस्तक में हज़ारी प्रसाद द्विवेदी ने विस्तार से उजागर किया है।

'कबीर वाणी' नाम से सम्पादित एक नई पुस्तक में इधर अली सरदार जाफरी ने वही काम किया है जो एक जमाने में रवीन्द्रनाथ ठाकुर ने किया था अर्थात् कबीर के काव्य के मर्म को भावानुवाद के माध्यम से प्रस्तुत करने का प्रयास। इन भावानुवादों के माध्यम से कबीर की बानियों के भावसौन्दर्य और कलात्मक परिष्कार को नये सिरे से समझने में मदद मिलती है। अली सरदार जाफरी द्वारा लिखी गयी भूमिका तथा उनके भावानुवादों से मध्ययुग के इस निरगुनिया सन्त की बानियों की समकालीन अर्थवत्ता अच्छी तरह उद्घाटित होती है। उस युग के सन्दर्भ में इन कविताओं का तात्कालिक रागबोध और सहज मानववाद भी अच्छी तरह व्यंजित होता है। सौभाग्य की बात है कि कबीर के सम्बन्ध में हिन्दी के नये आलोचकों और पाठकों का दृष्टिकोण बदला है। तभी भक्तिकाल के प्रारम्भिक उत्थान की काव्यधारा के मूल में स्थिर सिद्ध-नाथ परम्परा के साहित्य को भी समझने का प्रयास नये ढंग से हो रहा है। मराठी के ज्ञानेश्वर और नामदेव के साथ हिन्दी सन्तकवियों के सम्बन्धों पर भी नया प्रकाश पड़ सका है और आख्यानधर्मी प्रबन्धत्व से अलग हटकर मुक्तक परम्परा की विभिन्न धाराओं के दौरान हुई नई उद्भावनाओं की व्याख्या की चुनौती को भी गम्भीरता से लिया जा रहा है।

कबीर की बानियाँ एक निश्चित श्रोतासमूह को सम्बोधित करने के उद्देश्य से रची गयी प्रतीत होती हैं। ये कविताएँ पढ़ने के लिए नहीं बल्कि सुनने-सुनाने के लिए रची गयी थीं। अपने युग के अविवेक के विरुद्ध संघर्ष के औज़ार के रूप में ये बानियाँ गढ़ी गयी थीं। कहना चाहिए कि साझा लौकिक अनुभवों के मर्म से नयी विवेकशीलता के संचार का यह प्रयत्न उस युग के धार्मिक-सामाजिक विवाद, तर्क-वितर्क और वैचारिक आदान-प्रदान का हिस्सा बन गया था। एक ओर शास्त्रीय ज्ञान था, दूसरी ओर अनुभव पर आश्रित यह नया विवेक—जिसे कबीर अपनी बानियों में बार-बार 'ज्ञान' की संज्ञा देते हैं। ज्ञान की इस आँधी के पक्ष में वे एक आन्दोलन के प्रणेता हैं—एक ऐसे आन्दोलन के सूत्रधार हैं जो हर प्रकार की रूढ़ि से टकरा रहा है, वर्णाश्रम व्यवस्था की जकड़बन्दी से टकरा रहा है, वैदिक-पौराणिक संस्कृति की संस्थाओं से टकरा रहा है और साथ ही श्रमजीवी जोगियों और दलित जातियों के पेशेवर समूह के बीच प्रचलित नाथपन्थ का संस्कार कर उसे ज्ञानाश्रयी सन्तकाव्य परम्परा का नया रूप देकर परिष्कृत कर रहा है। कबीर किसी भी सत्य को अपनी विवेक बुद्धि की कसौटी पर परखने के पक्ष में हैं—उनका ज्ञान, परखा ज्ञान है। वे किसी भी कथन को स्वतः प्रमाण नहीं मानते—वेद को भी नहीं, स्मृति को भी नहीं।

वे यह नहीं मानते कि वेद ईश्वर रचित हैं बल्कि वे तर्क करते हैं कि ईश्वर स्वयं मनुष्य की कल्पना है, मनुष्य ने उसकी रचना की है। शास्त्रीय पुरोहितवाद से कबीर की यह सीधी टक्कर थी, आमने-सामने की मुठभेड़ जैसी। वे लोक में प्रचलित अंधविश्वासों को भी नहीं मानते थे—अतः बार-बार "लोक तथा वेद" दोनों के विरोध का उल्लेख उनकी बानियों में मिलता है। असली कसौटी वे ज्ञान को बनाते हैं—"जाति न पूछो साधु की, पूछ लीजिए ग्यान।"

ऐसे सैकड़ों पद हैं जो किसी स्थापित मान्यता का खंडन करने के उद्देश्य से प्रश्न पूछने की शैली में रचे गये हैं। ये पद तेवर और मिज़ाज में अक्खड़पन का परिचय देते हैं। कहना न होगा कि इनमें एक संघर्षशील चिन्तक की प्रखरता और व्यंग्यपूर्ण वक्रोक्ति की तल्खी का बड़ा विचित्र सम्मिश्रण है। ये पद कहीं पांडे को सम्बोधित हैं, कहीं पंडित को, कहीं क़ाज़ी को, कहीं मुल्ला को और कहीं हठयोगी अवधूत को। ऐसे ही एक पद को देखें :

पांडे बूझि पियहु तुम पानी।
जिहि मिटिया के घरमहँ बैठे, तामहँ सिस्ट समानी।
छप्पन कोटि जादव जहँ भींजे, मुनिजन सहस अठासी॥
पैग पैग पैगम्बर गाड़े, सो सब सरि भा माँटी।
तेहि मिटिया के भाँड़े पांड़े, बूझि पियहु तुम पानी॥
मच्छ मच्छ घरियार बियाने, रुधिर नीर जल भरिया।
नदिया नीर नरक बहि आवै, पसु-मानुस सब सरिया॥
हाड़ झरि झरि गूद गरि गरि, दूध कहाँ ते आया।
सो लै पाँड़े जेवन बैठे, मटियहिं छूति लगाया॥
बेद कितेब छाँड़ि देउ पांड़े, ई सब मन के भरमा।
कहहिं कबीर सुनहु हो पांड़े, ई तुम्हरे हैं करमा॥

पांड़े (कहीं पांड़े जी नहीं कहा जाता), यह तुम्हारी मूर्खता है कि तुम पहले जाति पूछते हो फिर उसके हाथ का पानी पीते हो। तुम जिस मिट्टी के घर में बैठे हो उसमें सारी सृष्टि समायी हुई है। छप्पन करोड़ यादव और अठासी हज़ार मुनि यहाँ डूब गये और कदम-कदम पर पैगम्बरों की लाशें सड़कर मिट्टी हो गयी हैं। ओ पांड़े, ये बर्तन उसी मिट्टी के हैं और तुम जाति पूछकर पानी पीते हो। इस पानी में मगर, कछुए और घड़ियाल बच्चे जनते हैं और उनका रक्त पानी में मिल जाता है। इस नदी के पानी में सारा नरक बहकर आता है और जानवर-इनसान सब इसमें सड़कर समा जाते हैं। जब हड्डी और गूदा गल जाता है तब दूध बनता है। इस दूध को लेकर पांड़े भोजन करने बैठते हैं लेकिन सारी छुआछूत मिट्टी से मानते हो। ओ पांड़े—वेद और क़ुरआन सबको छोड़ो। ये सब दिल का धोखा हैं। सुनो पांड़े, कबीर कहते

हैं कि ये तुम्हारे कर्म हैं जो तुम्हारे सामने आते हैं।

ऐसे पदों में लौकिक वास्तविकता के तर्कों से रूढ़िवादियों को निरुत्तर करने का प्रयास किया जाता था। "पांड़े न करसी बाद-बिबादं, या देही बिन सबद न स्वादं।" इस पद के अन्त में कबीर अपने निष्कर्ष पर पहुँच कर कहते हैं—"कबीर ग्यान विचारा" अर्थात् यह शरीर मिट्टी का बना है, क्षण भंगुर है। ज्ञान के प्रकाश से इस संसार को देखो।

हठयोगियों अर्थात् नाथपन्थी जोगियों के बाह्य आचार और कर्मकांड पर व्यंग्य करते हुए कबीर ने कितनी तल्खी से अपने एक गीत की रचना की थी—"मन ना रँगाये रँगाये जोगी कपड़ा।"

मूर्तिपूजा, जातिप्रथा, धार्मिक भेदभाव, अंधविश्वास, कर्मकांड, बाह्याचार, तीर्थाटन आदि के खंडन में कबीर की बानियों की तार्किक प्रखरता कविता को जीवन्त बनाती है। बोधगम्य और लोकग्राह्य सादृश्य-विधान से भरीपूरी सहज-सरल अभिव्यक्ति इन बानियों की खास विशेषता है :

मोको कहाँ ढूँढ़े बन्दे, मैं तो तेरे पास में।
ना मैं देवल ना मैं मस्जिद, ना काबे कैलास में।
ना तो कौने क्रियाकर्म में, नहीं योग बैराग में,
खोजी होय तो तुरते मिलिहौं, पल भर की तालास में।
कहैं कबीर सुनो भाई साधो, सब स्वाँसों की स्वाँस में।

परम तत्व किसी मन्दिर में नहीं, किसी मस्जिद में नहीं, किसी तीर्थ में नहीं बल्कि हमारे इसी घट के अन्दर है; इसी पिंड में ब्रह्माण्ड है—इस तात्विक कथन की अभिव्यक्ति के क्रम में प्रगाढ़ मानवीय लौकिक भावना और सहज संवेदना दिखायी देती है। घर-घर दीप जल रहा है—हर व्यक्ति के अन्दर भगवान की ज्योति जल रही है—लेकिन अन्धी आँखों को दिखाई नहीं देती—'घर-घर दीपक बरै, लखै नहिं अंध है।' 'रमैनी' के पहले पद में ही 'जीव रूप यक अन्तरवासा, अन्तर ज्योति कीन्ह परगासा।' बताकर कबीर यह कहना चाहते हैं कि एक अखंड परम ज्योति जीव के भीतर वास करती है—सबके भीतर वही ज्योति प्रकाशवान है। फिर भी वे आत्मतत्व को छोड़कर पाषाण की पूजा करते हैं। "साधो देखो जग बौराना" में इस "अन्तिम खबर" के ज्ञान को ही विवेक बताया गया है। प्रतीक, बिम्ब, अलंकार, धर्मसाधना के पारिभाषिक पदों तथा श्रमशील देहाती आबादी के विभिन्न पेशों से सम्बन्धित शब्दावली के उपयोग द्वारा कबीर ने अपने काव्य में अनुभव तथा विवेक पर आधारित विचारतत्व को भी भाव-संवेदना का विषय बनाया है। मध्यकालीन सन्तकाव्य के अन्दर यह मानववादी विचारधारा एक ओर यदि अनुभवाश्रित विवेक पर निर्भर है, तो दूसरी ओर समानता पर आधारित समाज-व्यवस्था की प्रारम्भिक कल्पनाओं के

बीज भी अपने अन्दर समेटे है, तीसरी ओर सामाजिक और वैचारिक रुढ़िवाद के खंडन के लिए धारदार व्यंजना की शक्ति भी रखती है और चौथी बात यह कि रसपूर्ण प्रेमव्यंजना द्वारा परमतत्व के साक्षात्कार की ज्ञानगम्भीर भावसाधना की सामर्थ्य से भी सम्पन्न है। आचार्य रामचन्द्र शुक्ल तथा अनेक परवर्ती आलोचकों ने यह शंका व्यक्त की थी कि परम तत्व से अथवा उपास्य से अपरिचित होने के कारण प्रेम कैसे हो सकता है? कबीर ने 'परचा को अंग' के अनेक पदों में मानो इसी आशंका का खंडन किया है। वे कहते हैं :

पिंजर प्रेम प्रकासिया जाग्या जोग अनन्त।
संसा छूटा सुख भया मिल्या पियारा कन्त॥

कबीर की बानियों में भक्ति को रतिभाव के अन्तर्गत ही स्थान मिला है। यह रतिभाव कहीं सखा भाव से है, कहीं प्रियाभाव से, कहीं वत्सलभाव से और कहीं दास्य भाव से है।

'रस गगन गुफा में अजर झरै', 'सन्तो सहज समाधि भली', 'गगन घटा घहरानी साधो', 'अवधू बेगम देस हमारा', 'कोई प्रेम के पेंग झुलावै', जैसे सैकड़ो पद हैं जिनमें उत्कृष्ट कोटि की काव्य-संवेदना और प्रतीकात्मक व्यंजना का सौन्दर्य उपलब्ध है।

यदि वैचारिक तर्क-वितर्कवाले पदों को देखें, मसलन जातपाँत, छुआछूत, धार्मिक मतभेद, मूर्तिपूजा, कर्मकांड आदि से सम्बन्धित कबीर की बानियों के काव्यपक्ष पर विचार करें तो पता चलेगा कि सारी कविताएँ उस युग के यथार्थ के द्वन्द्व को सारभूत ढंग से उपस्थित करती हैं और अपनी सपाट-बयानी के बावजूद व्यंग्योक्तियों की प्रखरता के कारण लोकचेतना को आन्दोलित करने में सकारात्मक भूमिका निभाती रही हैं।

कबीर के पद **अब न बसूँ इहि गाउँ गुसाईं** को उस युग की समाज-व्यवस्था के मूलभूत अन्तर्विरोध के सन्दर्भ में नये सिरे से पढ़ना चाहिए। उस जमाने में अकाल, बाढ़, अनावृष्टि, सूखा आदि के कारण जब गाँव के किसान लगान न चुका पाते थे तो दंड और यातना के डर से हज़ारों हज़ार की तादाद में गाँव खाली कर भाग जाते थे। ऐसे किसानों की बेरोज़गार फौज कस्बों के दस्तकारों और बुनकरों की जमात में शामिल हो जाती थी। बादशाह और जमींदार इन किसानों के पकड़े जाने पर उन्हें भयंकर से भयंकर सजा देते थे और उन्हें ज़मीन जोतने के लिए फिर उसी गाँव में जबर्दस्ती लौटा लाया जाता था। किसानों के इन दर्दनाक हालात के तत्कालीन सामाजिक सन्दर्भों को अन्योक्ति शैली में, सादृश्य बतलाते हुए निम्नलिखित पद में अंकित किया गया है :

अब न बसूँ इहि गाउँ गुसाईं।
तेरे नेवगी खरे सयाँने हो राम॥
नगर एक तहँ जीव धरम हत, बसै जु पंच किसानां।

नैनूं नकटूँ श्रवनूं, रसनूं, इन्द्री कहा न मानैं हो राम॥
गाउँ कु ठाकुर खेत कु नेपै, काइथ खरच न पारै।
जोरि जेवरी खेत पसारै, सब मिलि मोकौं मारै हो राम॥
खोटौ महतौ विकट बलाही, सिर कसदम का पारै।
बुरौ दिवांन दादि नहिं लागै, इक बाँधै इक मारै हो राम॥
धरम राइ जब लेखा मांग्या, बाकी निकसी भारी।
पाँच किसाना भाजि गये हैं, जीव धर बांध्यौ पारी हो राम॥
कहै कबीर सुनहु रे सन्तौ, हरि भजि बाँधौ भेरा।
अबकी बेर बकसि बन्दे कौं, बहुरि न भौजलि फेरा॥

हे गोस्वामी, हे मालिक! अब मैं इस शरीर रूपी गाँव में नहीं रहना चाहता। आपके कारिन्दे अत्यन्त सयाने और कठोर हैं। यह शरीर रूपी नगर ऐसा है जिसमें बसनेवाला जीव अपने वास्तविक कर्म से—अपने वास्तविक जीवनधर्म से च्युत हो जाता है और उसके अधीनस्थ पाँचों किसान (इन्द्रियाँ) उसके अनुशासन को तोड़ डालते हैं। वे मनमानी करने लगते हैं।

इस शरीर रूपी गाँव का स्वामी तो मन है। कर्म रूपी पटवारी के भोगविलास में व्यय का कोई अन्त नहीं होता। जिस तरह अमीन गाँव के खेत को जंजीर से नापता है, उसी तरह तृष्णा और वासना की जेवड़ी सारे शरीर को नाप लेती है, बाँध देती है। इस तरह सब ने जीव को जकड़ रखा है।

हे धर्मराज—हे भूस्वामी! इस गाँव में आपके द्वारा नियुक्त कारिन्दा बड़ा कठोर है। गाँव का मुखिया खोटा है, लगान वसूलनेवाला (बलाही) बहुत ही विकट और निर्दयी है। वह बड़े-बड़े ताकतवर लोगों के बाल उखाड़ डालता है। ऐसी हालत में मेरे जैसे आदमी की तो गिनती ही नहीं है। इस निर्दयी बलाही को मुझसे कोई हमदर्दी नहीं; आपके दीवान से अपील करने पर भी कोई न्याय नहीं मिलता। आपके कर्मचारियों में कोई तो मुझे (जीव को) बाँधता है, कोई मारता है और सभी मुझे नाना प्रकार की यातनाएँ देते हैं। मरने के वक्त जब धर्मराज ने मेरे कर्मों का हिसाब माँगा तो मेरे ऊपर बहुत बड़ा हिसाब निकला। अंजाम यह कि पाँचों इन्द्रियों के समान सारे किसान भाग खड़े हुए और मुझ एकाकी जीव को पकड़ कर हाथी का पैर बाँधनेवाले रस्से से जकड़कर बाँध दिया गया। भूस्वामी ने मुझे कितनी बड़ी यातना दे दी है।

कबीर कहते हैं कि हे सन्तो। सुनो, भगवान के भजन रूपी बेड़े को तैयार करो जिससे यह जीव भवसागर से पार हो जाए (मैदानी इलाकों में किसानों को पकड़ कर लौटा लाया जाता था, अतः नदियों के रास्ते भागने की कोशिश होने लगी)

आलंकारिक दृष्टि से इस पद में सांग रूपक और यमक की छटा देखी जा सकती है। पर इस पद का काव्य सौन्दर्य किसान-उत्पीड़न के सामाजिक सन्दर्भ की

व्यंजना में निहित है।

आत्मा-परमात्मा के मिलन की अभिलाषा से सम्बन्धित पद हों या वियोगिनी की पीड़ा से सम्बन्धित रतिशृंगार के पद हों—कबीर को अद्वैतवादी और वेदान्ती सिद्ध करने के क्रम में ये बानियाँ अक्सर ही उद्धृत की जाती हैं और इन पदों के काव्यसौन्दर्य पर आलोचक की मुहर भी लग जाती है। दूसरी तरफ जातिप्रथा, मूर्तिपूजा, धार्मिक कर्मकांड, हिन्दू-मुस्लिम भेदभाव आदि से सम्बन्धित तर्क-वितर्कवाले पदों को उद्धृत कर कबीर के क्रान्तिकारी समाजदर्शन की प्रशंसा की जाती है। कबीर के मायावाद और स्त्री-सम्बन्धी उनके दृष्टिकोण की असंगतियों की चर्चा प्रायः नहीं की जाती—यद्यपि कबीर के विचार-दर्शन का यह ऐसा पहलू है जो उनकी ऐतिहासिक भूमिका की सीमा भी स्पष्ट कर देता है। स्त्री-सम्बन्धी दृष्टिकोण की पड़ताल करने पर पता चलता है कि मीराँबाई, सूरदास और नानक को छोड़कर भक्तिकाल के प्रायः सभी रचनाकार स्त्रियों को माया का प्रतीक और सभी सांसारिक बुराइयों की जड़ बतलाने में आगे बढ़-बढ़कर होड़ा होड़ी कर रहे हैं। सिर्फ गुरु नानक ऐसे सन्त और समाज सुधारक हैं जो स्त्री को समाज में समुचित स्थान दिलाने के लिए अपने दृढ़ वैचारिक रुख का परिचय देते हैं। सूतक से जुड़े अंधविश्वास का खंडन करते हुए गुरु नानक ने स्त्री की अपवित्रता की धारणाओं को निर्मूल करने का प्रयत्न किया था। सन्त काव्य परम्परा में कबीर के विचारधारात्मक संघर्ष की अगली कड़ी के रूप में गुरु नानक (1469-1539) को देखने से ही भक्ति आन्दोलन के विकास की सकारात्मक दिशा का संकेत मिलता है।

तुलसी तक आते-आते भक्ति आन्दोलन की अनेक सकारात्मक प्रवृत्तियाँ उतार पर दिखाई देने लगती हैं। अतः कबीर के मूल्यांकन के सन्दर्भ में भक्ति आन्दोलन के प्रारम्भिक उत्थान के साहित्य और भक्ति आन्दोलन की उत्तरवर्ती प्रवृत्तियों के साहित्य के अन्तर को पूरी निर्ममता से अलग करके देखना चाहिए। इसके साथ-साथ भक्ति आन्दोलन के उत्कर्ष काल से लेकर उसके अपकर्ष काल तक उसके अन्दर टकराती हुई विभिन्न प्रवृत्तियों के अन्तर्विरोध को तत्कालीन सामाजिक द्वन्द्वों की पृष्ठभूमि में पढ़ा जाना चाहिए। भक्ति साहित्य लगभग 200 वर्षों तक लिखा जाता रहा। उस व्यापक सांस्कृतिक आन्दोलन को निर्द्वन्द्व इकहरी प्रवृत्ति के जड़ पुंज के रूप में देखने से ही तमाम तरह की कठिनाइयाँ उत्पन्न हुई हैं। पर भक्ति साहित्य के कुछ आधारभूत समान तत्व भी हैं जो कबीर से तुलसी तक अनिवार्यतः एक वैचारिक अन्विति की सृष्टि करते हैं। इन समान तत्वों में पहली बात यह है कि ईश्वर के दरबार में सभी जातियों और धर्मों के लोग बराबर हैं। दूसरी बात यह कि सुख-सम्पदा, भौतिक वैभव-विलास, सम्पत्ति और पद के लिए लूट मार, अंधी स्वार्थपरता, लोभ, झूठे दिखावे और अंहकार—इन सारी प्रवृत्तियों के नागफाँस से बचने का सन्देश भक्तिकाव्य

की नैतिक अन्तर्धारा के रूप में कबीर से तुलसी तक समान रूप में मिलती है। कबीर की बानियों में यह नैतिक सन्देश उनके 'ज्ञान' और मानवीय विवेक का आवश्यक तत्व है। अक्सर भ्रांतिवश ज्ञानाश्रयी काव्यधारा के 'ज्ञान' को ईश्वर के निर्गुण रूप तक सीमित कर दिया जाता है। कबीर की बानियों में यह ज्ञान आत्मचेतना, मानवप्रेम और आचरण की सादगी का पर्याय है। परोपकार, दूसरों की पीड़ा को समझना, सन्तोष में ही आनन्द का अनुभव करना, आदि से सम्बन्धित कबीर के पदों की तत्कालीन ऐतिहासिक पृष्ठभूमि में विवेचना नहीं की जाती। सदियों से दबे और कुचले हुए लोगों के प्रति ममता से परिपूर्ण कबीर की बानियों की भी अलग से व्याख्या, चर्चा और समीक्षा बहुत कम की जाती है। दरअसल पन्द्रहवीं-सदी के उत्तरी भाग में कबीर की ज्ञानधारा उस युग की सामाजिक आवश्यकताओं की भी अभिव्यक्ति है। यह ऐसी ज्ञानधारा है जो मानवीय सौहार्द, सद्‌भावना, सामाजिक बराबरी और प्रेम को भी उतना ही महत्त्व देती है, जितना निर्गुण-निराकार की भक्ति को महत्त्व देती है। कबीर शुष्क ज्ञानचर्चा नहीं कर रहे थे—शूद्र और दलित जातियों की पीड़ित आबादी के बीच आत्मसम्मान की भावना भी जगा रहे थे; अपने वैभव एवं ऐश्वर्य की मदांधता में डूबे लोगों की तीखी आलोचना भी कर रहे थे; पंडितों, मुल्लों, काज़ियों, अवधूतों को तर्क की भूमि पर अज्ञानी और मूर्ख भी साबित कर रहे थे; वेद एवं स्मृति ग्रन्थों की ज्ञानगठरी का मजाक उड़ाकर प्रेम को नये मानवविवेक के रूप में पूरी दृढ़ता से प्रतिष्ठित करने के लिए विराट आह्वान भी कर रहे थे।

आये हैं सो जायेंगे, राजा, रंक, फकीर, जैसी उक्तियाँ शाश्वत सत्यकथन के आवरण में सत्ताधारियों को चुनौती देती हैं और चेतावनी भी। क्या फर्क पड़ता है—एक सिंहासन पर बैठा-बैठा मर जाता है, और दूसरा जंजीर में बँधा-बँधा मर जाता है। फिर सत्ता पक्ष के लोग दम्भ किस बात का करते हैं? उन्हें मालूम होना चाहिए कि मरी हुई खाल की साँस से लोहा भी भस्म हो जाता है (मुई खाल की साँस सों, लोह भसम होई जाई)। अपने इस 'ज्ञान' को लेकर कबीर ब्राह्मण से कहते हैं कि तुमने मेरे ज्ञान को पहचाना ही नहीं, चीन्हा ही नहीं—तुम शास्त्र-पुराण का बहुत ज्ञान रखते हो, फिर भी भूपति से भीख माँगते हो। मैं तो किसी से कुछ माँगता ही नहीं :

तू ब्राह्मण मैं कासी का जोलहा चीन्हि न मोर गियाना।

कबीर का यह ज्ञानमार्ग नई विवेकचेतना की माँग करता है। हर आदमी के मन में आत्मसंग्राम के बीज बोता है :

जा घट जान विजान है, तिहि घटि आवटनां घनां।
बिन खांडे संग्राम है, नित उठि मन सौं जूझनां॥

कबीर कहते हैं जिसके मन में (घट में) ज्ञान विज्ञान उत्पन्न हो जाता है, उसे चैन कहाँ? उस आदमी के घट में गम्भीर उथलपुथल, ऊहापोह शुरू हो जाती है।

खांड़ के बिना ही (तलवार हाथ में नहीं है, फिर भी) संग्राम होने लगता है--ऐसा संग्राम जिसमें अपने मन से ही उठ-उठ कर जूझना पड़ता है। मानववादी आत्मविवेक की जागृति के परिप्रेक्ष्य में कबीर के ज्ञानमार्ग को समझने से उनके पदों के काव्यसौन्दर्य को समझा जा सकता है; सिर्फ अध्यात्मवादी चौखटे में इस ज्ञानोन्मेष को बाँध देने से काव्यसंवेदना का आस्वाद लेना मुश्किल होता है।

**अथक कहानी प्रेम की** पुरुषोत्तम अग्रवाल की नयी किताब है। इस पुस्तक की भूमिका 'निर्गुण के गुण' शीर्षक से लिखी गयी है। समालोचक पुरुषोत्तम अग्रवाल 'कबीर को धर्मगुरु' के रूप में देखने-दिखाने के रिवाज से परहेज करते हैं। वे उनके कवि-व्यक्तित्व के साथ संवाद करने की कोशिश करते हैं।

इस मूल प्रतिज्ञा के अनुसार विस्तार से कबीर के कवित्व या उनकी राग-संवेदना का विवेचन करने के पहले पुरुषोत्तम अग्रवाल जिन प्रश्नों पर ध्यान केन्द्रित करते हैं, वे क्रमशः इस प्रकार हैं :

1. क्या ब्राह्मण-सर्वोच्चता की निरन्तरता कोई ऐतिहासिक तथ्य है या ब्राह्मणों की फ़ैंटेसी है? इसमें औपनिवेशिक सत्ता का भी कोई योगदान है?
2. क्या कबीर, रैदास, मीराँ आदि को हाशिये की आवाज़ मानकर पढ़ा जाना चाहिए?
3. औपनिवेशिक आधुनिकता और देशज आधुनिकता के बीच फ़र्क़ को सोदाहरण प्रस्तुत कर क्या अपने अतीत, वर्तमान और भविष्य का नया आत्मबोध प्राप्त करने की ज़रूरत को रेखांकित करना आवश्यक नहीं है?

मूलतः इन तीनों प्रश्नों के इर्द-गिर्द ही प्रारम्भ के पाँच अध्यायों में विस्तार से, अभी तक हुई तमाम बहसों और उलझनों को, पूर्व पक्ष और उत्तर पक्ष के रूप में तार्किक विश्लेषण के साथ प्रस्तुत किया गया है। देशी-विदेशी विभिन्न स्रोतों से औपनिवेशिक ज्ञानकांड के रगरेशे को उघाड़ा गया है, किन्तु समानान्तर उपस्थित ब्राह्मणवादी ज्ञानकांड अर्थात् वैदिक-पौराणिक संस्कृति के ज्ञानकांड का कोई स्पष्ट विवेचन नहीं है, और न कबीर को समझने की दिशा में उसे बाधक के रूप में देखा गया है।

कबीर को मूलतः कवि के रूप में पढ़ा जाये, इस अपने आग्रह को सँभालने और हार्दिक तन्त्रनाद के साथ प्रस्फुटित करने में लेखक को केदारनाथ सिंह के व्याख्यान, अशोक वाजपेयी से साहित्य चर्चा, लिंडा हेस की कबीर पर लिखी पुस्तक और उनसे सोच-विचार में आदान-प्रदान, डेविड लोरेंजन की विद्वत्ता, मानद कबीरपन्थी सान डेविड से सम्पर्क आदि से बहुत सहायता मिली है। इसके बाद कबीर पन्थियों से कबीर को जानने का अवसर मिला। आचार्य अभिलाष दास जी, विवेक दास जी, कबीरपन्थी साधु नवलदास, अचलदास, धर्मेन्द्र दास और इनके अतिरिक्त कबीर

विशेषज्ञ शुकदेव सिंह, निरगुन संगीत के श्रेष्ठ गायक प्रह्लाद सिंह टिपानिया के साथ संसर्ग और अपनत्व से नयी आलोचनात्मक दृष्टि को पल्लवित करने में मदद मिली। आगे चलकर पुरुषोत्तम ने निरगुन संगीत के महान गायक कुमार गन्धर्व की राग-रागिनियों के सन्दर्भ में कबीर को समझने की कोशिश की है।

कबीर को नये सिरे से समझने और कवि व्यक्तित्व से संवाद के बाद पुरुषोत्तम अग्रवाल की आलोचनात्मक प्रज्ञा का तार्किक वितान पहले से प्रचलित अनेक प्रकार के ऐतिहासिक, साहित्यिक, धार्मिक और अन्ततः सांस्कृतिक निष्कर्षों को सन्दिग्ध बना देता है। इस लिहाज़ से देखें तो हिन्दी के आलोचनात्मक साहित्य और साहित्यिक इतिहास-दृष्टि की जड़ता के 'बन्द कपाट' पर यह पुस्तक एक नयी दस्तक की तरह है और सच पूछिए तो गम्भीर प्रहार है।

वेद-वेदान्त, पुराण और तत्कालीन धर्मसत्ता के हितैषी चिन्तकों के लिए यह प्रश्न सर्वाधिक महत्त्वपूर्ण था कि ज्ञान क्या है और अज्ञान क्या है? ये ब्राह्मणवादी थे, सिर्फ़ ब्राह्मण सर्वोच्चता के पक्षधर नहीं। ब्राह्मणवादी होने का मतलब है, वेद-वेदान्त-पुराण में निष्ठा, आस्तिक होना, इस सृष्टि के नियन्ता के रूप में अलौकिक सत्ता या ईश्वर का अस्तित्व मानना, तमाम कर्मकांडों के अनुसार आचरण करना, वर्णाश्रम व्यवस्था को स्वीकार कर ऊँच-नीच की धारणा का वर्चस्व स्थायी रूप से यथावत अंगीकार करना, संस्कार और अनुष्ठान के हर कार्य में पुरोहित के आदेश का पालन करना, स्वर्ग और नरक के अस्तित्व में विश्वास करना, तीर्थाटन और पूजा को अपनी जीवनपद्धति का अंग बनाना और पितृसत्ता के बरक्स स्त्री को दोयम दर्जे में रखना। ब्राह्मणवाद के ही अन्तर्गत अवतारवाद की परिकल्पना में विश्वास भी शामिल है।

पुरुषोत्तम अग्रवाल ने ब्राह्मण सर्वोच्चता और ब्राह्मणवाद को अभेद रूप में देखकर यह निष्कर्ष निकाला है कि 'भारतीय समाज पर ब्राह्मणों के निरन्तर वर्चस्व की तस्वीर वास्तविक जीवन के अध्ययन पर नहीं, निराधार फ़ार्मूलों पर आधारित है।' मैं यह सुझाव देना चाह रहा हूँ कि पुरुषोत्तम क्षेत्रीय रूप में असमान स्थितियों के उदाहरणों से व्यापक निष्कर्ष निकालने की तर्कपद्धति पर पुनिर्वचार करें। परिवर्तन हो रहा था, पेशेवर जातियों में तेली, कुम्हार, दर्जी, जुलाहे, बनिये, चमार—सभी को नगरों के नये सिरे से उत्थान की प्रक्रिया में सामन्ती उत्पादन सम्बन्ध से छूट निकलने के अवसर मिल रहे थे। तुलसीदास का कलियुग विलाप, जातपाँत की चुनौती, 'जाति न पूछो साधु की, पूछ लीजिए ग्यान' अर्थात् सम्पूर्ण सामन्ती समाज की पतनशीलता के लक्षण प्रकट हो रहे थे—ये सारी बातें एक मूलगामी ऐतिहासिक प्रक्रिया का अंग थीं, केवल बनियों के उदय और व्यापार के विस्तार की अवधारणा से इन बातों की व्याख्या नहीं की जा सकती।

भारतीय चिन्तन परम्परा नामक अपनी पुस्तक के अध्याय 26 में के. दामोदरन

ने परिवर्तन की प्रक्रिया का विवेचन करते हुए तीन प्रमुख निष्कर्ष निकाले हैं :

1. मुग़ल शासन काल मोटे तौर पर मध्ययुग के अन्त और भारतीय इतिहास के आधुनिक युग के प्रारम्भ का द्योतक है। चौदहवीं से सत्रहवीं शताब्दी के बीच भारत में एक नयी भावना फैली थी प्रत्येक क्षेत्र में—आर्थिक, प्रशासनिक, सामाजिक और सांस्कृतिक—नयी हवाओं के झोंके आ रहे थे। ऐसा प्रतीत होता था कि पहली बार सामन्ती सम्बन्धों का स्थान धीरे-धीरे विकासमान पूँजीवादी सम्बन्ध ले रहे हैं। यही भारत में नेशनैलिटिज़ के प्रथम अंकुरों के फूटने और विभिन्न भाषाओं के विकास का काल था।
2. यह महान परिवर्तनों का युग था। नयी आर्थिक शक्तियाँ रंगमंच पर उतर रही थीं। विभिन्न क्षेत्रों के बीच सम्बन्धों को बढ़ाने की सुविधाएँ बढ़ रही थीं। माल उत्पादन और विनिमय के विकास, भारत और विदेशों के बीच व्यापार और वाणिज्य में वृद्धि और नवजात पूँजीवादी तत्वों के उदय ने सामन्ती वर्गों की प्रभुतापूर्ण स्थिति पर प्रतिकूल प्रभाव डाला और देश के सामाजिक जीवन में व्यापारियों और कारीगरों की स्थिति को सुदृढ़ बनाया।
3. उत्पादन की नयी शक्तियों का तकाज़ा था कि नये सामाजिक सम्बन्धों की स्थापना हो और नयी परिस्थितियों के अनुरूप विचारों और सिद्धान्तों का उद्‌भव हो।

तेरहवीं सदी से चौदहवीं सदी के बीच दिल्ली सल्तनत के शासनकाल में ईरान/फ़ारस से रुई धुनने, चर्खे से सूत काटने, करघे से कपड़ा बुनने, सिंचाई के लिए पनचक्की, भवननिर्माण के क्षेत्र में चूना-सुर्खी को गुड़ के साथ मिलाने आदि की नयी तकनीकें आ चुकी थीं। शाही दरबारों के अमीरों के लिए रंग-बिरंगी कपड़े, कालीन, मन्दिर-मस्जिद बनाने, जगह-जगह सड़क, आलीशान इमारतें और सराय बनाने की आवश्यकताओं के कारण नये सिरे से नगरनिर्माण की नीति लागू की गयी। नगरों में भिन्न-भिन्न पेशेवर जातियों के समूह बनने लगे।

धीरे-धीरे युगांतर के घटक के रूप में उदित हो रही तकनीकों, नगर-निर्माण आदि ने वर्णाश्रम व्यवस्था और ब्राह्मणवादी वर्चस्व को चुनौती देने के लिए नयी परिस्थितियाँ उत्पन्न कर दी थीं। सांसारिक सुखवैभव से वैराग्य की भावना, जीवन की क्षणभंगुरता के बोध, जगत को काल का चबेना कहने की प्रवृत्ति, इनसान-इनसान के बीच समानता की पुकार, नैतिक आचरण से भरीपूरी सादगी का जीवन, कर्मकांड का खंडन—ये सारे तत्व एक नयी ज्ञान मीमांसा के अंग बनकर प्रकट हुए। ज्ञानार्जन की यह प्रक्रिया पुरानी दुनिया के स्वामियों द्वारा रचे गये संस्कारों से मुक्ति पाये बिना

अपनी परिणति तक पहुँच ही नहीं सकती थी। कबीर का यह ज्ञानमार्ग नयी विवेकचेतना का आह्वान करता है। निरगुनिया सन्तों के लिए ही नहीं, सम्पूर्ण मानव जाति के लिए आत्मसंघर्ष और ज्ञानार्जन की प्रक्रिया में द्वन्द्व की आवश्यकता निम्नलिखित दोहे में साफ़-साफ़ बतायी गयी है :

जा घट जान विजान है, तिहि घटि आवंटना घनां।
बिन खांडे संग्राम है, नित उठि मन सौं जूझनां॥

अर्थात् जिसके मन (घट) में ज्ञान-विज्ञान उत्पन्न हो जाता है, उसे चैन कहाँ? उस आदमी के मन के अन्दर गम्भीर उथल-पुथल, ऊहापोह शुरू हो जाती है। खांड़े के बिना ही अर्थात् हाथों में तलवार लिये बिना ही संग्राम शुरू हो जाता है। ऐसा संग्राम जिसमें अपने रूढ़िग्रस्त पुरातन संस्कारी मन से ही रोज़-रोज़ उठ-उठ कर जूझना पड़ता है।

मध्यकालीन साहित्य के अध्ययन-अनुशीलन के क्षेत्र में इस पुस्तक को गम्भीरता से लेने का अभिप्राय ही यही है कि पुरुषोत्तम अग्रवाल द्वारा छोड़ दिये गये सन्दर्भों, प्रश्नों पर और लोग भी विचार कर सकते हैं। मसलन देसी भाषाओं में श्रमण परम्परा के अन्तर्गत गाये गये, लिपिबद्ध किये गये काव्य साहित्य और सम्प्रदायबद्ध वाङ्मय परम्परा के बरक्स दर्शन और धर्म-साधनाओं की 'अपधर्मी', 'नास्तिक', 'लोकायत-वादी', 'कापालिक', 'आजीवक', 'बौद्ध', 'जैन', 'शैव', 'तान्त्रिक' आदि न जाने कितने प्रकार के श्रमण साहित्य का इतिहास-ग्रन्थों में उल्लेख मिलता है। ये सभी छोटे-बड़े सम्प्रदाय अलग-अलग क्षेत्रों में प्रचलित थे। कुछ क्षेत्रों में इनके प्रचार-प्रसार और वर्चस्व के लिए संघर्ष के क्रम में आपसी द्वन्द्व भी कम न थे। देशव्यापी स्तर पर तो एकछत्र वर्चस्व वेद-वेदान्त और पुराणपन्थी दर्शन और धर्मसाधनाओं का ही था, पर इसे न माननेवाले, इसका खंडन करनेवाले भिन्न-भिन्न मतों का असमान प्रसार देश के एक कोने से दूसरे कोने तक था। 'दर्शनशास्त्र के स्रोत' नामक अपनी पुस्तक में देवी प्रसाद चट्टोपाध्याय ने मैत्री या मैत्रायणी नामक उपनिषद से एक उद्धरण दिया है, जिसे सुशीला डोभाल ने हिन्दी में इस प्रकार रूपांतरित किया है।

कुछ लोग ऐसे हैं जो निरन्तर मौजमस्ती करते हैं, निरन्तर प्रवास करते हैं, निरन्तर दान माँगते हैं, निरन्तर हस्तशिल्प पर निर्वाह करते हैं। इतना ही नहीं, ऐसे लोग भी हैं जो नगरों के भिखारी हैं, जो अपात्रों के लिए बलिकर्म करते हैं, जो शूद्रों के शिष्य हैं और जो शूद्र होते हुए भी अपने विशेष प्रकार के शास्त्रों के ज्ञाता हैं। और इतना ही नहीं, ऐसे लोग भी हैं जो धूर्त हैं, जो अपने बालों का जूड़ा बनाते हैं, नर्तक हैं, भाड़े के टट्टू हैं, धार्मिक भिक्षु हैं, अभिनेता हैं, राजसेवा से निष्कासित हैं इत्यादि। और इतना ही नहीं, ऐसे भी लोग हैं जो कहते हैं कि धन के बदले हम यक्षों, राक्षसों, भूतों, भूतदलों, प्रेतों, सर्पों एवं पिशाचों आदि के दुष्प्रभाव को दूर करते हैं। और कुछ

अन्य भी हैं जो मिथ्या रूप से लालवस्त्र, कुंडल एवं कपाल धारण करते हैं। और इतना ही नहीं, कुछ लोग ऐसे भी हैं जिन्हें वेंदों में आस्था रखनेवालों को पीड़ित करने में बड़ा आनन्द मिलता है। वे छलपूर्ण तर्कों, मिथ्या एवं कुतर्कपूर्ण उदाहरणों द्वारा आस्थावानों को भ्रमित करना चाहते हैं। ऐसे लोगों की संगति नहीं करनी चाहिए। सच्ची बात यही है कि ऐसे प्राणी स्पष्ट रूप से दस्यु हैं, स्वर्ग के अयोग्य हैं। क्योंकि कहा गया है कि आत्मा का नकार करनेवाले सिद्धान्त के मायाजाल के कारण, मिथ्या तुलनाओं एवं प्रमाणों के कारण विचलित हुआ संसार यह नहीं देखता कि ज्ञान और अज्ञान में क्या भेद है।

देवी प्रसाद चट्टोपाध्याय इस उद्धरण के आधार पर जिस तरह की टिप्पणी करते हैं उससे ज्ञात होता है कि उस समय कितनी बौद्धिक अशान्ति फैली थी।

कबीर के ज्ञानमार्ग को सिर्फ़ निर्गुण साधना या ब्रह्मज्ञान तक सीमित कर दिया गया है। इस ज्ञानमार्ग की साधना में एक मानववादी विवेक चेतना, तर्कवृत्ति, पुराने ब्राह्मणवादी संस्कारों से मुक्ति, सम्पूर्ण जीवजगत के लिए ममता, मानवीय समता तथा नये आत्मबोध की सिद्धि—ये सारे तत्व हैं। इस विवेकचेतना के भावपक्ष के अन्तर्गत ही पुरुषोत्तम अग्रवाल का यह सूत्र समझा जा सकता है—अनन्त अस्तित्व से सम्बद्ध होने का विस्मय, उल्लास और सन्ताप तथा सामाजिक अन्याय के प्रति रोष। कबीर की उलटबाँसियों के सारे रूपक यथार्थ को, गोचर सत्य को, मायावी विश्व के दृश्यमान रूपों और तमाम प्रकार के सम्बन्धों को फैंटेसी के स्तर पर ही सही, पर उलट-पुलट देते हैं। इन रूपकों में निरगुन, सहजिया भाव और माया को अपने नियन्त्रण में रखना केवल स्थूल स्तर पर वाच्यार्थ मात्र है। धर्मेतर अध्यात्म के इस आवरण को हटाये बिना कबीर की उलटबाँसियों में व्यक्त यथार्थ को पलटने की बेचैनी समझना नामुमकिन है। ये उलटबाँसियाँ भी नयी ज्ञानमीमांसा का ही हिस्सा हैं।

इस आत्मबोध, आत्मिक चेतना और नये ज्ञान की जागृति से ही कबीर के काव्य की रागात्मक संवेदना का स्फुरण होता है। धर्मेतर अध्यात्म पद का कोई अर्थ है तो यही है। इसे आध्यात्मिक कहने से नये ज्ञान का वह तत्व जो आत्मसंघर्ष के बाद आया है, अपने आप छिटक कर कहीं दूर तो नहीं भाग खड़ा होता?

कबीर की साखी, रमैनी और बीजक के सभी पद वाचिक परम्परा में सीधे-सीधे श्रोताओं को सम्बोधित हैं। कबीर के शिष्यों ने ही बाद में अपने-अपने अंचलों की बोलीबानी में ढालते हुए इन्हें लिपिबद्ध किया होगा। प्रारम्भिक आधुनिकता के बीज-रूप में प्रस्फुटित नये ज्ञानोदय की इस वाचिका परम्परा ने सचमुच 'ग्यान की आंधी' से अपने जमाने के लोगों को झकझोर दिया था। ज्ञानमीमांसा और अदम्य प्रेमभावना के बीच के रिश्ते को खोलने, उसकी व्याख्या करने में पुरुषोत्तम ने सम्भवतः

कबीर के कालबोध की कुंजी का उपयोग नहीं किया है। ऐतिहासिक कालबोध मूलतः अपने समकालीन समाज के अन्तर्विरोधों की पहचान द्वारा व्यक्त होता है। कबीर की अनेकानेक ऐसी रचनाएँ हैं जो तत्कालीन समाज के मूलभूत टकरावों से सम्बद्ध हैं। दूसरी तरफ़ ऐसे पद भी हैं जो कालातीत शून्य समाधि को प्रतिध्वनित करते हैं। ऐसी रचनाओं के द्वारा अनहद-अनन्त शून्य में प्रेम ध्वजा फहराने की पहल इसलिए सम्भव होती है कि आपके पास अन्तर्विरोधों के समाधान होते ही नहीं हैं।

इस पुस्तक के अध्याय 6 से 10 तक मुख्यतः कबीर की राग-संवेदना में प्रच्छन्न बैठी गाँठ को खोलने में पुरुषोत्तम अग्रवाल ने बहुत ही अच्छी विवेचन-व्याख्या प्रणाली का परिचय दिया है। कबीर को धर्मगुरु के रूप में न देखकर, उनके कवित्व में तात्विक दृष्टि से दर्शन खोजने की कोशिश न कर सहज मानवीय दृष्टि से कविता में भावोन्मेष और व्यंजना को रेखांकित किया गया है। ये पाँच अध्याय उन पाठकों के लिए सचमुच समर्थ समालोचना के उदाहरण हैं, जो कबीर को रहस्यवादी समझते हुए उनकी काव्यरूढ़ियों और जटिलताओं से टकराना नहीं चाहते तथा कबीर के कालबोध के दोनों पहलुओं के बीच के सम्बन्धों को भी परखना नहीं चाहते।

अनहद-अनन्त कालातीत शून्य (कॉस्मोलॉजिकल टाइम) की यह उड़ान गहरी रागात्मक संवेदना की डोर से बँधी है, चूँकि जातपाँत, गरीब-अमीर, धार्मिक भेदभाव, अंधविश्वास, कर्मकांड, राजसत्ता-धर्मसत्ता के छलकपट और उत्पीड़नयुक्त ऐतिहासिक काल के गोचर यथार्थ (हिस्टोरिकल टाइम) से मुक्ति का कोई उपाय नहीं सूझता। अतः काल्पनिक उड़ान और विवशता के तनाव पर ही सम्पूर्ण राग-संवेदन झंकृत होता है।

कुमार गन्धर्व पर लिखित अपनी पुस्तक में वसन्त पोतदार ने इस बात का उल्लेख किया है कि नाथपन्थी शीलनाथ जी द्वारा संकलित भजनों का एक संग्रह देवास में कुमार गन्धर्व को मिला। उन भजनों का अभ्यास करने के बाद कुमार जी को नाथ सम्प्रदाय की मनोवृति समझ में आयी :

'नाथपन्थियों की निर्गुण शैली बिल्कुल अलग है। घने जंगलों में धूनी जलाकर वे रम जाते हैं। समाज से उनका ख़ास सम्बन्ध नहीं होता। उनका जीवन, उनकी दुनिया ही निराली। वह उनकी गायकी से दृश्यमान होती है—इसका कुमार जी को बोध हुआ। जीवन भर के उनके असीम विश्वास में से उनके स्वर उत्पन्न होते हैं—यह कुमार जी ने ताड़ लिया, और उन स्वरों पर उन्होंने प्रभुत्व कायम किया। सिर्फ़ निर्गुण स्वर ही नहीं, निर्गुण जीवन के दिगम्बरत्व, औदासीन्य और फक्कड़पन से तादात्म्य पाने में वे सफल हो गये।

अपनी इस टिप्पणी के बाद वसन्त पोतदार ने कुमार गन्धर्व का इसी सन्दर्भ में वक्तव्य उद्धृत किया है : 'पहले मैंने 'सुनता है गुरुज्ञानी' कंपोज किया। निर्गुण में

शून्य निर्माण करने की जो अच्छाई है, अद्‌भुत है। वह फक्कड़पन की है, कि फेंके तो, मगर सामनेवाले को लगना नहीं चाहिए।'

कबीर के कविकर्म की भावभीनी संवेदना का रसप्रपात उस शून्य की प्रकृति से ही अटूट झरता रहता है। निरगुनिया सन्त जब गाता है, अकेले, एकान्त, विजन वन या वीराने में तो क्या वहाँ कोई सुननेवाला रहता है? कुमार गन्धर्व मानते थे कि वहाँ कोई नहीं रहता। ऐसे में जो स्वर निकलेगा वो कुलीन घराने की सुसज्जित बैठकी में निकाले गये स्वर जैसा नहीं हो सकता। 'निर्गुण में एकान्त भाव व्यक्त होना चाहिए।'

कबीर की कविताई को कुमार गन्धर्व के संगीत से जो व्याप्ति और लोकप्रियता मिली है, वह उसी एकान्त भाव के कारण—'हम हैं बहुरि अकेला।'

इतने बड़े उद्धरण की आवश्यकता इसलिए पड़ी कि कबीर की राग-संवेदनाओं की व्याख्या में इस एकान्त को पकड़ा जाय। इसके साथ ही कबीर की ऐतिहासिक-सामाजिक सीमाओं में दर्जनों प्रश्नों पर भयंकर असंगतियाँ हैं—इन असंगतियों की प्रत्यंचा पर बैठकर कबीर शून्य समाधि का अनहद नाद सुनाते हैं। स्त्री-प्रसंग में पुरुषोत्तम अग्रवाल ने किस असंगति को सुलझाने का प्रयत्न किया है, यह पाठक ही बतायेंगे। पर काल के चार युग मानना, कलिकाल को ब्राह्मणवादियों की तरह ही प्रस्तुत करना, आवागमन को मानना, पुनर्जन्म और आवागमन की अवधारणाओं को ब्राह्मणवादियों की झोली से ज्यों का त्यों ले लेना—ऐसी न जाने कितनी गुत्थियाँ हैं। इन असंगतियों का औचित्य बताने की ज़रूरत नहीं है। किसी भी युग में कोई भी सम्पूर्ण रूप से अन्तर्विरोध मुक्त नहीं होता। कबीर ने ऐसी कोई प्रतिबद्धता नहीं व्यक्त की थी कि वे गुत्थियों को सुलझायेंगे और स्वयं को असंगतियों से मुक्त रखेंगे। कबीर के काव्य में इन सब पहलुओं की प्रतिध्वनियाँ हैं, जिन्हें केवल तत्वज्ञान के द्वारा नहीं समझाया जा सकता।

कबीर की बानियों और पदों को साम्प्रदायिक साधनात्मक रहस्यवाद के अगम कुएँ में डालने के प्रयत्नों (आचार्य शुक्ल) की वजह से ही मुख्यत: अब तक कबीर के आलोचनात्मक विवेचन का सिलसिला ज़ारी है। अब जब कबीर के कविकर्म की रागात्मकता को समझने की दिशा में बढ़ने के परिणामस्वरूप अनेक आलोचनात्मक कृतियों ने सकारात्मक योगदान किया है, तब यह सवाल उठाना बहुत आवश्यक हो गया है कि कबीर की सृजनात्मक यात्रा के विकास के कितने पड़ाव रहे हैं, किस चरण में किस प्रकार के पद रचे गये। कबीर प्रारम्भ से लेकर अन्त तक एक जैसे स्थिर और जड़ और पूर्वनिष्पन्न बने रहे या कालक्रमानुसार उनकी रचनाशीलता में नये प्रकार की उद्‌भावनाएँ भी जुड़ती गयीं? कबीर के कविकर्म के विभिन्न चरणों की अलग-अलग विशिष्ट लाक्षणिकताएँ क्या रही हैं?

स्त्री की यौनिकता और पुरुष की यौनिकता में कबीर स्त्री की ही भर्त्सना क्यों

करते हैं? और फिर उसी स्त्री की सशरीर विरह-व्याकुलता और मिलन की ऐन्द्रिक कामनाओं पर आधारित प्रेमकथा के संवेगों के माध्यम से अनहद-अनन्त से एकाकार होने की भावनात्मक उड़ान भी भरते हैं। क्या यह सूफ़ियों की इश्क़मजाज़ी और इश्क़हक़ीक़ी जैसी अवधारणा है या उससे कुछ भिन्न है?

क्या सिद्धों, नाथों, तान्त्रिकों तथा जायसी, सूरदास और नानक के पदों में स्त्री यौनिकता को लेकर कबीर की तरह नैसर्गिक कामनाओं की भर्त्सना के रुझान हैं?

सम्पूर्ण मध्ययुग में प्राय: ऐसा कोई स्पष्ट पद नहीं मिलता जो सामन्ती उत्पादन सम्बन्ध की बेड़ियों में जकड़ी वर्गीय संरचना को खारिज करने का खुला आह्वान करता हो; इस सन्दर्भ में कबीर का निम्नलिखित पद अलग से ध्यान खींचता है। बढ़े हुए लगान, अकाल, सूखे आदि के दौर में ज़मींदार-जागीरदार, पटवारी-दरबारी सबके जुल्म और अत्याचार के कारण किसान ज़मीन छोड़-छोड़ कर गाँवों से भाग जाते थे। उन्हें क़स्बों, शहरों और नगरों में अब रोज़गार मिलने शुरू हो गये थे। चौदहवीं-पन्द्रहवीं सदियों के आसपास नगरों का नये सिरे से उत्थान हो रहा था। सम्भवत: इसी सन्दर्भ में त्रस्त देहाती ग़रीब अपने पीड़ादायक भौतिक अस्तित्व से मुक्ति के लिए सामन्ती उत्पादन सम्बन्ध को ख़ारिज करने की हिम्मत जुटा पा रहे थे। मुझे अचरज होता है कि कबीर-काव्य की विवेचना के सन्दर्भ में न तो शुक्ल जी इसका हवाला देते हैं, न हज़ारी प्रसाद द्विवेदी और न धर्मवीर। कबीरपन्थी भला इसका ज़िक्र क्यों करेंगे?

बेशक इस पद में सांसारिकता, माया और इन्द्रियों की तृष्णा के रूपक के माध्यम से त्रासदायी यथार्थ को एकाकी जीव के लौकिक बन्धनों के रूप में भी प्रस्तुत किया गया है, पर वह तो ऊपरी आवरण मात्र है।

इस तरह के पद की रचना कबीरदास ने पन्द्रहवीं सदी में की होगी और क्यों की होगी—इसकी छानबीन विद्वान लोग नहीं करते।

सन्तों के काव्य में इस प्रकार के जितने प्रसंग आये हैं, उनकी व्याख्या की उपेक्षा कर कबीर का समुचित मूल्यांकन नहीं किया जा सकता।

मध्यकालीन भारत के इतिहासकारों में ख़ास तौर पर जिन लोगों ने राजस्व, लगान, अकाल और भूमि व्यवस्था पर अनुसन्धान किया है, उनके अनुसार गाँव के गाँव ख़ाली हो रहे थे और गरीब किसान तथा दस्तकार शहर भाग रहे थे। शहरों में दस्तकारों की आबादी बढ़ने से ही सन्तकाव्य की इस धारा के प्रसार को मदद मिली थी। कुछ शास्त्रीय ग्रन्थों की भक्ति सम्बन्धी नयी अवधारणा तक भक्तिकाव्य के उद्भव के सामाजिक स्रोत सीमित नहीं थे।

मैं यह सुझाना चाहता हूँ कि कबीर के काव्य को 'सामाजिक आलोचना' और 'आध्यात्मिक वेदना' में विभाजित न किया जाय। उनके काव्य-मर्म में दोनों तत्व

परस्पर गुँथे हुए हैं। ब्राह्मणवादी व्यवस्था, जातपाँत, कर्मकांड, साम्प्रदायिकता आदि की आलोचना तथा नयी विवेकशील आत्मचेतना—दोनों पारस्पारिक ढंग से सम्बद्ध हैं। इस तरह का भेद भ्रामक है। जो लोग ऐसा भेदभाव करते हैं, उन्हें भी पुनर्विचार करना चाहिए।

# मीराँबाई की कविता

मीराँबाई के जन्म स्थान और जन्म वर्ष को लेकर उनकी कविता के विशेषज्ञ विद्वानों में अन्तहीन विवाद रहा है। चूँकि मीराँ स्मृति संस्थान चित्तौड़गढ़ ने 2004 ई. में मीराँबाई पंचशती का आयोजन चितौड़गढ़ में तथा देश के अन्य स्थानों पर किया था, अतः मुझे यही प्रतीत होता है कि 1504 ई. को उनका जन्म वर्ष माना जाए। यह उल्लेखनीय है कि मीराँ के पिता रत्न सिंह और पति भोजराज के जन्म के सम्भावित वर्ष की खोज करते हुए राजकीय बहीखातों, परिस्थितिजन्य साक्ष्यों एवं ज्योतिषीय गणना के आधार पर सी. एल. प्रभात और इतिहासकार सुखबीर सिंह गहलोत आदि ने शुक्रवार वि.सं. 1561 को मीराँ की जन्मतिथि मानी है। अतः अन्तिम रूप से इसी मत का अवलम्बन करते हुए वि. सं. में 57 वर्ष घटा कर 1504 ई. को कुछ विद्वानों ने उनके जन्म वर्ष के रूप में लिया है। हालाँकि अधिकतर विद्वान मीराँबाई का जन्म 1498 ई. मानते हैं। इसी के साथ यह भी मान लिया गया है कि मेड़ता के राठौर वंश में उनका जन्म हुआ था। मीराँ के पिता का नाम रत्न सिंह था और पितामह अर्थात दादा का नाम राव दूदा जी था। उनकी माता का नाम वीर कुँवरी था। राव दूदा जी स्वयं वैष्णव भक्त थे। अतः मीराँ की धार्मिक-आध्यात्मिक शिक्षा के लिए पंडित गजाधर नामक एक विद्वान ब्राह्मण को नियुक्त किया गया था। इसी के साथ किसी संगीतज्ञ से भी मीराँ की संगीत शिक्षा का प्रबन्ध करवाया गया। लगभग 10 वर्ष की उम्र में एक साधु से मीराँ को गिरधर गोपाल की सुन्दर सलोनी मूर्ति प्राप्त हुई। यह जनश्रुति है कि इस मूर्ति की पूजा-अर्चना ही मीराँ की दैनिक उपासना का क्रियाकलाप बन गयी। तेरह वर्ष की अवस्था में मेवाड़ के महाराणा सांगा के युवराज पुत्र भोजराज से उनका विवाह हो गया। लेकिन विवाह के चार-पाँच साल बाद ही भोजराज का आकस्मिक निधन हो गया। मेवाड़ राजवंश के राजपरिवार में दो गुट प्रबल थे—राठौर और हाड़ा। हाड़ाओं के भानजे विक्रमादित्य को अन्ततः राजगद्दी मिल गयी। चूँकि मीराँबाई राठौर राजवंश परिवार से आई थीं, अतः हाड़ाओं का वैमनस्य उनके प्रति उग्रतर होता गया। विक्रमादित्य ने मीराँबाई पर यह दबाव डाला कि वह साधुसंगति

तथा मन्दिरों में खुले आम भजन-कीर्तन-नृत्य आदि न करें। किन्तु मीराँ को इस तरह का आदेश स्वीकार नहीं था। विक्रमादित्य के कृपापात्र बनवीर की सलाह से विक्रमादित्य ने अर्थात राणा ने मीराँ को चरणामृत के नाम पर विष भिजवाया, फूलों की डाली में साँप भिजवाया। पर किसी चमत्कारवश वह बच गयीं। इतिहासकार इस किस्से का खंडन नहीं करते कि मीराँबाई को तमाम तरह की यन्त्रणा देने के पीछे महाराणा के बड़े भाई पृथ्वीराज का पुत्र बनवीर था जो विक्रमादित्य, उदय सिंह तथा मीराँबाई को अपनी महत्त्वाकांक्षा की परिपूर्ति के रास्ते में अवरोधक के रूप में देखता था। इसलिए उन्हें तमाम तरह की यन्त्रणाएँ दी गयीं। अन्ततः मीराँबाई ने मेवाड़ से विदाई ली और मेड़ता चली गयीं। मेड़ता के बाद वृन्दावन और फिर द्वारिका पहुँच गयीं।

मीराँबाई के जन्मवृत्त से सम्बन्धित इन घटनाओं, सामन्ती राजपरिवार की दमनकारी क्रूरताओं और नारी पराधीनता की वास्तविकताओं की पृष्ठभूमि में ही मीराँबाई की भक्ति और कविता के अभिप्रेत आशय एवं अभिप्राय को समझा जा सकता है।

सोलहवीं सदी के भारत में सामन्तवाद, उसके वैचारिक मूल्यों और स्त्री पराधीनता की जो भी ठोस हक़ीक़त थी, उससे लड़नेवाली एक भक्त कवयित्री कैसे मिथक और लोकगाथा बन जाती है, इसी की मिसाल के तौर पर मीराँबाई के जीवन, व्यक्तित्व और कृतित्व की व्याख्या की जानी चाहिए। उन्हें मात्र एक भक्तिन मान कर उनके काव्य का विश्लेषण सतही भाष्य बनकर अपनी अपर्याप्तताओं में कैद हो जाता है। कृष्णभक्ति का अपारदर्शी आवरण हटाकर मीराँबाई के काव्य में अन्तर्निहित विविध घटना प्रसंगों और उनकी उदात्त संवेदनाओं को परत-दर-परत देखें तो पता चलेगा कि वे भोजराज की मृत्यु के साथ सती बनने का आग्रह क्यों ठुकराती हैं। राजमहल से निकलकर साधु संगति में क्यों भजन-कीर्तन और नृत्य करती हैं और राणा की दमनकारी निषेधाज्ञाओं की क्यों अवहेवना कर अपनी स्वाधीनता के मार्ग पर अटल-अडिग रहती हैं। वह नहीं मानतीं कि वह विधवा हैं बल्कि गिरधर गोपाल की प्रेमिका और पत्नी के रूप में ही अपने को प्रस्तुत करती हैं। सर्वोपरि वह भक्त होने के साथ-साथ एक स्त्री हैं, देहधारी स्त्री, जिसकी प्रेमानुराग सम्बन्धी अपनी दैहिक और आध्यात्मिक कामनाएँ हैं। इन कामनाओं की पूर्ति न होने के क्रम में कहीं पराश्रित होने की निस्सहाय अवस्था व्यक्त होती है, प्रेम की व्याकुलता अपनी पूरी तीव्रता के साथ व्यंजित होती है, समाज का तिरस्कार और प्रतिरोध साथ-साथ अकुंठ मन से कविता में व्याप्ति पाता है तथा राजशाही के प्रति हुंकार भरा विद्रोह कविता का रूप ग्रहण करता है—

सीसोद्यो रूठयो तो म्हाँरो कांई कर लेसी।
म्हें तो गुण गोविन्द का गास्याँ हो माई॥
राणोजी रूठयो वांरो देस रखासी, हरि रूठया किठे जास्याँ हो माई॥

लोकलाज की काण न मानां, निरभै निसाण घुरास्याँ हो माई॥
राम नाम की झाझ चलास्यां, भौ-सागर तर जास्यां हो माई॥
मीराँ सरण सांवल गिरधर की, चरण कमल लपटास्यां हो माई॥

वह स्पष्ट ही दो शब्दों में कहती हैं कि यद्यपि मेरा पाणिग्रहण भले राणा जी (भोजराज) से हुआ हो, किन्तु पटरानी तो मैं अपने प्रियतम कृष्ण की ही हूँ—

हथिलैवो राणा सौं जोड़यो, गिरधर री पटरानी।

जब वह कहती हैं कि हे प्रियतम कृष्ण! तुम तो निकट ही हो, शीघ्र वेगपूर्वक आओ, मेरे दयालु स्वामी, तुम जल्दी आ कर तन की तपन बुझाओ—

निकटि हो तुम दूरि नहीं, बेगि मिलो आई
मीराँ गिरधर स्वामी दयाल, तन की तपन बुझाई।

तन की तपन बुझाने के लिए प्रेमातुर मीराँ का आग्रह दैहिक कामनाओं से परे सिर्फ़ आध्यात्मिक पिपासा नहीं है। इस प्रश्न पर सच्चाई को अनेक विद्वानों ने भक्ति और अध्यात्म के पर्दे से ढँकने का प्रयत्न किया है। यहाँ तक कि प्रोफेसर मैनेजर पांडेय ने भी मीराँ पर केन्द्रित 'कथा' के विशेषांक में यह कहा है :

''यह प्राय: होता है कि मीराँबाई द्वारा बार-बार प्रयुक्त 'सेज' शब्द को उनकी कामाभिव्यक्ति के रूप में समझा गया है। दरअसल, अपने समाज की यह विशेषता है कि यहाँ सार्वजनिक जीवन जीनेवाले पुरुष पर तो ऐसा कोई आरोप नहीं लगता, लेकिन सार्वजनिक जीवन जीनेवाली स्त्री के बारे में सबसे अधिक लांछन, आरोप उसके चरित्र को लेकर लगा दिया जाता है। मीराँबाई प्रेम की कविता लिख रही हैं। कृष्ण को पति के रूप में मानती हैं। अगर पति के प्रसंग में 'सेज' की बात करना, काम भावना की अभिव्यक्ति है तो इस बुद्धि को क्या कहा जाएगा।''

'सेज' शब्द के सन्दर्भ में मीराँ की कामाभिव्यक्ति की बात करना कवयित्री के ऊपर कोई आरोप या लांछन नहीं है। मीराँ सशरीर एक स्त्री हैं और उनकी प्रेमाभिव्यक्ति भावना से परे कोई आध्यात्मिक भावोच्छ्वास नहीं है। पितृसत्तात्मक पुरुष समाज स्त्री की यौनिक कामना को अनदेखा करता रहे, यह आग्रह भी नारी पराधीनता की वास्तविकताओं को झुठलाना है तथा 'पटरानी तथा पत्नी' के रूप में मीराँ अपने स्त्री व्यक्तित्व को प्रस्तुत क्यों करती हैं, इस प्रश्न को विश्लेषण-व्याख्या से परे रखकर अनदेखा करना है। मीराँ के पदों में ऐसी उक्तियाँ भी हैं कि वह देह मिलन के लिए तरस रही हैं (अंग से अंग लगायो)। ऐसे तमाम पदों की ढेर सारी उक्तियों का उल्लेख करने के बाद कुमकुम संगारी 'कथा' पत्रिका के मीराँ बाई पर केन्द्रित विशेषांक के अपने आलेख में कहती हैं :

''यहाँ महत्त्व की बात यह है कि यह स्वत्रन्त कामेच्छा उस नृत्य-प्रदर्शन से अभिव्यक्त होती है, जिसके द्वारा वह स्वयं को कृष्ण की विद्रोहिणी स्वाधीन प्रजा के

रूप में स्थापित करती हैं। कुछ जगहों पर तो यह प्रदर्शन एक सेवारत पत्नी के बजाए एक मुखर, आकर्षक गणिका के अधिक निकट है, नैतिक के बजाए अनैतिक—

मैं गिरधर आगे नाचूँगी
नाच-नाच प्रिय रसिक रिझाऊँ प्रेमी जन को जाचूँगी
प्रेम प्रीत के बाँध घुँघरू, सूरत की कछवी काछूँगी
लोक लाज कुल की मरजादा, या में एक ना राखूँगी
पिय के पलँग जा पौढूँगी, मीराँ हरि रंग राचूँगी।

यह प्रदर्शन स्वयं ही असंयम का अर्ध-लाक्षणिक चिह्न है ( तन करुँ ताल, मन करुँ ढपली, पग घुँघरू बाँध मीराँ नाची रे)।

यह उल्लेखनीय है कि कुमकुम संगारी ने अँग्रेजी में मीराँ पर एक पुस्तक लिखी है। इस पुस्तक का हिन्दी अनुवाद 'मीराँ और भक्ति की आध्यात्मिक अर्थनीति' के नाम से प्रकाशित हुआ है। उपर्युक्त उद्धरण उसी पुस्तक से लिया गया है।

पितृसत्तात्मक समाज की नैतिक मर्यादा की सीमाओं में बन्धकर मीराँबाई के कवित्व और व्यक्तित्व की व्याख्या हमें 'भक्ति और धार्मिकता और आध्यात्मिकता' की संरचनाओं के बाहर झाँकने की अनुमति नहीं देती। एक युवती की जैविक आवश्यकताओं के सन्दर्भ में मीराँ की प्रेमविह्वलता और अनन्यता को विश्वनाथ त्रिपाठी जी अस्वीकार ही नहीं करते बल्कि यह कहते हैं :

"प्रेमानुभूति अनन्यता की अनुभूति है। अनन्यता शारीरिक ही नहीं हृदय की बात है। अनन्यता के कारण प्रेम मानवीय व्यापार है, पाशविक नहीं। पशु शारीरिकता में ही लिप्त रहते हैं।"—मीराँ का काव्य, पृ. 92

मनुष्य की शारीरिक आवश्यकताएँ अस्वाभाविक हैं और 'पाशविक' हैं—यह अवधारणा भी पितृसत्तात्मक समाज की नैतिक मर्यादा की संरचना का अनिवार्य तत्व है। जैविक शारीरिक अवश्यकता जब प्रेमविह्वलता का रूप लेती है तो वह अपना उदात्त स्वरूप ग्रहण करती है। लेकिन प्रेमानुभूति की यह उदात्तता शारीरिक कामनाओं पर अवलम्बित होती है। मीराँ की प्रेमविह्वलता अपने उदात्त स्वरूप में प्रगट होने के बावजूद अनेक स्थलों पर उनकी अनेक उक्तियों में सशरीर मिलन की कामना और देह की तपन बुझाने के लिए प्रेमी से आने के आग्रह की गहरी भावना भी व्यक्त होती है।

हिन्दी समालोचना के सभी विद्वानों से यह प्रश्न पूछा जा सकता है कि नागमती या पद्मावती की प्रेमविह्वलता और विरह विकलता क्या देहातीत, अनैतिक और पाशविक है? आचार्य शुक्ल ने जायसी द्वारा वर्णित नागमती के विरह वर्णन को क्या देहातीत रूप में देखा है?

मीराँ का यह प्रसिद्ध पद है :

माई सांवरे रंग राची।
साज सिंगार बाँध पग घुँघरू, लोक लाज तज नाची।
गयाँ कुमत लयाँ साधां संगत स्याम प्रीत जग सांची।

'साज सिंगार' और 'बाँध पग घुँघरू' क्या अशरीरी अभिव्यक्तियाँ हैं? मीराँ जिस लोकलाज का परित्याग करती हैं—उसी लोकलाज अर्थात पितृसत्ता की मर्यादा की रक्षा करते हुए मैनेजर पांडेय और विश्वनाथ त्रिपाठी मीराँबाई के व्यक्तित्व का मूल्यांकन करते हैं। इनकी तरह ही हिन्दी के अधिकांश विद्वान लोग भक्ति और प्रेमानुभूति पर चढ़ाये गये आध्यात्मिक-धार्मिक दुकूल को हटा कर, निरावृत्त कर देखने को तैयार नहीं हैं। मध्यकाल की आंखों से आप मीराँ को देखेंगे या आधुनिक काल की आंखों से सम्पूर्ण मध्यकालीन मूल्यबोध पर पुनर्विचार करेंगे? यह प्रश्न इसलिए महत्त्वपूर्ण है कि भक्तिकाल के अन्य भक्त और सन्त कवियों की कविताओं से मीराँ के पदों की भिन्नता समझने और रेखांकित करने की दृष्टि से हिन्दी के समालोचकों ने सम्यक् ढंग से विचार ही नहीं किया है। सिर्फ माधव हाड़ा की पुस्तक 'पचरंग चोला पहर सखी री' में स्त्री अनुभव और संघर्ष का विस्तारपूर्वक विश्लेषण किया गया है। इस संसार को मिथ्या और माया बतानेवाली विचार-दृष्टि वस्तुतः जगत् और जीवन का निषेध करती है। चाहे कबीर हों, सूर हों, तुलसी हों या जायसी हों—इन सभी भक्तिकालीन रचनाकारों की इस विचार-दृष्टि को मीराँबाई स्वीकार नहीं करतीं। उल्लिखित पुस्तक में माधव हाड़ा की मान्यता है :

"मीराँबाई की कविता में दृश्य और मूर्त का उत्साहपूर्ण आग्रह है और वह अपनी ऐन्द्रिक संवेदनाओं और कामनाओं को खुलकर खेलने की छूट देती है। वह न तो जगत् और जीवन का निषेध करती है और न अपनी ऐन्द्रिक संवेदनाओं और कामनाओं का दमन करती है।"

"मीराँ की कविता में वस्तु जगत् बहुत सघन और व्यापक रूप में मौजूद है। नदी, तालाब, पेड़, पौधे, पशु, पक्षी, हवा, बिजली, धरती, आकाश, बादल, बरसात, जंगल, समुद्र, महल, अटारी, वस्त्र, आभूषण आदि मीराँ की कविता में जिस आग्रह और उत्साह के साथ आते हैं, वैसे किसी मध्यकालीन सन्त-भक्त की कविता में नहीं आते। अपने आस-पास के वस्तु जगत् के प्रति मीराँ उदासीन नहीं है। उसकी कविता उसके अपने आस-पास के यथार्थ के गतिशील दृश्य रूपों से ठसाठस भरी हुई है।"

"उसकी कविता में इन्द्रिय संवेदनाओं और कामनाओं की अकुंठ और निर्बाध अभिव्यक्ति है। यह कहीं प्रत्यक्ष है, तो कहीं परोक्ष। खास बात यह है कि इस सम्बन्ध में अन्य सन्त-भक्तों की तरह उसमें किसी तरह की अन्तर्बाधा या अपराध बोध नहीं है। कृष्ण से संयोग की उसकी तीव्र और सघन ऐन्द्रिक कामना उसकी कविता में कई तरह से आती है।"

माधव हाड़ा की पुस्तक में ढेर सारे उदाहरण मीराँबाई की कविताओं से उद्धृत किये गये हैं। मीराँबाई की कविताएँ एक तरफ तो कहती हैं—दरसण बिन मोहि जक न परत है, चित मेरो डाँवाडोल। दूसरी तरफ कहती हैं—आओ मन मोहना जी जोऊँ थारी बांट। इसी तरह मीराँ कामना करती हैं—सांवरिया के दरसन पाऊँ, पहर कुसुंभी सारी। अपने स्वछन्द मन का हुलिया बताती हैं—यो मन मेरो बड़ो हरामी यूं मदमातो हाथी। अपने गिरधर गोपाल पर अपना यौवन न्योछावर करने के लिए मीराँ तत्पर हैं—तेरे कारण सांवरे धन जोबन वारों हो। या सेजिया बहु रंग के बहु फूल बिछाए हो।

मीराँ बाई की ऊपर उद्धृत कुछेक उक्तियाँ उनकी कविताओं में प्राय: सभी प्रसंगों के अन्तर्गत बिखरी पड़ी हैं। हिन्दी के सभी विद्वानों को आधुनिक मूल्यबोध के परिप्रेक्ष्य में मीराँबाई की उन विशेषताओं और मध्यकालीन सन्तों-भक्तों से उनकी भिन्नता पर गम्भीरतापूर्वक विचार करना चाहिए। तभी मीराँ के सम्बन्ध में अब तक गढ़ी गयी छवि बदलेगी और पाठ आधारित सम्यक् विवेचन सम्भव होगा।

इस बहस को यहीं विराम देते हुए मीराँबाई के पदों की सांगीतिक गेयता पर विचार करें। रेडियो, दूरदर्शन तथा किसी भी सांस्कृतिक कार्यक्रम में मध्यकालीन कवियों में अक्सर कबीर, सूरदास, मीराँ और तुलसीदास के पद गीत के रूप में गाये जाते हैं। इन गीतों की लोकप्रियता भजन के रूप में भी है, भक्ति संगीत के रूप में भी है और प्रेम की अनन्यता के उदाहरण के रूप में भी है। मीराँबाई के सभी पद अपनी गेयता के लिए विख्यात हैं। अँग्रेजी में जिसे लिरिक कहते हैं, उसी तरह हिन्दी में गीत शब्द का प्रचलन है। लोकप्रिय संगीतज्ञों, गायकों के साथ-साथ शास्त्रीय संगीत के गायक भी उपर्युक्त भक्त कवियों के पद गाते हैं।

मीराँबाई की पदावली की सांगीतिक गेयता का मूल उत्स या उसका मूल स्रोत क्या है? इस प्रश्न पर विश्वनाथ त्रिपाठी ने अपनी पुस्तक 'मीराँ का काव्य' के एक अध्याय में विस्तार से विचार किया है और राजस्थानी भाषा में प्रयुक्त अनेक शब्दों के श्रुति-अभ्यास में अन्तर्भूत विभिन्न ध्वनियों की मधुरता का बहुत अच्छा विवेचन किया है। मीराँबाई के पदों में अन्तर्निहित संगीत भाषा-निरपेक्ष नहीं है। राजस्थानी की अपनी ध्वनिगत विशिष्टता के कारण मीराँबाई के पद भी अवधी, ब्रजभाषा और खड़ी बोली से अलग प्रकार की संगीतात्मकता के कारण गेय हो गये हैं।

मीराँ के पदों की गीतात्मक संरचना के मूल में दूसरा सर्वोपरि कारण है शब्दाडम्बर से बचते हुए निरलंकृत वाक्य रचना जो जनबोली में रची बसी है। सरल-सुबोध लोकप्रचलित राजस्थानी, ब्रज और गुजराती मिश्रित भाषा शैली में अपनी वेदना, विकलता, प्रेमानुभूति, कामनाओं की अभिव्यक्ति के कारण ही मीराँ के पद अपनी गेयता सिद्ध करते हैं। अनेक पदों में हिन्दी-राजस्थानी-ब्रज भाषा की काव्य परम्परा से ऐसी उक्तियों की रचना हुई है जो आसानी से लोगों के कंठ में अपना आसन जमा

लेती हैं। उदाहरण के लिए निम्नलिखित पद प्रस्तुत है :

पिया मोहि दरसणी दीजै हो।
बेर-बेर मैं टेर हूं या किरपा कीजै हो।
जेठ महीने जल बिना पंछी दुःख होई हो।
मोर असाढ़ां कुरलहे घन चातक सोई हो।
सावण में झड़ लागियो सखि तीजां खेले हो।
भादरवा नदियाँ बहै दूरी जिन मेलै हो।
सीप स्वाति ही झेलती आसोजां सोई हो।
देव काती में पूजहे मेरे तुम होई हो।
मंगसर ठण्ड बहोती पड़ै मोहि बेगि सम्हालो हो।
पोस महीं पाला घना, अब ही तुम न्हालो हो।
महा नहीं बसन्त पंचमी फागा सब गावै हो।
फागुण फागां खेल हैं बणराव जरावै हो।
चौत चित में ऊपजी दरसण तुम दीजै हो।
बैसाख बणराइ फूलवै कोयल कुरलीजै हो।
काग उड़ावत दिन गया बुझूं पंडित जोसी हो।
मीराँ बिरहण व्याकुली दरसण कद होसी हो।

लोक-संस्कृति के रस में पगे हुए बारहमासा और ऋतु वर्णन की परम्परागत संगीतात्मकता और दृश्य चित्रों का प्रस्तुतीकरण इस गीत की विशिष्टता है। संगीत और श्रुति मधुर बोली में अपनी वेदना की अभिव्यक्ति से मीराँ ने उपर्युक्त पद में जो गेयता उत्पन्न कर दी है, वह बताती है कि कवयित्री सिर्फ भक्त नहीं है बल्कि विरह व्याकुल लोकगायिका भी है। ध्यान देने की बात है कि राजमहल की वधू को जो काव्यभाषा मिली है, वह राणा के राजघराने की भाषा नहीं है, लोक-तत्व से भरपूर जनभाषा है। इसलिए मीराँ की पदावली में असाधारण गेयता है।

राजवंश, सास, ननद, ससुराल, मायका, लोकलाज के परित्याग, साधु संगति और मन्दिर में भावविह्वल प्रेमातुर नृत्य—इन सभी प्रसंगों को देखने पर मीराँबाई का विद्रोही व्यक्तित्व स्पष्ट रूप से झलकता है। किन्तु यह विद्रोह क्या व्यक्तिगत है या इसमें तत्कालीन सामन्ती समाज की रूढ़िप्रियता और क्रूरता के प्रति विद्रोह अपने स्वरूप में सामाजिक छाप भी लिये हुए है?

मीराँ की प्रेम-वेदना और विरह-व्याकुल तड़प की बात ज़ोर-शोर से करना एक ओट भी है, जिस ओट में सांमती समाज की हार्दिक शून्यता, क्रूरता, रीति-रिवाजों के पालन के लिए स्त्री समेत पूरे समाज को उत्पीड़ित करने, सती प्रथा और पर्दे में स्त्री को रहने के लिए विवश करने के कठोर अनुशासनों के प्रति कवयित्री की

विद्रोही चेतना की चर्चा छुपा दी जाती है। अर्थात मीराँ के व्यक्तित्व और सृजनात्मक कृतित्व में दृढ़ता से अन्तर्भूत सामाजिकता की बात करने से प्राय: परहेज किया जाता है। वह सिर्फ अपने लिए नहीं लड़ रही हैं, सिर्फ अपने लिए राणा, सास, ननद और लोकलाज के विरुद्ध नहीं खड़ी हैं बल्कि मेवाड़ और मारवाड़ में प्रचलित सामन्ती रुढ़िवाद की जकड़न के विरुद्ध मुख्यत: सम्पूर्ण स्त्री समुदाय की स्वतन्त्रता के पक्ष में अटल-अडिग होकर पूरी मुखरता के साथ अपने गीतात्मक पदों की रचना कर रही हैं। उनके इस दर्द को समझना आवश्यक है। चूँकि घायल की गति घायल तक ही सीमित न रहे, जौहर के लिए मजबूर की जानेवाली स्त्रियों की यन्त्रणा और व्यथा को सम्पूर्ण समाज के आगे विचारार्थ वह ज़ोरदार ढंग से प्रस्तुत करती हैं। भक्तिकाल के सन्त-भक्त रचनाकार स्त्री के इस दर्द को अपने सृजन की कार्यसूची पर रखते ही नहीं हैं, अत: मीराँ उनसे भिन्न अपने स्त्री सरोकारों को पूरी तरह खोल कर रखती हैं। वह जगत और जीवन का निषेध नहीं करतीं, बल्कि इस लौकिक जीवन की सांसारिकता के द्वन्द्व और अन्तर्विरोध के स्त्री सम्बन्धी पहलुओं को लेकर पूरी तीव्रता से अपना असन्तोष व्यक्त करती हैं। उनकी प्रेम विह्वलता और विरह-व्याकुलता एक स्त्री के एकाकी जीवन का सामाजिक पक्ष जिस तरह प्रस्तुत करती है, उससे यथार्थ जीवन की लौकिक कामनाएँ भी प्रकट होती हैं। ये लौकिक कामनाएँ ऐकान्तिक नहीं बल्कि सामाजिक वेदना की अभिव्यक्तियाँ हैं। आखिर क्या कारण है कि वह न तो पुष्टिमार्ग में दीक्षित होती हैं, न रैदास की शिष्या बनती हैं, न जीव गोस्वामी से गुरुमन्त्र लेती हैं? इन कारणों की पड़ताल करने पर पता चलता है कि किसी भी धार्मिक-आध्यात्मिक सम्प्रदाय से उनका शिष्यवत् सम्बन्ध नहीं है। सम्प्रदाय-निरपेक्षता से यह भी स्पष्ट हो जाता है कि मीराँ किसी भी पन्थ के वैचारिक चरित्र को अपर्याप्त मानती हैं। साम्प्रदायिक निष्ठा न तो उनके व्यक्तित्व में है और न कृतित्व में। 'जोगी' शब्द को लेकर पद्मावती शबनम ने यह निष्कर्ष निकाला है कि मीराँ किसी नाथपन्थी जोगी के प्रति अनुरक्त थीं। इस अवधारणा का अनेक विद्वानों ने खंडन किया है। कुछ लोग यह मानते हैं कि मीराँ सूफी मत से प्रभावित थीं। यहाँ यह कहना आवश्यक है कि तत्कालीन सभी प्रकार के साम्प्रदायिक प्रभावों का अतिक्रमण करते हुए सहज निरलंकृत भाषा में उन्होंने अपने भावों को प्रगट किया है और इस प्रक्रिया में लोक-संस्कृति के अनेक पक्षों का समाहार उनके काव्य में स्पष्ट झलकता है। इसलिए 500 वर्षों बाद भी मीराँ इतनी लोकप्रिय हैं।

मेवाड़-मारवाड़ के इलाके के अनेक संग्रहालयों में सैकड़ों सती स्तम्भ हैं जिनपर व्यक्तिगत रूप से या सामूहिक रूप से जौहर करनेवाली स्त्रियों के नाम लिखे हैं। इस सन्दर्भ में यह समझना आवश्यक है कि स्त्रियों की बलिप्रथा कितने यातनादायी तरीके से लागू की जाती थी। मीराँ ने अपने पति भोजराज के निधन के समय सती

होना अस्वीकार कर दिया था। इससे यह स्पष्ट हो जाता है कि स्त्रियों पर अत्याचार, उनकी बलिप्रथा और पर्दे के रीति रिवाज का विरोध करने के पीछे मीराँ की स्त्री समुदाय से सम्बन्धित सामाजिक प्रतिबद्धता कितनी बड़ी विद्रोही कार्रवाई थी। राजस्थान ही नहीं पूरे देश में मीराँ के गीतात्मक पदों के व्यक्तिगत या सामूहिक गायन से भी उनकी लोकप्रियता प्रमाणित होती है। इस लोकप्रियता के सामाजिक कारण ही प्रधान रूप से उत्प्रेरक का काम करते रहे हैं। सृजनशीलता और व्यक्तिगत आचार-विचार को एकमेव करने में भी मीराँ के व्यक्तित्व ने सामाजिक प्रतिनिधित्व का दर्जा प्राप्त कर लिया है। मध्यकालीन भक्तिकाल के सन्त-भक्त कवियों की तुलना में मीराँ के व्यक्तित्व और कृतित्व का स्त्रियोचित पक्ष अर्थात नारी पराधीनता की ठोस हक़ीक़त को प्रस्तुत करने में उनकी वेदनापूर्ण विकलता अद्वितीय है और आज भी एक मिसाल की तरह अविस्मरणीय है।

मीराँबाई की मृत्यु कितनी उम्र में और कब हुई—इस प्रश्न पर खोज करनेवाले विद्वानों ने एक दन्तकथा अथवा लोकश्रुति पर विश्वास कर रखा है। 1540 ई. में उदय सिंह चित्तौड़ के महाराणा बने और 1543 ई. में राव जयमल ने मेड़ता पर पुनः अपना आधिपत्य स्थापित कर लिया। दोनों राज्यों में यह माँग प्रबल रूप से होने लगी कि मीराँबाई को ससम्मान द्वारिका से मेवाड़ लाया जाए। महाराणा उदय सिंह ने पुरोहितों को द्वारिका भेजा। पुरोहितों ने मेवाड़ लौटने का आग्रह द्वारिका पहुँच कर मीराँ से किया। पुरोहितों से मीराँ ने कहा कि आप मेरे साथ श्री रणछोड़ जी के मन्दिर चलें। सबके सामने मीराँ अपने प्रभु के समक्ष नृत्य करने लगीं। प्रो. सत्यनारायण समदानी ने 'कथा' के मीराँबाई पर केन्द्रित विशेषांक में 'मीराँ : जीवन, भक्ति और दर्शन' शीर्षक अपने लेख में लिखा है।

"आत्यन्तिक आभा-प्रभा की चमक में नाचती मीराँ की ज्योति चपला की चमक की तरह साँवरिया की मुस्कुराती मूरत में जा मिली।" अर्थात मीराँ सशरीर श्री विग्रह में विलीन हो गयीं। ज्योति से ज्योति एकाकार हो गयी। यह घटना 1546-1547 ई. की मानी जाती है। यह घटना एक चमत्कार के रूप में जन श्रुतियों में आज भी प्रचलित है। 1547 ई. के बाद मीराँ से सम्बन्धित कोई उल्लेख नहीं मिलता है। अतः यह मान लिया गया है कि 43 वर्ष की अवस्था में उनका निधन हो गया। हालाँकि अरविन्द तेजावत इस जनश्रुति को अस्वीकार करते हैं और यह मानते हैं कि मीराँ द्वारिका से सीधे दक्षिण भारत चली गयीं।

पिछले अरसे में मीराँ पर नये सिरे से चर्चा-परिचर्चा की शुरुआत हुई है। कथा पत्रिका का मीराँबाई विशेषांक अभी तीन साल पहले प्रकाशित हुआ है। तीन वर्ष पहले ही कुमकुम संगारी की अँग्रेजी शोधकृति का हिन्दी अनुवाद 'मीराँबाई और भक्ति की आध्यात्मिक अर्थनीति' नाम से वाणी प्रकाशन, नयी दिल्ली ने प्रकाशित

किया है। 'पचरंग चोला पहर सखी री' नाम से माधव हाड़ा की पुस्तक इसी साल वाणी प्रकाशन ने प्रकाशित की है। हालाँकि इसी बीच अरविन्द तेजावत की किताब भी मीराँ की भक्ति और कविता पर आयी हैं।

मीराँबाई के जीवन, समाज और काव्य कृतित्व पर केन्द्रित माधव हाड़ा की पुस्तक में छह अध्याय हैं—जीवन, समाज, धर्माख्यान, कविता, कैननाइजेशन और छवि-निर्माण। इस पुस्तक में आद्यन्त न तो रामचन्द्र शुक्ल के इतिहासग्रन्थ में दी गयी टिप्पणी की चर्चा है, न आचार्य विश्वनाथ प्रसाद मिश्र के मीराँ सम्बधी मूल्यांकन का ज़िक्र है, न हज़ारी प्रसाद द्विवेदी, न महादेवी वर्मा, न परशुराम चतुर्वेदी, न विश्वनाथ त्रिपाठी का ही उल्लेख है। हिन्दी समालोचना में प्रस्तुत मीराँबाई की छवि का विवेचन-विश्लेषण माधव हाड़ा आवश्यक नहीं मानते, चूँकि वे हिन्दी समालोचना परम्परा को पूरी तरह अस्वीकार करते हैं, बेशक मीराँबाई के प्रसंग में। सम्भवत: इसलिए कि वे यह मानते हैं कि हिन्दी समालोचना में भी मीराँ का ज्ञात और प्रचलित जीवन गढ़ा हुआ है। गढ़ने का यह काम शताब्दियों तक निरन्तर कई लोगों ने कई तरह से किया है और यह आज भी ज़ारी है (पृ. 9)। लेफ्टिनेंट कर्नल जेम्स टॉड की पुस्तक एँटीक्विटीज एंड एनल्स ऑफ राजपुताना में मीराँ की छवि एक रूमानी प्रेमिका और रहस्यवादी सन्त भक्त कवयित्री के रूप में है। माधव हाड़ा औपनिवेशिक दृष्टिकोण के उदाहरण के रूप में इसका बार-बार उल्लेख करते हैं। उनकी मान्यता है कि कालान्तर में मीराँ की यही छवि चल निकली। उनके अनुसार बाद में 'इतिहासकार श्यामलदास, मुंशी देवी प्रसाद, हरिनारायण पुरोहित, ठाकुर चतुर सिंह, गौरी शंकर हीराचन्द ओझा और जर्मन प्राच्यविद् हरमन गोएट्जे' आदि के प्रयत्नों के बावजूद मीराँ की निर्मित छवि में रद्दोबदल की कोई पहल नहीं हुई। इस पुस्तक के लेखक माधव हाड़ा के अनुसार ''मीराँ के जीवन और कविता के सम्बन्ध में सर्वाधिक महत्त्वपूर्ण शोधकार्य विख्यात प्राच्यविद् हरिनारायण पुरोहित ने मीराँ के पितृपक्ष के वंशज और इतिहासकार ठाकुर चतुर सिंह के सहयोग से किया। उन्होंने मीराँ के सम्बन्ध में जो जानकारियाँ जुटायीं वो कमोबेश प्रामाणिक थीं लेकिन ये नये स्त्री-विमर्शकारी और वामपन्थी समालोचकों की तयशुदा धारणाओं के अनुकूल नहीं थीं इसलिए दरकिनार कर ही गयीं (पृ. 11)।'' भक्तमालों और परिचयों में चूँकि मीराँ का वर्णन एक अतिमानवीय चमत्कारी स्त्री भक्त-सन्त के रूप में है, अत: उसे भी वह अस्वीकार करते हैं। किन्तु मीराँ सम्बन्धी लोकस्मृतियों और जनश्रुतियों के पुन: पाठ का अनुमोदन अवश्य करते हैं। लोक द्वारा गढ़े गये हरजसों का भी वे अनुमोदन करते हैं। उनकी मान्यता है कि मीराँ को स्वाधीनता का साहस और जगह उसके समाज ने दी। इसी समाज ने मीराँ की स्मृतियों को सदियों तक संजोये रखा। माधव हाड़ा पता नहीं किन टिप्पणियों के आधार पर यह निष्कर्ष निकालते हैं कि उत्साही वामपन्थियों और अधिकांश नये स्त्री

विमर्शकारों ने इस समाज को ठहरा हुआ और गत्यवरुद्ध मान लिया। इन्हीं सन्दर्भों में उन्होंने अपना निष्कर्ष प्रस्तुत किया है :

"मीराँ एक सामन्त की विधवा थी, उसकी हैसियत एक जागीरदार की थी और उसके पास आर्थिक स्वावलम्बन के साधन थे। वह सम्पन्न थी और इतनी सम्पन्न थीं कि साधु-सन्तों को आतिथ्य-सत्कार में मुहरें देती थी।" उनके पीहर के परिवार से सम्बन्धित अर्थात् पितृपक्ष के वंशज और इतिहासकार गोपालसिंह मेड़तिया के इस निष्कर्ष को माधव हाड़ा पूरी तरह स्वीकार कर लेते हैं :

"महाराणा संग्राम सिंह जी ने अपनी पुत्रवधू को पुर और मांडल के परगने हाथखर्च के लिए प्रदान किए थे। इसके अतिरिक्त परम प्रतापी संग्राम सिंह जी की पुत्रवधू होने के नाते धन, रत्न, भूषणादि उनके पास भारी मात्रा में रहे होंगे। उसी संचित द्रव्य और उक्त परगनों की आय से भगवती मीराँ देवी दान-पुण्य, साधुसेवा, अतिथि-सत्कार, राजसेवक, दास-दासियों का वेतन और तीर्थयात्रा पर खर्च किया करती थी। हाथी-घोड़े, रथ आदि वाहन तथा अनेक राजसेवक, दास-दासियाँ उनके साथ चलते थे। मेड़ता नरेश की राजकुमारी और चित्तौड़ भूपाल की ज्येष्ठ पुत्रवधू के अनुरूप वह समस्त राजोचित वैभव रखती थी।" (जयमलवंश प्रकाश, द्वितीय भाग, राजस्थानी ग्रन्थागार, जोधपुर, पृ. 421)

लगातार राजकीय अस्थिरता का माहौल और निरन्तर युद्ध में संलग्न राणा सांगा के चित्तौड़ की यह जागीर और उससे प्राप्त आय से सम्पन्न मीराँ का राजोचित वैभव क्या वैसा ही बना रहा? सास-ननद की प्रताड़ना और मीराँ के दो देवरों द्वारा दी गयी यातनाओं, विष का प्याला और सर्पदंश के प्रचलित घटनाकांडों के बावजूद क्या मीराँ की कोई विवशता नहीं थी जिसके कारण उन्हें चित्तौड़, मेड़ता आदि छोड़कर वृन्दावन तथा द्वारिका जाना पड़ा। गोपालदास मेड़तिया के दावे और अनुमानों के आधार पर यह मान लेना उचित नहीं जान पड़ता कि मीराँ हाथी-घोड़ा-पालकी और राजसेवकों के साथ राजसी ठाठबाट का जीवन व्यतीत कर रही थीं। जिस स्त्री ने पति की मृत्यु के बाद सती होना अस्वीकार कर दिया था, जो राणा के हर आदेश की अवहेलना करती थीं, साधुओं-सन्तों के साथ सत्संग किया करती थीं और राजपरिवार के सुझावों अथवा परिपाटियों का पालन नहीं करती थीं, उस स्त्री को राजसी वैभव में लिप्त सामन्ती स्त्री के रूप में स्वीकार करने का दावा तर्कातीत प्रतीत होता है। माधव हाड़ा तो यहाँ तक मानते हैं कि मेवाड़-मारवाड़ के इलाके में सती प्रथा की जघन्य परिपाटी और प्रथाएँ निरपवाद रूप से सर्वव्याप्त नहीं थीं। हालाँकि इसी इलाके में आज भी सैकड़ों सतीस्तम्भ विभिन्न संग्रहालयों में मौजूद हैं। 'कथा' पत्रिका के मीराँबाई विशेषाँक में अरविन्द तेजावत का लेख—'सतीप्रथा का वीभत्स रूप एवं मीरा के सम्पत्ति सम्बन्धी अधिकार' इस विवाद के प्रसंग में बहुत ही सार्थक हस्तक्षेप करता है। सती होने की

बाध्यता केवल राजकुल की स्त्रियों तक ही सीमित नहीं थी। अरविन्द तेजावत की मान्यता है कि—"मेवाड़ के महाराणा व कुँअर अपने जीवन काल में न केवल अनेक शादियाँ करते थे वरन् अपनी रानियों अथवा कुँवरानियों के अलावा भी वे अनेक पासवानियों, पड़दायतों, गायणियों, खवासणों एवं डावडियों से सम्बन्ध रखते थे... सती होने के लिए पासवान को ही नहीं, वरन् पड़दायतों को भी बाध्य किया जाता था।" (कथा पत्रिका का मीराँबाई विशेषांक, मई 2012 पृ. 167–168)। नारी पराधीनता के इन प्रश्नों के आलोक में मीराँबाई की स्थिति का सहज ही अनुमान लगाया जा सकता है कि वह किस हद तक स्वतन्त्र और निर्विघ्न स्वाधीनता का जीवन जीती थीं।

हालांकि स्वयं माधव हाड़ा यह स्वीकार करते हैं कि "सांगा की मृत्यु के बाद जोधपुर के राठौड़ों का भानजा मीराँ का देवर रत्नसिंह सत्तारूढ़ हुआ। लेकिन सांगा के विरुद्ध षड्यन्त्रकारी होने के कारण मीराँ से उसके सम्बन्ध तनावपूर्ण रहे होंगे। वह बूँदी के हाड़ा सूरजमल के हाथों मारा गया। इसके बाद सत्तारूढ़ विक्रमादित्य मूर्ख और घमंडी था। उसको मीराँ की गतिविधियाँ और आचरण अच्छा नहीं लगा। उसने मीराँ को यातनाएँ दीं और हर तरह से प्रताड़ित किया।" (पचरंग चोला पहर सखी री, पृ. 14)।

भक्ति आन्दोलन के रचनाकारों से भिन्न मीराँ के काव्य में जहाँ भी भक्तिप्रसंग आये हैं, उसे माधव हाड़ा एक 'युक्ति' या 'एक हथियार' मात्र मानते हैं। उनकी मान्यता है : "सही बात तो यह है कि मध्यकालीन सामन्ती व्यवस्था और पितृसत्तात्मक विधि-निषेधों के अधीन अपने लैंगिक नियमन और दमन के विरुद्ध मीराँ के आजीवन संघर्ष में भक्ति की भूमिका एक युक्ति या हथियार से ज्यादा नहीं है।" (पचरंग चोला पहर सखी री, पृ. 134)। माधव हाड़ा की एक आपत्ति नोट करने लायक है। वह यह कि मीराँ के प्रसंग में "भक्ति ही सर्वोपरि" हो गयी है, जबकि उसकी कविता में स्त्री अस्तित्व के अनुभव और संघर्ष के सभी रूप और लक्षण मौजूद हैं जो उसकी अब तक निर्मित और प्रचलित सन्त-भक्त पहचान पर भारी पड़ते हैं (वही पृ. 134)। स्त्री-विमर्शकार भी मीराँ के प्रसंग में यही तो कहते हैं। अचरज इस बात का है कि माधव हाड़ा के निष्कर्ष और स्त्री-विमर्शकार के निष्कर्ष लगभग एक जैसे होने के बावजूद वे आखिर किस आधार पर विमर्शकारों की आलोचना करते हैं।

ऐसा प्रतीत होता है कि माधव हाड़ा मीराँ को भक्ति आन्दोलन का हिस्सा नहीं मानते हैं। वास्तविकता तो यह है कि कबीर, जायसी, सूरदास और तुलसीदास के भक्तिभाव को भी अगर एक युक्ति के रूप में देखा जायेगा तो ज़ाहिर है कि भक्ति के आवरण को हटाकर देखने से सम्पूर्ण भक्तिकाव्य किसी बड़े सामाजिक अभिप्राय को सहज ही उद्‌घाटित करता है। भक्ति आन्दोलन में भक्ति कोई इकहरी भावना या

परिघटना नहीं थी। भक्ति के भीतर अनेक अन्त:वर्ती धाराएँ और उपधाराएँ थीं। वर्णाश्रम, जात-पाँत, धार्मिक कर्मकांड का खंडन, कबीर, रैदास, दरियादास आदि के काव्य में है तो आराध्य के प्रति गहरी प्रेमभावना भी है। दूसरी तरफ उद्धव और गोपियों का संवाद निराकार ईश्वरभक्ति का खंडन करता है।

रामराज्य की परिकल्पना, कलजुग में मनुष्य और धर्म की दुर्गति और धार्मिक पाखंड का खंडन तुलसी के काव्य में है। सम्पूर्ण भक्ति आन्दोलन प्रत्यक्ष या परोक्ष रूप में सामन्ती उत्पादन सम्बन्धों में बदलाव की आकांक्षा की परिणति है। अत: इस पृष्ठभूमि में यह समझना कि मीराँबाई का काव्य सामन्तवाद के विरुद्ध स्त्री स्वाधीनता की अभिव्यक्ति नहीं है, एक भ्रान्ति मात्र है। माधव हाड़ा ने स्त्री स्वाधीनता की अभिव्यक्ति के रूप में मीराँ के काव्य को कुछेक महत्त्वपूर्ण बिन्दुओं पर खास तौर पर रेखांकित किया है। उनकी विवेचना-पद्धति की परिणति इस निष्कर्ष पर पहुँची है कि "सन्त भक्तों से अलग मीराँ एक संसारी स्त्री थी और उसका उठना-बैठना और संवाद अपने कुटुम्ब-कबीले और लोक समाज के साथ था। वह लोकविमुख और वीतराग स्त्री नहीं थी—उसका जीवन राजा-प्रजा, माता-पिता, सास-ससुर, देवर-जेठ, ननद-भाभी, सखी-सहेली आदि रिश्तों के दायरे के भीतर था। इनके साथ उसके सुख-दु:ख और राग-द्वेष के रिश्ते थे। उसकी कविता में इसलिए सन्त-भक्तों से अलग इस पारिवारिक और सामाजिक जीवन की रूढ़ दैनंदिन अभिव्यक्ति और भाषा रूपों की भरमार है।" (वही, पृ. 130-131)

स्थानीयता, पारिवारिकता और लोकसमाज से संवाद के साथ-साथ मीराँ के काव्य में एक निजता, एक तरह का स्वत्व और आत्माभिव्यक्ति भी मौजूद है। कुमकुम संगारी ने विस्तार से इस मुद्दे पर विचार किया है। उनका निष्कर्ष है कि—"यदि मीराँ की भक्ति स्वयं को घेरे हुई लक्ष्मण-रेखा लांघ पाती है तो इसलिए कि वह 'स्व' का एक नया अर्थ पा लेती है कि—वह स्वयं निर्णय लेने के लिए अधिक स्वतन्त्र है और इस प्रक्रिया में बाहरी प्रतिबन्धों को भी अन्तस्थ कर सकती है।" (मीराँबाई और भक्ति की आध्यात्मिक अर्थनीति, वाणी प्रकाशन, नयी दिल्ली, पृ. 131)

मीराँ वृन्दावन गयी थीं और द्वारिका भी गयी थीं। इन यात्राओं का सन्दर्भ बतलाते हुए अनेक समालोचक यह मानते हैं कि मीराँ ने अपने पद ब्रजभाषा और गुजराती में भी रचे थे। आचार्य रामचन्द्र शुक्ल से लेकर समकालीन समीक्षकों तक इस तथ्य को अभी तक सर्वमान्य रूप से स्वीकार नहीं किया जाता है कि मीराँ की काव्यभाषा राजस्थानी की उपबोली मेड़ता और मेवाड़ की जनप्रचलित अभिव्यक्ति प्रणाली में विन्यस्त है। इसलिए गीता प्रेस द्वारा प्रकाशित मीराँ की पदावली या अमर चित्रकथा अथवा डायमंड बुक्स के साथ गुलज़ार की फिल्म में मीराँ की जो काव्यभाषा है, उसे

माधव हाड़ा प्रामाणिक नहीं मानते। यह सही है कि कालक्रमानुसार मीराँ की छवियाँ बदलती रही हैं। खास तौर पर मीराँ की छवि भक्त और प्रेमदीवानी स्त्री के रूप में प्रचलित हो गयी है। इन छवियों को माधव हाड़ा सही नहीं मानते। उनकी स्थापना है कि आज असली मीराँ अपने वास्तविक स्वरूप से बहुत दूर आ गयी हैं। मीराँ की कविता पर लिखी गयी इस पुस्तक के चौथे अध्याय में माधव हाड़ा ने विस्तार से विचार किया है। उनका कहना है कि पारम्परिक अर्थ में मीराँ सन्तभक्त नहीं थीं। राजसत्ता और पितृसत्ता के विरुद्ध अपने विद्रोह को उसने भक्ति के आवरण में व्यक्त किया था। उनकी यह भी दृढ़ रूप से मान्यता है कि "मीराँ एक संसारी स्त्री थी और उसके जागतिक सरोकार बहुत व्यापक, मूर्त और सघन थे। संसार विरत सन्तभक्तों से अलग मीराँ की कविता में इसलिए मूर्त का आग्रह बहुत है। वैयक्तिक पहचान का आग्रह और सांसारिक सम्बन्धों का द्वन्द्व और तनाव भी सन्त-भक्तों की कविता में प्राय: नहीं मिलता, लेकिन मीराँ की कविता में यह ध्यानाकर्षक ढंग से मौजूद है।"

भक्ति आन्दोलन के पाँच प्रमुख रचनाकारों में सिर्फ मीराँ ही स्त्री कवयित्री हैं। उनकी अभिव्यक्ति और भाषा शैली लोकसम्पृक्त और स्त्री लैंगिक है। कबीर, जायसी, तुलसी में स्वभावत: स्त्री भावना और स्त्री लैंगिकता नहीं है। इसके अतिरिक्त मीराँ की काव्यभाषा अवधी, ब्रजभाषा, मैथिली और सधुक्कड़ी खड़ी बोली से भिन्न राजस्थानी की उपबोली मेड़ता और मेवाड़ की जनप्रचलित भाषा में गढ़ी-ढली है। यह भाषा पूरी तरह स्थानीय रंग में रंगी हुई है। इस भाषा-शैली और मुहावरेदानी का इस्तेमाल मेवाड़-मारवाड़ के अलावा कहीं नहीं होता। ओलूं (याद), ओलमा (उपालंभ), सगपण (सम्बन्ध), रूडा (सुन्दर), रीज्या (मुग्ध), डीकरी (लड़की), डागले (छत) आदि जैसे शब्द मेवाड़ी-मारवाड़ी बोलियों के ही हैं। माधव हाड़ा मीराँ के सम्बन्ध में सर्वाधिक उल्लेखनीय तथ्य यह मानते हैं कि वह "गूढ़ आध्यात्मिक अनुभूतियों की अभिव्यक्ति के लिए भी सन्त-भक्तों के रूढ़ भाषा-रूपों का सहारा नहीं लेती। यहाँ भी वह अपने स्त्रीलैंगिक और दैनंदिन जीवन की सामान्य वस्तुओं को ही सादृश्य और बिम्ब-प्रतीकों के रूप में चुनती है। उसका मुहावरा पूरी तरह स्थानीय और निजी है। कांकण (कंगन), मूंदरों (अंगुठी), घाघरो (लहंगा), दुलड़ी (दो लड़ी माला), दोवड़ो (आभूषण विशेष), अखोटा (कान का आभूषण), झूटणो (झुमका), बेसरि (नथ), चूड़ो (हाथी दांत की चूड़ियाँ), राखड़ी (सिर का आभूषण) आदि उसके द्वारा रोज़ बरते जानेवाले आभूषण और वस्त्र ही उसकी गूढ़ आध्यात्मिक अनुभूति के सादृश्य और बिम्ब-प्रतीक बनते हैं।"

माधव हाड़ा की इस पुस्तक में मीराँ की कविता के जितने भी पद उद्धृत किए गये हैं, वे हरिनारायण पुरोहित द्वारा सम्पादित मीराँ बृहत् पदावली से लिये गये हैं जो प्राच्य विद्या प्रतिष्ठान, जोधपुर से प्रकाशित है। इसके अलावा कुछ भजनांश भी उद्धृत

किये गये हैं जो पश्चिमी राजस्थान के लोक गायकों द्वारा गाये जाते हैं। मेघवाला जाति के भजनीक पद्माराम–महेशाराम के ऑडियो कैसेट मिस्टिक लव (कोमल कोठारी द्वारा कल्पित और निर्देशित) में ये सारे पद उपलब्ध हैं। इसे 1998 में निनाद, बम्बई ने ज़ारी किया था।

इस पुस्तक में उद्धृत कविताओं से हिन्दी क्षेत्र के विद्वानों द्वारा सम्पादित मीराँ पदावली–संग्रह की भाषा एकदम अलग है। मीराँ के पदों को लेकर पाठभेद पर अक्सर चर्चा होती है किन्तु इस चर्चा में मेवाड़–मारवाड़ की बोली के शब्दों का प्रायः ध्यान नहीं रखा जाता है।

मेरे विचार से हरिनारायण पुरोहित द्वारा सम्पादित 'मीराँ बृहत् पदावली' को प्रामाणिक मान लेने से भी इस प्रसंग में क्या किसी भी प्रकार के विवाद की गुंजाइश नहीं रहेगी? यह मान लेना गलत होगा कि मीराँ ने ब्रजभाषा या गुजराती में कोई पदरचना की ही नहीं थी। माधव हाड़ा की इस पुस्तक की विशिष्टता इसी बात में है कि यह राजस्थान के इतिहासकारों के स्रोतों, उल्लेखों, हवालों, ख्यात बहीखातों को ही अपना उपजीव्य बनाती है।

# जायसी का काव्य कौशल

भक्ति-आन्दोलन के प्रमुख रचनाकारों की अपनी अलग-अलग विशिष्टता है। कबीरदास, सूरदास, मीराँ और तुलसीदास की तुलना में मलिक मुहम्मद जायसी की अपनी विलक्षणता और विशिष्टता है। आचार्य रामचन्द्र शुक्ल, डॉ. वासुदेव शरण अग्रवाल, डॉ. माता प्रसाद गुप्त, परशुराम चतुर्वेदी और राम पूजन तिवारी से भिन्न दृष्टिकोण रखते हुए और उसकी विश्वसनीय व्याख्या करते हुए विजय देव नारायण शाही ने एक अलग पुस्तक ही लिखी है जो 'जायसी' के नाम से प्रसिद्ध है। यद्यपि डॉ. परमानन्द श्रीवास्तव की भी जायसी पर एक स्वतन्त्र पुस्तक 'साहित्य अकादमी' से प्रकाशित हुई है, पर उपर्युक्त सभी पुस्तकों में विजयदेव नारायण साही की किताब एकदम नये परिप्रेक्ष्य में जायसी के कवित्व का अभिप्राय, खासकर पद्मावत की कथा के भीतर अन्तः प्रवेश करके, दिखाया और स्पष्ट किया है। इन सारी पुस्तकों के बावजूद जायसी से सम्बन्धित अनेक गूढ़ प्रश्नों पर किसी ने भी ठीक से अपना ध्यान केन्द्रित नहीं किया है। उदाहरण के लिए मध्यकालीन धर्म साधनाओं में जिस तरह से अन्तः मिश्रण हो रहा था, उसी सिलसिले में सूफी मत, हठयोग और तन्त्रवाद के पारस्परिक सम्बन्धों के कारण जो रूपान्तरण हो रहा था, उसे जायसी ने पद्मावत में किस प्रकार एक अनिवार्य तत्व के रूप में ग्रहण कर अपनी कथा में उसे अन्तर्भुक्त किया है, इस पहलू पर बहुत कम ध्यान दिया गया है। आखिर क्या कारण है कि रत्नसेन राजपाट छोड़ कर जोगी बन जाता है, जोगी की वेशभूषा ही धारण नहीं करता बल्कि अपने शरीर पर भस्म लपेटता है और लगातार श्रृंगी बजाता है। पद्मावत की कथा का बहुत बड़ा भाग इस समस्या से जुड़ा हुआ है। रत्नसेन का गुरु कहीं तो गोरखनाथ है, कहीं पद्मिनी है और रत्नसेन के साथ सिंहल द्वीप जानेवाले सारे राजकुमार या सैनिक भी जोगी बन जाते हैं। पद्मावती से विवाह के बाद यह हठयोगी प्रक्रिया समाप्त हो जाती है और रत्नसेन एक राजा के रूप में चित्तौड़ लौट आता है। चाहे मछेन्द्र नाथ हों, गोरखनाथ हों या चौरासी सिद्ध हों—किसी के प्रसंग में प्रेम की अनन्यता की ऐसी कथा न तो लोक प्रचलित है और न मध्यकालीन धर्म साधनाओं से सम्बन्धित किसी कृति में ही प्राप्त होती है। प्रेमगाथा की अद्वितीय अतिरंजना के रूप में रत्नसेन

का पद्मावती के प्रति प्रेम अंकुरित होता है, और वह भी हीरामन के द्वारा पद्मावती का रूप-वर्णन सुनकर। किसी सुन्दरी स्त्री के रूप-वर्णन, गुण-श्रवण या चित्र-दर्शन से जो प्रेम भावना अनन्य रूप में उत्पन्न होती है, उसका विश्लेषण आचार्य रामचन्द्र शुक्ल ने किया है। 'जायसी ग्रन्थावली' के भूमिका भाग में 'पद्मावत की प्रेमपद्धति' शीर्षक से एक खंड है जिसमें चार प्रकार के प्रेम बताये गये हैं और चौथे प्रकार के प्रेम के बारे में कहा गया है—

"चौथे प्रकार का वह प्रेम है जो गुण-श्रवण, चित्र-दर्शन, स्वप्न-दर्शन आदि से बैठे बिठाये उत्पन्न होता है और नायक या नायिका को संयोग के लिए प्रयत्नवान करता है। उषा और अनिरुद्ध का प्रेम इसी प्रकार का समझिये जिसमें प्रयत्न स्त्री जाति की ओर से होने के कारण कुछ अधिक उत्साह या उत्कर्ष नहीं प्राप्त कर सका है। पर स्त्रियों का प्रयत्न भी यह विस्तार या उत्कर्ष प्राप्त कर सकता है। इसकी सूचना भारतेन्दु ने 'पगन में छाले परे, नाँधिवे को नाले नोर, तऊ लाल लाले परे रावरे दरस को' के द्वारा किया है।"

पूर्वराग पर आधारित रत्नसेन का पद्मावती के प्रति प्रेम आचार्य शुक्ल की दृष्टि में नायक का ऐसा आदर्श है जो "लैला मजनूँ, शीरीं फहराद आदि उन अरबी, फारसी कहानियों के आदर्श से मिलता जुलता है जिनमें हड्डी की ठठरी भर लिये हुए टाँकियों से पहाड़ खोद डालनेवाले आशिक पाये जाते हैं।"

आचार्य शुक्ल ने यह भी कहा है कि "फारसी की मसनवियों का प्रेम ऐकान्तिक, लोकबाह्य और आदर्शात्मक होता है। वह संसार की वास्तविक परिस्थितियों के बीच नहीं दिखाया जाता, संसार की और सब बातों से अलग एक स्वतन्त्र सत्ता के रूप में दिखाया जाता है। उससे जो घटनाएँ आती हैं वे केवल प्रेम मार्ग की होती हैं, संसार के और व्यवहारों से उत्पन्न नहीं। साहस, दृढ़ता और वीरता भी यदि कहीं दिखाई पड़ती है तो प्रेमोन्माद के रूप में, लोक कर्तव्य के रूप में नहीं।"

इन टिप्पणियों के बावजूद आचार्य शुक्ल यह मानते हैं कि "इश्क की मसनवियों के समान 'पद्मावत' लोकपक्ष शून्य नहीं है।" लेकिन उन्हें रत्नसेन का मूर्छित हो जाना और पूर्ण वियोगी बन जाना अस्वाभाविक सा लगता है। रूप वर्णन, गुणश्रवण आदि सुनकर "चट उसकी प्राप्ति की इच्छा उत्पन्न करनेवाला भाव लोभ मात्र कहला सकता है, परिपुष्ट प्रेम नहीं।"

जायसी की प्रेम-पद्धति के विश्लेषण के क्रम में आचार्य शुक्ल ने प्रश्न उठाया है—"राजा रत्नसेन तोते के मुँह से पद्मावती का रूप-वर्णन सुन उसके लिए जोगी होकर निकल पड़ा और अलाउद्दीन ने राघव चेतन के मुँह से वैसा ही वर्णन सुन उसके लिए चित्तौड़ पर चढ़ाई कर दी। क्यों एक प्रेमी के रूप में दिखाई पड़ता है और दूसरा रूपलोभी लंपट के रूप में?"

इन जटिल और गम्भीर प्रश्नों का उत्तर देते हुए आचार्य शुक्ल ने समाधान प्रस्तुत किया है—

''रत्नसेन के पूर्वराग के वर्णन में जो यह अस्वाभाविकता आयी है इसका कारण है लौकिक प्रेम और ईश्वर प्रेम दोनों को एक स्थान पर व्यंजित करने का प्रयत्न।''

इस समाधान को स्वीकार करने का अर्थ है कि जायसी को हम सूफी सन्त मानें और सूफी मत के परिप्रेक्ष्य में ही सम्पूर्ण पद्मावत की व्याख्या करने के लिए उसे एक रूपक, अन्योक्ति या समासोक्ति मान लें। भक्तिकाल के सभी प्रमुख रचनाकारों में सिर्फ जायसी ही ऐसे रचनाकार हैं जो पद्मावत में कहीं भी अपने को सूफी सन्त नहीं बतलाते बल्कि अपने को कवि के रूप में दिखलाते हैं। विजयदेव नारायण साही ने इस समस्या को ही केन्द्रीभूत कर 'जायसी' नामक अपनी पुस्तक लिखी है। साही पद्मावत के रचयिता को सूफी सन्त के रूप में नहीं देखते बल्कि एक कवि के रूप में देखते हैं और ईश्वर के प्रति अलौकिक प्रेम-व्यंजना को अतार्किक करार देते हैं। ज़ोर जबर्दस्ती के साथ 'पद्मावत' की लौकिक प्रेमगाथा को ईश्वरीय प्रेम व्यंजना के रूप में दिखाने का प्रयत्न सिर्फ आचार्य शुक्ल ने ही नहीं किया है। इसे रूपक, अन्योक्ति या समासोक्ति के रूप में व्याख्यायित करने का प्रयत्न वासुदेव शरण अग्रवाल, माता प्रसाद गुप्त, परमानन्द श्रीवास्तव, राम पूजन तिवारी आदि सभी आलोचकों ने किया है। समस्या यह है कि सम्पूर्ण पद्मावत पर सूफी दर्शन की पृष्ठभूमि में ईश्वरीय प्रेम-व्यंजना घटित नहीं होती है। दरअसल पद्मावत एक लौकिक कथा ही है। इस लौकिक कथा के स्रोतों की खोज माता प्रसाद गुप्त ने 'पद्मावत' पर लिखी अपनी किताब में बहुत विस्तारपूर्वक की है। 'पद्मावत के मूलाधार और उसकी अपनी विशेषता' शीर्षक अपनी भूमिका में उन्होंने जहाँ एक ओर राजस्थानी रचना 'गोरा बादल रा कवित्त' का उल्लेख किया है, वहीं हेमरतन की 'चउपई बन्ध' नामक रचना का भी उल्लेख किया है। वार्ता बन्ध रूप में जटमल की कृति 'गोरा बादल की बात' राजस्थान में प्रसिद्ध है जो तरुण भारत ग्रन्थावली, दारागंज, प्रयाग से प्रकाशित है। इन सभी रचनाओं का सारांश देते हुए संक्षेप में माता प्रसाद गुप्त ने बताया है कि पद्मावत पर राजस्थानी साहित्य परम्परा और लोककथा परम्परा का गहरा प्रभाव है, यद्यपि विभिन्न पात्रों के चरित्र-निरूपण में थोड़ा बहुत परिवर्तन जायसी ने अवश्य ही किया है। माता प्रसाद गुप्त का निष्कर्ष है कि पद्मावत का ''पूर्वार्द्ध भी जायसी की कल्पना नहीं है, वह उन्हें राजस्थान की परम्परा से प्राप्त हुआ है, यह अवश्य है कि उसे अपनी प्रेम पद्धति की मान्यताओं के अनुसार उन्होंने सर्वथा एक प्रेमगाथा का रूप दे दिया है। उत्तरार्द्ध के सम्बन्ध में इसी प्रकार यह समझा जाता है कि उसका आधार इतिहास है, किन्तु इन कृतियों का सार देखने पर ज्ञात होता है कि उसका आधार भी राजस्थानी परम्परा है, यह अवश्य है कि इसे प्रेमप्रधान जीवन-गाथा का रूप देने का श्रेय जायसी को है।''

जायसी की प्रेम पद्धति की व्याख्या करने के क्रम में माता प्रसाद गुप्त इस प्रकार अपना निष्कर्ष प्रस्तुत करते हैं—

"जायसी की कथा प्रतीकात्मक नहीं है; जिस प्रेम का विकास उन्होंने रत्नसेन-पद्मावती के बीच किया है, वह जीव और ईश्वर के प्रेम का प्रतीकात्मक रूप नहीं है। वह विशुद्ध रूप में पुरुष और नारी का प्रेम है, जो परमेश्वर की ज्योति देख कर अवतीर्ण होते हैं।"

माता प्रसाद गुप्त की यह मान्यता भी पद्मावत को समझने के लिए सार्थक महत्त्व रखती है कि जीव और ईश्वर का प्रेम "जायसी का वर्ण्य विषय" नहीं है।

आचार्य शुक्ल की एक दूसरी महत्त्वपूर्ण स्थापना का भी माता प्रसाद गुप्त ने खंडन किया है कि पद्मावत एक प्रेमगाथा मात्र है, जीवन गाथा नहीं। इस स्थापना के सम्बन्ध में गुप्त जी कहते हैं—"शुक्ल जी का यह कथन रचना के पूर्वार्द्ध तक के लिए तो मान्य है किन्तु यदि पूरी रचना को लिया जाय तो इसे मानने में कठिनाई प्रतीत होती है। पद्मावत अपने उत्तरार्द्ध में आनेवाली परिस्थिति और सम्बन्ध-वैविध्य में रामचरितमानस से कम नहीं है, बल्कि इस विषय में दोनों लगभग समान हैं।"

पद्मावत के उपसंहार का यह पद बहुत से आलोचकों ने उद्धृत कर इसे जीव और ईश्वर की व्यंजना करनेवाले कथा-रूपक के रूप में देखा है :

तन चितउर, मन राजा कीन्हा। हिय सिंघल, बुधि पदमिनि चीन्हा॥
गुरु सुआ जेइ पन्थ दिखावा। बिनु गुरु जगत के निरगुन पावा॥
नागमती यह दुनिया धंधा। बाँचा सोइ न एहि चित बन्धा॥
राघव दूत सोई सैतानू। माया अलाउदीं सुलतानू॥

इस पद का अर्थ इस प्रकार बतलाया गया है :

चित्तौड़ तन है, राजा मन है, सिंघल हृदय है और बुद्धि पद्मिनी है। सुआ गुरु है जो रास्ता दिखाता है; बिना गुरु के इस जगत में निर्मल ज्ञान को कोई नहीं पा सकता। नागमती संसार है, जिससे कोई बच नहीं पाता, सभी उसमें बँध जाते हैं। राघव चेतन शैतान है और अलाउद्दीन माया है।

उपर्युक्त पद को माता प्रसाद गुप्त समेत अनेक विद्वान प्रक्षिप्त मानते हैं। इस पद के आधार पर ही सूफी मत का आरोपण सम्पूर्ण कथा पर किया जाता है जिसे अनेक विद्वान अस्वीकार करते हैं। पद्मावत को किसी भी धार्मिक सम्प्रदाय के खूँटे में बाँध कर देखने से जायसी के प्रबन्ध की लौकिकता और ऐहिकता संदिग्ध हो जाती है। सम्भवतः इसी पृष्ठभूमि को ध्यान में रखकर विजयदेव नारायण साही ने स्पष्टतः कहा :

"यदि हम एक बार तसव्वुफ और सूफी आन्दोलन की चहारदीवारी को तोड़कर जिसमें स्वयं हमने जायसी को कैद कर लिया है, उन्हें बाहर निकाल सकें तो जायसी

में बहुत कुछ ऐसा है जो अपने बेलाग कवि-रूप में हमारे लिए महत्त्वपूर्ण साक्षात्कार का विषय बन सकता है। जायसी ने वह मुहावरा विकसित किया जो एक साथ कई स्तरों पर झंकृत होता है।''

पद्मावत का प्रबन्ध कौशल और उसकी व्यंजनाएँ जायसी की 'अखरावट', 'आखरी कलाम', 'कहरनामा', जैसी कृतियों से सर्वथा भिन्न हैं। पद्मावत और चित्ररेखा में वर्णित की गयी लोकगाथाओं में हठयोग, तन्त्रसाधना, बौद्ध, जैन, शैव आदि सम्प्रदायों और मतों का स्थान-स्थान पर ऐसा सन्निवेश और उपयोग है कि पद्मावत की सूफी मत की शब्दावली और दार्शनिक अवधारणाओं के आलोक में समीचीन व्याख्या हो ही नहीं सकती। सम्पूर्ण पद्मावत में पद्मावती के रूप-सौन्दर्य, रत्नसेन की विरह व्याकुलता, नागमती के विरह-वर्णन, सिंहल द्वीप के ऐश्वर्य, हाट-बाज़ार, सिंहल गढ़ की अभेद्य दुर्गनुमा अवस्थिति, अलाउद्दीन के लिए भोजन की व्यवस्था में दर्जनों प्रकार के व्यंजनों के वर्णन, सौत के रूप में ईर्ष्या और कलह का प्रसंग नागमती-पद्मावती के संघर्ष के क्रम में उल्लिखित हुआ है। आख्यान के इन भिन्न-भिन्न सन्दर्भों के कारण भक्तिकाल के अन्य रचनाकारों से जायसी की भिन्नता रेखांकित होती है। इस भिन्नता को अध्यात्म के आवरण से ढँक कर हम समझ नहीं पायेंगे और जायसी के साथ न्याय भी नहीं कर पायेंगे। पद्मावत की पदसंख्या 93 से लेकर 118 तक हीरामन ने पद्मावती की चोटी से लेकर पांव तक प्रत्येक अंग का वर्णन करके रत्नसेन को यह बताया कि वह अपूर्व सुन्दरी है। पदसंख्या 119 में रत्नसेन पद्मावती के रूप-वर्णन को सुनकर प्रेमोन्माद की दशा में पहुँच गया और मूर्छित हो गया। जायसी कहते हैं :

सुन तहि राजा गा मुरछाई। जानहुँ लहरि सुरूज कै आई॥
प्रेम घाव दुख जान न कोई। जेहि लागै जानै पै सोई॥
परा सो प्रेम समुंद अपारा। लहरहि लहर होइ बिसभाँरा॥
विरह भँवर होइ भाँवरि देई। खिन खिन जीव हिलोरहि लेई॥
खिनहि निसास बूड़ि जिउ जाई। खिनहि उठै निसैसै बौराई॥
खिनहि पीत, खिन होइ मुख सेता। खिनहि चेत, खिन होइ अचेता॥
कठिन मरन तें प्रेम वेवस्था। ना जिऔ, न दसई अवस्था॥

जब राजा रत्नसेन ने पद्मावती के नखशिख वर्णन को सुना तो वह मूर्छित हो गया। ऐसा मानो सूर्य की कोई लहर अर्थात लू आकर लग गयी हो। प्रेम के घाव के दु:ख को कोई नहीं जानता, उसको तो वही जानता है जिसे उसकी चोट लगती हो। वह प्रेम के अपार समुद्र में डूबने-उतरने लगा, उसमें लहरें उठने लगीं और वह बेसुध हो गया। क्षण भर की उसांसों में जीव डूब जाता है और क्षण भर के बाद पागल की तरह सांस छोड़ने लगता है। कभी उसका मुख पीला और कभी सफेद होता है, कभी

उसे चेतना रहती है और कभी बेहोश हो जाता है। प्रेम की दशा मृत्यु से भी कठिन है, न जीव को जीवन मिलता है, न मरण।

अब इस प्रकार की वर्णनात्मकता पर अध्यात्म का रंग चढ़ाने से क्या अर्थ निकलेगा? खास कर आगे जब यह प्रसंग आता है कि राजपाट छोड़ कर, नागमती को और अपनी मां को विलख-विलख कर रोते हुए देखने के बावजूद रत्नसेन जोगी बन जाता है :

तजा राज, राजा भा जोगी। औ किंगरी कर गहें वियोगी।
तन बिसँभर मन बाउर रटा। अरुझा प्रेम, परी सिर पर जटा॥
चन्द बदन औ चन्दन देहा। भसम चढ़ाइ कीन्ह तन खेहा॥
मेखल, सिंगी, चक्र धँधारी। जोगौटा रुदाक्ष, अधारी॥
कंधा पहिरि डंड कर गहा। सिद्ध होइ कहँ गोरख कहा॥
मुद्रा स्रवन, कंठ जपमाला। कर उदपान, काँध बघछाला॥
पाँवरि पाँव, लीन्ह सिर छाता। खप्पर लीन्ह, भेस कै राता॥

राजा ने राज्य छोड़ा और जोगी हो गया। उसने हाथ में छोटी सारंगी ले ली और वियोगी हो गया। वह शरीर की सुधबुध भूल गया और पागल की भांति पद्मावती का नाम रटने लगा। वह प्रेम में उलझ गया और उसके सिर पर जटा हो गयी। उसने अपने चन्द्रमुख और चन्दन लगानेवाले शरीर में भभूत लगा ली और शरीर को मिट्टी ही बना दिया। उसने जोगियों की भांति मेखला, सींग का बाजा, चक्र, धन्धारी, जोगबाट, रुद्राक्ष की माला और अधारी ले ली। गुदड़ी पहनकर हाथ में डंडा ले लिया और सिद्ध बनने के लिए गोरखनाथ के नाम पर जयनाद किया। कान को छेद कर स्फटिक की मुद्रा कान में डाल ली, कंठ में जपनेवाली माला पहन ली, हाथ में कमंडल और कन्धे पर बाघम्बर धारण कर लिया। पैर में खड़ाऊँ और सिर पर छाता, हाथ में खप्पर और गेरुआ वस्त्र धारण कर लिया।

जोगी का बाना धारण करनेवाला राजा रत्नसेन आखिर किस तर्क से सूफी कहला सकता है?

जायसी एक कथा कह रहे हैं। इस कथा के क्रम में उनकी सृजनशीलता पर ध्यान देना चाहिए, न कि अध्यात्म और सूफी दर्शन के सन्दर्भ में इन वर्णनों की अर्थ-व्यंजना की खोज करनी चाहिए।

जब नागमती ने अपने वियोग और बिछड़ने की चर्चा की, जब राजा रत्नसेन ने सम्पूर्ण स्त्री समुदाय के बारे में जो कुछ कहा, वह सूफी अध्यात्म के चौखटे से पूरी तरह बाहर की अवधारणा होने के साथ-साथ मध्यकालीन वह दृष्टिकोण भी है जो स्त्री को बुद्धिहीन समझता है :

तुम्ह तिरिया मति हीन तुम्हारी। मूरुख सो जो मतै घर नारी॥

'घरनारी' के प्रति यह दृष्टिकोण पद्मावत को एक ओर एकांगी बनाता है, दूसरी ओर पद्मावती को घरनारी बनाने के उद्देश्य से रत्नसेन की सारी साधना पर प्रश्नचिन्ह भी लगाता है। इसके बाद राजा सींग का बाजा बजा कर चल निकला। सोलह हज़ार राजकुमार भी जोगी होकर उसके साथ चले। जोगियों का काफिला गेरुआ वेश धारण करके चल पड़ा, ऐसा प्रतीत हुआ कि बीस कोस तक चारों ओर टेसू फूले हुए हों। लगभग एक महीने बाद हीरामन के द्वारा बताये गये रास्ते से जोगियों का झुंड समुद्र के किनारे पहुँचा। कलिंग का राजा मिलने आया। रत्नसेन को कलिंग के राजा की ओर से नावें मिल गयीं। मार्ग में सात समुद्र थे—क्षार, क्षीर, दधि, उदधि, सुरा, जल और किलकिला। ये सातों समुद्र सिर्फ किलकिला को छोड़कर पुराणों में वर्णित किये गये हैं।

जायसी ने 'सात समुद्र खंड' में पूरी समुद्री यात्रा का वर्णन किया है। अन्त में किलकिला अर्थात मानसरोवर पर सभी पहुँच गये।

सिंहल द्वीप के विलक्षण रूप को देखकर रत्नसेन चकित हो गया। आकाश में बादल नहीं बल्कि गन्धर्वसेन का सिंहल गढ़ है और ऊँचाई पर बिजली नहीं बल्कि सोने का परकोटा है। चन्द्रमा और कृत्तिका नक्षत्र नहीं बल्कि सिंहल का राजमहल है जिसमें सोने और हीरे जड़े हुए हैं। रानियों के भव्य भवन नक्षत्रों के समान प्रतीत हो रहे हैं। सिंहल गढ़ आकाश से भी ऊँचा है। बिजली के समान चक्र चतुर्दिक फेरा लगा रहा है। चक्र की मार से यमराज का खांडा दो टुकड़े हो गया है। वहीं सुन्दरी पद्मावती है। सोने के सुमेरु पर्वत पर शंकर जी का मन्दिर है। पद्मावती बसन्त पंचमी के दिन उसी मन्दिर में शंकर पूजन के लिए आनेवाली है। रत्नसेन उसी मन्दिर के लिए प्रस्थान करता है और हीरामन पद्मावती को प्रेरित करने जा रहा है ताकि वह शंकर पूजन के लिए बसन्त पंचमी के दिन अवश्य जाये। इधर पर्वत पर चढ़ कर रत्नसेन देखता है कि शिव का मंडप सोने से सुसज्जित है। सभी प्रकार के अमृत फल वहाँ उपलब्ध हैं। महल के चार दरवाजों पर देवता लोग बैठे हैं। शंख और घंटे बादल की गरज के समान गूँजते हैं। यहीं हवन, जप और यज्ञ हो रहे हैं। पद्मावती के दर्शन की आशा में रत्नसेन और उसके साथ जोगी बनकर आये राजकुमारों ने मन्दिर की परिक्रमा की। राजा रत्नसेन पूर्व के दरवाजे पर बैठ गया। उसके विरह की ज्वाला बुझाये नहीं बुझती। हीरामन से रत्नसेन के बारे में सारी कथा सुनकर पद्मावती भी रत्नसेन के लिए प्रेमातुर हो गयी। उसे भी गम्भीर विरह सताने लगा। जब रात नहीं कटती तो वीणा बजाने लगती है। इस तरह विरह की व्यथा में सारी रात जगने लगी।

जब बसन्त पंचमी आयी तो सभी सखियों के साथ आकर्षक वेशभूषा में पद्मावती शंकर मन्दिर पहुँची। जायसी ने इस दृश्य का मनोरम वर्णन किया है :

भै अहान पदुमावती चली। छत्तीस कुरी भै गोहने भली॥

भै कोरी सँग पहिरि पटोरा। बाँभनि ठाउँ सहस अंग मोरा॥
अगर वारिनि गज गवन करेई। बैसिनि पाव हंस गति देई॥
चन्देलिनि ठवँकन्ह पगु ढारा। चली चौहानी, होइ झनकारा॥
चली सोनारि सोहाग सोहाती। औ कलवारि प्रेम मधु माँती॥
बानिनि भल सेंदुर दै माँगा। कैथिनि चलीं समाइ न आँगा॥
पटुइनि पहिरि सुरंग तन चोला। औ बरइनि मुख सुरस तँबोला॥
चली पवनि सब गोहने, फूल डालि लै हाथ।
बिस्वनाथ की पूजा, पदुमावती के साथ॥

पद्मावती जब चली तो एक प्रकार का शोर हो गया क्योंकि छत्तीसों कुलों की कुमारियाँ उसके साथ-साथ चल पड़ीं। सभी कन्याएँ रेशमी वस्त्र पहन कर चलीं और ब्राह्मणियाँ अनेक स्थानों पर अपने अंग मोड़ती हुई चलीं। अग्रवालिनें हाथी की चाल से चल रही थीं और वैश्यों की कुमारियाँ हंस गति से मन्द-मन्द चलती थीं। चन्देल कुमारियाँ ठुमक-ठुमक कर पैर रखती थीं और चौहान कुमारियाँ पैरों से झंकार करती चलती थीं। सुनारों की विवाहित स्त्रियाँ अपने सुहाग में सुशोभित हो रही थीं तथा कलवारों की लड़कियाँ प्रेम की सुरा में मदमस्त थीं। बनियों की स्त्रियों की माँगों में सिन्दूर चमक रहा था और कायस्थों की स्त्रियाँ गर्वीली प्रतीत होती थीं। पटहारिनें रंगीन लहँगा पहने थीं और तम्बोलिनें मुख में पान खाये हुए थीं। इस प्रकार सभी प्रकार की प्रजा की कन्याएँ और विवाहित स्त्रियाँ फूल और डाली लिये हुए शंकर की पूजा के लिए पद्मावती के साथ चलीं।

इस वर्णन से यह स्पष्ट हो जाता है कि सिंहल द्वीप में भी पेशेवर जाति-व्यवस्था थी और विभिन्न जातियों की कन्याएँ और स्त्रियाँ पद्मावती की सखियाँ थीं। उनमें जातिगत ऊँचनीच के भेदभाव नहीं थे। इस प्रकार के दृश्यांकन से जायसी यह बतलाना चाहते हैं कि सिंहल द्वीप का समाज भारत के अन्य प्रदेशों के समाज से भिन्न नहीं था। सिंहल के कल्पित लोक में सब कुछ असाधरण नहीं था। लेकिन वहाँ किसी भी संकेत से यह प्रतीत नहीं होता कि सिंहल द्वीप की प्रजा समतापूर्ण समाज का सुख भोग रही थी। जब पद्मावती जोगी रत्नसेन से मिलती है तो पद्मावती के अद्‌भुत रूप सौन्दर्य को देखकर रत्नसेन बेसुध हो जाता है। पद्मावती चन्दन का लेप रत्नसेन के शरीर पर लगाकर कोई सन्देश लिख जाती है। जब जोगी की चेतना लौटती है तो वह विरह-व्याकुल हो जाता है। अब वह देव शंकर से कहने लगा कि ऐ मलेच्छ, विश्वासघाती देव! मैंने तुम्हारी सेवा की, पर तुमने तो पत्थर के देवता के समान व्यवहार किया। यह पद एक तरह से मूर्ति पूजा का खंडन करता है। विरह-विदग्ध जोगी रत्नसेन ककनूं पक्षी की तरह अपनी चिता सजाने लगा। तुरन्त ही शंकर जी भी आ गये। वे बैल की सवारी पर थे और कोढ़ी का रूप धारण किये हुए थे। इस

बीच पार्वती ने अप्सरा का रूप धारण कर रत्नसेन की परीक्षा ली। पर रत्नसेन ने स्पष्ट कहा कि उसे तो सिर्फ पद्मावती से प्रेम है, किसी भी और सुन्दरतम औरत से नहीं। अन्ततः शंकर ने ऐसी सिद्धि गुटिका दी जिसकी मदद से रत्नसेन सिंहलगढ़ के स्वर्ग द्वार को खोज लेगा और सिंहलगढ़ पर चढ़ जायेगा। नतीजा यह कि सिद्धि गुटिका के प्रभाव से सिंहलगढ़ को जोगियों ने घेर लिया और वहाँ बड़ी खलबली मची। रत्नसेन ने राजा के दूत से स्पष्ट कहा कि वह गन्धर्वसेन से भीख माँगने आया है ताकि उसे पद्मावती मिल जाये। अन्ततः भाट, हीरामन और शंकर की मदद से रत्नसेन का पद्मावती से विवाह हो जाता है किन्तु इस क्रम में अनेक बाधाएँ आती हैं। नौबत यहाँ तक पहुँच जाती है कि जोगी के रूप में रत्नसेन को फांसी पर लटकाने की राजाज्ञा होती है। किन्तु इसी बीच भाट, हीरामन और शंकर के हस्तक्षेप से घटना की दिशा बदल जाती है और पूरी तैयारी के साथ रत्नसेन-पद्मावती का विवाह समारोह होता है।

विवाह के बाद एक साल तक रत्नसेन पद्मावती के साथ दाम्पत्य जीवन के सुख और वैभव-विलास का आनन्द लेता है। जायसी ने इसी कालावधि की सुहागरात का जो वर्णन किया है, वैसा वर्णन किसी भक्तिकालीन कवि ने नहीं किया। पार्थिव जीवन अर्थात गृहस्थी के लोक व्यवहार में पद्मावती का गौना प्रकरण सम्भवतः आचार्य शुक्ल ने ध्यान से नहीं देखा, तभी उन्होंने रत्नसेन-पद्मावती के प्रेम प्रसंग को एकांगी कहा। जायसी ने लिखा है कि जब रत्नसेन ने गन्धर्वसेन से चितौड़ लौटने की अनुमति ली तो पद्मावती दुःखी हो गयी। कथा के इस प्रकरण को जायसी इस प्रकार प्रस्तुत करते हैं :

गवनचार पदुमावती सुना। उठा धक्कि जिया औ सिर धुना॥
गहवर नैन आए भरि आँसू। छाँड़व यह सिंघल कविलासू॥
छाड़िउँ नैहर, चलिउँ बिछोई। एहि रे दिवस मैं होतहि रोई॥
छाड़िउँ आपन सखी सहेली। दूर गयन तजि चलिउँ अकेली॥
जहाँ न रहन भएउ चालू। होतहि कस न भएउ तहँ कालू॥
नैहर आएँ का सुख देखा। जनु होइ गा सपने कर लेखा॥
राखत बारि न पिता निछोहा। कत बियाहिं कै दीन्ह विछोहा॥
हिएँ आइ दुख बाजा, जिउ न जानहु गा छेंकि।
मन तिवानि कै रेवै, हरि भंडार कर टेकि॥

जब पद्मावती ने गौने के समाचार को सुन लिया तो उसका दिल धड़कने लगा। उसने अपना सिर पीट लिया। उसकी गीली आँखों में आँसू आ गये। उसने सोचा अब तो स्वर्ग सदृश यह सिंहल छूट जायेगा, अब तो इस नैहर को छोड़ कर चलना ही पड़ेगा। इसी दिन के लिए मैं रो रही हूँ। मेरी सखी सहेलियाँ अब छूट जाएँगी, इन

सब को छोड़कर मुझे अकेले ही जाना होगा। वहाँ पर रहन-सहन अपने ढंग से सम्भव नहीं होगा। पैदा होते ही मेरी मृत्यु क्यों न हो गयी। इस नैहर में रहकर हमने जो भी सुख देखा सब स्वप्नवत् हो जायेगा। निष्ठुर पिता भले ही बचपन में रक्षा न करता, ब्याह करके उसने वियोग का दुःख, माँ-बाप, सखी-सहेली से विछुड़ने का दुःख क्यों दिया? हृदय पर दुःख छा गया है, हृदय दुःखों के दुर्दिन से घिर गया है। मन में चिन्ता करके और कमर पर हाथ रखकर वह बार-बार रोती रही।

374 से 386 तक के सभी पद रत्नसेन-पद्मावती विदाई से सम्बन्धित हैं। इन पदों में यात्रा के शकुन-अपशकुन और विदाई के साथ दिये गये दहेज का विस्तारपूर्वक वर्णन किया गया है। जायसी विदाई के साथ दिये गये धन-धान्य पर विचार करते हैं। चूँकि धन के गर्व में राजा अत्यन्त प्रसन्न हुआ और अन्ततः रत्नसेन लोभ-पाप रूपी अन्धकूप में गिर पड़ा। देश यात्रा खंड में समुद्र दान लेनेवाले के रूप में प्रगट हुआ और उसने विदाई के सारे धन का चालीसवां हिस्सा माँगा। किन्तु रत्नसेन ने समुद्र को दान देने से इनकार कर दिया। समुद्र ने अभिशाप दिया कि यह धन पिटारे में छिपे हुए साँप की तरह है जो तुम्हें नष्ट कर देगा। और यह भी कहा कि वह अवश्य ही जल में डूबेगा। नतीजा यह हुआ कि सारे जहाज टुकड़े-टुकड़े हो गये। पद्मावती और रत्नसेन दो अलग-अलग दिशाओं की लहरों में भिन्न-भिन्न तख्तों पर बह चले। अन्त में समुद्र की बेटी लक्ष्मी की सहायता से दोनों बच गये और दोनों का मिलन हुआ। इस घटना-प्रसंग का विस्तारपूर्वक वर्णन जायसी ने लक्ष्मी-समुद्र खंड में किया है। इन लोगों के जगन्नाथपुरी तक पहुँचने का दृश्यवर्णन घटनाओं की ऊहापोह और कुतूहल से भरा हुआ है। समुद्र की बेटी लक्ष्मी ने पद्मावती को पान का बीड़ा और पाँच विशेष प्रकार के रत्न दिये। फिर रत्नसेन ने अपना दल साजकर चित्तौड़ की ओर प्रस्थान किया। कथानक का यह खंड प्रबन्ध काव्य के ऐसे दृश्यों से भरा हुआ है जिसके परिणामस्वरूप पाठकों की उत्कंठा और रत्नसेन-पद्मावती के प्रति अटूट ममता बनी रहती है।

पद्मावत का यह खंड जायसी की सृजनधर्मिता और कल्पनाशीलता का उत्कृष्ट उदाहरण है। कल्पित होने के बावजूद यह कोई अपार्थिव, अलौकिक और लोकोत्तर दृश्यखंड नहीं है। विजयदेव नारायण शाही की शब्दावली में इस दृश्य को 'अलोक' की संज्ञा दी गयी है। पर यह अ-लोक नहीं बल्कि लौकिक जीवन के प्रसंगों से भरापूरा है।

पद्मावत की कथा का एक बहुत ही महत्त्वपूर्ण प्रसंग है नागमती की विरहदग्ध अवस्था का विस्तारपूर्वक वर्णन। जब एक पक्षी से रत्नसेन नागमती की विरह-व्याकुलता का सन्देश सुनता है तो वह अविलम्ब चित्तौड़ लौटने का निर्णय करता है। 'रत्नसेन विदाई खंड' में इस कथा-प्रसंग का वर्णन है। रत्नसेन सिंहल द्वीप के राजा

से विनती करता है कि राज्य के लिए भाई भी शत्रु हो जाते हैं। मेरे यहाँ रहने से मेरे भाई लोग अपना-अपना प्रभुत्व स्थापित कर रहे हैं, मेरी अनुपस्थिति में ये लोग मनमानी करना चाहते हैं, अतः आप मुझे चित्तौड़ लौटने की अनुमति प्रदान करें। पदसंख्या 375 में भाइयों के प्रभुत्व की आशंका का वर्णन सिर्फ गन्धर्वसेन की अनुमति के लिए गढ़ा गया तर्क मात्र है। नतीजा यह कि अनुमति मिल गयी और पद्मावती के गौने की तैयारियाँ होने लगीं। केतकी रूपी पद्मावती बहुत समझाती है कि नागमती के प्रति प्रेमलुब्ध होकर वह चित्तौड़ न लौटे। पर भौंरा रूपी रत्नसेन उसके कहने में नहीं आता और कहता है—मैं तो चित्तौड़ में ही मरूँगा और वहीं पर अश्वमेघ यज्ञ करूँगा।

रत्नसेन के चित्तौड़ आगमन पर खुशियाँ मनायी जाती हैं। पद्मावती को एक भिन्न राजमहल में रखा जाता है। इसी बीच राघव चेतन रत्नसेन से नाराज होकर अलाउद्दीन के पास पहुँच जाता है और एक भाट की मदद से पद्मावती के अपूर्व सौन्दर्य से अलाउद्दीन को आकृष्ट करवा कर चित्तौड़ पर आक्रमण की योजना में शरीक हो जाता है। छह साल तक युद्ध चलता है, पर अलाउद्दीन चित्तौड़ पर विजय प्राप्त कर पद्मावती को पाने की अपनी लालसा में असफल रहता है। फिर संधिवार्ता से छलपूर्वक रत्नसेन को बन्दी बनाकर तमाम तरह की यातनाएँ देता है। पद्मावती गोरा-बादल के घर जाकर मदद माँगती है और रत्नसेन को वहाँ से मुक्त कराने का अनुरोध करती है। गोरा-बादल भी छलपूर्वक इस प्रयत्न में सफल हो जाते हैं किन्तु गोरा शहीद हो जाता है।

राजा रत्नसेन जब लौटकर चित्तौड़ वापस आता है तो उसे पता चलता है कि कुम्भलनेरगढ़ के राजा देवपाल एक दूती को भेजकर पद्मावती को पाने की लालसा व्यक्त कर चुका है। इस घटना को सुनकर रत्नसेन ने कुम्भलनेरगढ़ पर चढ़ाई कर दी। इस युद्ध में रत्नसेन मारा गया। नागमती और पद्मावती दोनों रत्नसेन की चिता के साथ सती हो गयीं। इसी समय अलाउद्दीन ने चित्तौड़ पर विजय प्राप्त कर ली। उसने जली हुई भस्म की एक मुट्ठी ली और राख उड़ाकर कहा—सारी पृथ्वी झूठी है :

छार उठाइ लीन्हि एक मूँठी। दिन्ही उड़ाइ, पिरिथमी झूठी॥

पद्मावत के सबसे अन्तिम पद में जायसी कहते हैं—अब मैं वृद्ध हो गया, जवानी बीत चुकी। शरीर क्षीण हो गया है। आंखों की ज्योति गयी, दाँत गये और गाल पिचक गये, वाणी गयी और बोली के उच्चारण ठीक नहीं निकलते, बुद्धि गयी, गर्व गया, कान की शक्ति गयी, काले बाल गये और सिर के बाल रुई की तरह सफेद हो गये।

पद्मावत की घटना-दर-घटना और चक्करदार मोड़वाले सारे कथा-सन्दर्भ अन्त

में इसी कथन में अपनी परिपूर्णता प्राप्त करते हैं कि यह संसार असार और अनित्य है, अपूर्व सुन्दरी पद्मिनी के सती हो जाने के बाद सिर्फ खाक बाकी रह जाती है, अर्थात यह सारा पार्थिव जीवन झूठा है।

भारत के पौराणिक कथा-प्रसंग, नाथ-सम्प्रदाय, चौरासी सिद्ध, मध्यकालीन भक्ति परम्परा, राम कथा के विभिन्न चरित्र, भर्तृहरि, गोपीचन्द और सूफ़ी काव्य रचना के अन्तर्गत ईश्वर वन्दना, अपने युग के बादशाह के साथ तमाम गुरुओं की वन्दना, मसनवी शैली और अवधी भाषा की मिठास के साथ उसका निर्बन्ध भाव प्रवाह—ये सारे के सारे सन्दर्भ पद्मावत में बार-बार आये हैं। अतः पद्मावत भक्ति काल के अन्य रचनाकारों की कृतियों से सर्वथा भिन्न विशिष्टता रखता है। चिश्ती सम्प्रदाय के फकीरों के रूप में या आईने अकबरी में दिये गये डेढ़ सौ भक्तों, सन्तों, फकीरों या सूफ़ियों के रूप में जायसी का कहीं भी नामोल्लेख नहीं मिलता। भारतीय लोक काव्य या क्लासिक साहित्य में किये गये बारहमासा वर्णन को जायसी ने अपनाया है और नागमती के विरह वर्णन प्रसंग में इस पद्धति को यथावत स्वीकार किया है। सम्पूर्ण पद्मावत में जायसी स्वयं को कहीं भी भक्त या सन्त की संज्ञा नहीं देते बल्कि कवि रूप में ही अपने आप को प्रस्तुत करते हैं। चाहे सिंहल द्वीप का वर्णन हो, बसन्त पंचमी के दिन शंकर भगवान की पूजा के प्रसंग हों या रत्नसेन-पद्मावती की सुहागरात का प्रसंग हो—भक्ति काल के किसी भी रचनाकार में ये सारी विलक्षणताएँ नहीं मिलतीं। पद्मावत की कथा-संरचना सर्गबद्ध नहीं है बल्कि घटना-प्रसंगों को ध्यान में रखकर अलग-अलग खंडों में पूरी कहानी को जोड़ा गया है। प्रबन्धकाव्य-कौशल को ध्यान में रखकर विभिन्न घटनाओं का संयोजन कुछ इस प्रकार किया गया है कि पाठकों की उत्कंठा बनी रहती है बल्कि कहीं-कहीं तो अत्यन्त तीव्रता के साथ बनी रहती है। लौकिक या पार्थिव जीवन की समृद्धि, विलास और वैभव के चित्रांकन के साथ-साथ सिंहल द्वीप से रत्नसेन-पद्मावती के लौटने के प्रसंग में समुद्र की रुद्रता और विध्वंसकारी भयावहता का आख्यान मध्यकाल के किसी भी रचनाकार की कृतियों में नहीं मिलता, यह अपने आप में आश्चर्यजनक है।

विभिन्न विद्वानों ने पद्मावत के कुछेक वर्णनों की अनेकार्थी व्यंजनाएँ दिखलायी हैं। पर ये सारी व्यंजनाएँ सम्पूर्ण कथा में अपना समावेश नहीं कर पातीं। इसलिए सूफी व्यंजनाएँ हों या नाथपन्थी हठयोग की धर्म साधना से सम्पृक्त व्यंजनाएँ हों पद्मावत के मूल अभिप्राय से मेल नहीं खातीं। पद्मावत में मध्यकालीन धर्म साधनाओं के भिन्न-भिन्न साम्प्रदायिक रीति-रिवाजों और रुढ़ियों के अन्तःमिश्रण से यह निष्कर्ष नहीं निकलता कि यह किसी एक सम्प्रदाय के दर्शन के चौखटे से बँधा हुआ है। चूँकि भगवान शंकर के ही हस्तक्षेप से अन्ततः रत्नसेन और पद्मावती का विवाह हो पाता है, अतः इसे शैव दर्शन का धर्मग्रन्थ नहीं कहा जा सकता। और गोरखनाथ के

शिष्यत्व में रत्नसेन की नाथपन्थी पात्रता के आधार पर इसे हम नाथपन्थी काव्य की भी संज्ञा नहीं दे सकते।

वस्तुत: सिंहल द्वीप के कल्पित लोकवर्णन के बावजूद पद्मावत एक पद्यबद्ध ऐतिहासिक रोमांस है—ऐसा रोमांस जिसका इतिहास के वृत्तान्त और तथ्यों के अनुगमन से अनिवार्य सम्बन्ध कायम नहीं हो पाता। पूरी कथा पर ध्यान न देकर इसे पूर्वार्द्ध और उत्तरार्द्ध में बांटकर देखना जायसी के कवित्व के मूल अभिप्राय को खंडित कर देता है और काव्योत्कर्ष को समझने में बाधक हो जाता है।

काव्य-संवेदना और पात्रों के भावलोक को पारदर्शी ढंग से प्रस्तुत करने में अवधी भाषा के शब्द-चयन अपनी लाक्षणिकता में जायसी की सृजनधर्मी प्रतिभा का बार-बार परिचय देते हैं। वाच्यार्थ, लक्ष्यार्थ और व्यंग्यार्थ में तालमेल की दृष्टि से भी जायसी की वर्णन पद्धति सम्पूर्ण भारतीय, फारसी और अरबी काव्य परम्परा को आत्मसात् करती चलती है। उदाहरण के लिए बारहमासा भारतीय लोक साहित्य की परम्परा से लिया गया है किन्तु नख शिख वर्णन फारसी काव्य परम्परा के अनुसार किया गया है।

अनेक विद्वानों ने हिन्दू समाज में लोकप्रचलित कथाओं को काव्य रूप देने की दृष्टि से जायसी के उदार धार्मिक दृष्टिकोण का उल्लेख किया है। मध्यकाल के भयंकर धार्मिक विद्वेष और संघर्ष के बीच इस प्रकार के प्रयत्नों के महत्त्व को भी अनेक समालोचकों ने रेखांकित किया है। चूँकि तत्कालीन समाज में धार्मिक और साम्प्रदायिक सद्भाव की ऐतिहासिक और दुर्निवार आवश्यकता को जायसी समेत सभी सन्त, भक्त और सूफी कवियों ने अपनी अन्तरात्मा की गहराई से पहचाना था, इसलिए पद्मावत उस युग के अन्त:करण को पूरी गम्भीरता से प्रतिध्वनित करता है और अपने विशिष्ट महत्त्व को रेखांकित करता है।

पद्मावत के लौकिक प्रेमाख्यान को रहस्यवादी नहीं कहा जा सकता। 'आईने अकबरी' और 'तारीखे फरिश्ता' में पद्मिनी के रूप सौन्दर्य पर अलाउद्दीन के मुग्ध हो जाने और इस कारण आक्रमण करने की कथा का विवरण वैसा ही है जैसा पद्मावत में है। अत: उत्तरार्द्ध के आख्यान में पद्मावत के रहस्यवाद का कोई हिस्सा दिखाई नहीं देता। परन्तु अलाउद्दीन के राजकीय इतिहासकार अमीर खुसरो ने, जो चित्तौड़ पर आक्रमण के समय सुलतान के साथ था, पद्मिनी का नामोल्लेख तक नहीं किया है। ऐतिहासिक घटना हो या न हो, पद्मावत का आख्यान ऐतिहासिक प्रतीति प्रदान करनेवाला आख्यान जरूर है। इसलिए मैं इसे ऐतिहासिक रोमांस की संज्ञा देना ही ठीक समझता हूँ।

पद संख्या 41 के आधार पर डॉ. मनमोहन गौतम ने सिंहल द्वीप को नाथपन्थियों के हठयोगी सिद्धपीठ से जोड़ा है। उनकी मान्यता है कि सिंहल द्वीप के गढ़ से जायसी

का तात्पर्य मनुष्य के शरीर से है जिसको साधकर ही हठयोगी सिद्धि प्राप्त करता है। प्रत्येक पंक्ति में इस आशय का रूपक तो नहीं है किन्तु डॉ. गौतम मानते हैं कि ''नवपौरी बाँकी नवखंडा। नवंहु जो चढ़े जाइ ब्रह्मंडा'' निश्चय ही एक हठयोगी रूपक है। नव पौरी और नव खंड से जायसी का तात्पर्य मनुष्य की नौ इन्द्रियों (2 आँख, 2 कान, 2 नाक के छिद्र, मुख, लिंग और गुदा) से है जिन्हें हठयोगी साधता है। इनके सध जाने के पश्चात् कुंडलिनी सुषुम्णा नाड़ी के मार्ग से ब्रह्मरंध्र में पहुँचती है। इस सिलसिले को आगे बढ़ाते हुए डॉ. गौतम पद संख्या 42 को भी इसी आशय के अन्तर्गत अन्तर्भुक्त करके विशद व्याख्या करते हैं। आगे पद संख्या 43 की भी ऐसी ही व्याख्या करते हुए यह मान्यता प्रस्तुत करते हैं कि इस पद के द्वारा हठयोग और सूफी सिद्धान्त का सुन्दर समन्वय किया गया है।

विभिन्न पदों के भाष्य की इस पद्धति के द्वारा जायसी को हठयोगी, सूफ़ी और रहस्यवादी सिद्ध किया गया है। इन अभिप्रायों के कारण पद्मावत के आख्यान का धटना-प्रवाह लौकिक न होकर अलौकिक और गुह्य साधनावाला रहस्यवादी रूप धारण कर लेता है। जायसी के कृतित्व का यह सूफ़ी रहस्यवादी पक्ष आचार्य शुक्ल से लेकर समकालीन अनेक आलोचकों की दृष्टि में उल्लेखनीय माना जाता रहा है। इसलिए पद्मावत मध्यकालीन प्रबन्ध काव्य के रूप में अविस्मरणीय है। पद्मावत की महत्ता का एक कारण यह भी है। दूसरा कारण यह भी है कि अपभ्रंश और प्राचीन हिन्दी के चरित काव्यों की रचना में जो दोहा-चौपाई के छन्दों का निर्वाह किया गया है और जिसे 'रामचरितगानस' में भी अपनाया गया है, वह भी निर्णायक ढंग से अपनी सार्थकता बतलाता है।

हिन्दी के प्रारम्भिक कवि के रूप में खुसरो की महिमा का हमलोग बखान करते हैं। पर दिल्ली सल्तनत में खासकर खिलजी राजवंश के दरबारी इतिहासकार के रूप में फारसी गद्य में उनकी अनेक पुस्तकें हैं। एक दरबारी इतिहासकार के रूप में इस्लाम और मुस्लिम राजसत्ता के प्रति इनका दृष्टिकोण निष्पक्ष नहीं माना जाता। सम्भवत: इसलिए जायसी ने सीधे फारसी की मसनवी काव्य परम्परा के प्रसिद्ध रचनाकारों में रूमी, सनाई, अत्तार और जामी से अपनी प्रेरणा ली और कविता की मार्मिक राग-संवेदना के भीतर से पद्मावत के अन्त में जिस ट्रेजेडी को प्रस्तुत किया, वह किसी भी प्रकार से दिल्ली सल्तनत के दरबारी कवि के रूप में उनकी पहचान नहीं कराता, बल्कि सहज मानवीयता और स्वाभाविक विषाद के दृश्यफलक की सृष्टि करनेवाले यशस्वी रचनाकार के रूप में उन्हें प्रस्तुत करता है।

दिल्ली सल्तनत के दरबारी इतिहासकार के रूप में खुसरो की पहचान की व्याख्या करते हुए विजयदेव नारायण साही ने अपनी पुस्तक 'जायसी' में खुसरो की पुस्तक 'ख़ज़ायनुत-फतूह' और 'तारीख़े-अलाई' से अनेक उद्धरण दिये हैं। इसी

सिलसिले में यह भी बताया है कि जायसी और अमीर खुसरो की ''मन:स्थिति में भारी अन्तर है। खुसरो काफ़िरों के ख़ून से धुलकर पृथ्वी को पाक होता हुआ देखता है और उल्लसित होकर साम्राज्यवादी सत्ता-संघर्ष को इस्लाम की विजय मानता है। इसके विपरीत जायसी उड़ती हुई दो मुट्ठी राख की तरह इस पृथ्वी-विजय को झूठा देखते हैं और उनकी आवाज़ में ट्रैजिडी, व्यंग्य और एक गहरे विषाद का सम्मिश्रण है।'' यह विषाद ही जायसी की विलक्षण काव्यानुभूति को मार्मिकता प्रदान करता है।

साही यह भी बतलाते हैं कि जायसी के लिए अपने समय के सूफ़ियों का सांस्कृतिक घेरा सोच-विचार या ऐतिहासिक दृष्टिकोण से क्यों छोटा पड़ता है और खुसरो के मुक़ाबले में अनुभूति की गहराई की कसौटी पर जायसी क्यों ज़्यादा बड़े कृतिकार हैं।

अमीर खुसरो निजामुद्दीन औलिया के परम शिष्य और दिलोजान से सूफ़ी मत के प्रति समर्पित थे। पर दिल्ली सल्तनत के दरबारी इतिहासकार के रूप में उनकी दृष्टि से सर्वथा भिन्न दृष्टि रखनेवाले जायसी कहीं भी सूफ़ी मत का खंडन नहीं करते। यहाँ यह बतलाना आवश्यक है कि नाथपन्थ, निर्गुण, सन्तमत, शैवमत, सिद्ध सम्प्रदाय, सहज यान और हठयोग का समाहार करनेवाले, राजस्थानी लोक-कथाओं से पद्मावत के कथानक की रचना करनेवाले और हिन्दुस्तान के लोक-साहित्य से प्रेरणा ग्रहण करनेवाले जायसी किसी भी सूफी सम्प्रदाय के कट्टर समर्थक नहीं थे। अनेक रचनाओं में, खास तौर पर वे सूफ़ी मतावलम्बी ही प्रतीत होते हैं। यहाँ तक कि पद्मावत के प्रारम्भ में सृष्टि-कर्ता अर्थात करतार का जो वे वर्णन करते हैं, वह भी सूफ़ी मत का ही परिचायक है :

अलख अरूप अबरन सो करता। वह सब सौं, सब ओहिसों बरता।
परगट गुपुत सो सरबबिआपी। धरमी चीन्ह, चीन्ह नहिं पापी॥
ना ओहि पूत न पिता न माता। ना ओहि कुटुम्ब न कोइ संग नाता॥
जना न काहु, न कोइ ओइँ जना। जहँ लगि सब ताकर सिर जना॥

अर्थात संसार की रचना करनेवाला परमेश्वर न तो देखा जा सकता है और न उसका कोई रूप या रंग है। उसका वर्णन सम्भव नहीं। वह सबसे सम्बन्धित और सब लोग उसी की सत्ता के कारण व्यवहार में प्रवृत्ति रखते हैं। तात्पर्य यह है कि संसार के जितने कार्य-व्यापार हो रहे हैं उनके पीछे वही निराकार ब्रह्म विद्यमान है। वह सर्वव्यापी है और प्रकट और अप्रकट सबमें वही है। जो धर्मात्मा हैं वे अणु-अणु में विद्यमान अरूप ब्रह्म को पहचान लेते हैं, पर जो पापी हैं, स्वयं अपने सुख और अहंकार में लिप्त हैं, वे उसकी सत्ता का ज्ञान नहीं पाते। न उसके कोई पुत्र है और न माता-पिता, उसके कोई कुटुम्बी या नातेदार नहीं हैं। सब कुछ उसी के द्वारा सिरजा

गया है।

कबीर की रचनावली में निर्गुण, अरूप, अवर्णनीय ईश्वर का जो स्वरूप बतलाया गया है, जायसी के उपर्युक्त वर्णन में वह किसी भी प्रकार से अलग किस्म का नहीं है। इससे यह भी स्पष्ट हो जाता है कि सन्तमत और सूफ़ीवाद में कोई खास अन्तर जायसी स्वीकार करने को तैयार नहीं हैं। उदाहरण के लिए 'अखटावट' से भी इसी तथ्य की पुष्टि होती है। यहाँ तक कि तुलसीदास के कई रूपक 'अखरावट' में स्पष्ट तौर पर दिख जाते हैं। 'आखिरी कलाम' की भी यही स्थिति है। न्याय के अन्तिम दिन की तस्वीर प्रस्तुत करके सारी मानव जाति को धर्मप्राण जीवन जीने की दिशा की ओर उन्मुख किया गया है। इस वर्णन के मूल में एक प्रकार का रहस्यवाद भी है जो 'क़ुरआन' से ग्रहण किया गया प्रतीत होता है। लेकिन यहाँ कहीं भी कवित्वपूर्ण राग-संवेदना नहीं है, मात्र सूफ़ी मत का इतिवृत्त है। लेकिन जायसी के एक दूसरे प्रबन्धकाव्य 'चित्ररेखा' में लोकप्रचलित आख्यान के माध्यम से जायसी की कल्पनाशीलता या चमत्कारप्रियता के दर्शन होते हैं। यह भी एक प्रेम काव्य है और राजघराने की ही प्रेमकथा को नए ढंग से घटना के विभिन्न मोड़ों के माध्यम से दरसाया गया है। चन्द्रपुर के राजा चन्द्रभानु की परम सुन्दरी पुत्री चित्ररेखा के विवाह की चमत्कारपूर्ण कहानी में अनेक मार्मिक स्थल हैं जहाँ जायसी की सृजनधर्मी सम्भावनाएँ अनेक रूपों में व्यक्त हुई हैं। इस कहानी के माध्यम से अध्यात्म का रूपक सटीक ढंग से इस खंडकाव्य को दोहरा अर्थ प्रदान करने में असमर्थ प्रतीत होता है।

अन्ततः यही मानना चाहिए कि जायसी की महत्ता पद्मावत जैसे महाकाव्य के कारण ही सर्वस्वीकृत है। सम्पूर्ण भक्तिकाव्यधारा में इस कृति का विशिष्ट महत्त्व है। सिंहल द्वीप और चित्तौड़ की दोहरी प्रत्यंचा पर जिस तनाव का रोमांचकारी दृश्यांकन इस कथा की बुनावट में है, उसी वजह से इसकी अपनी विलक्षण व्यंजनाएँ प्रगट होती हैं।

# भक्ति आन्दोलन के सन्दर्भ में सूर काव्य का महत्त्व

सूर भक्त कवि और कृष्ण के उपासक हैं। पुष्टिमार्गी होने के कारण सूर की भक्ति प्रेमाभक्ति थी। इसमें समर्पण को ही सब कुछ माना गया है। सूर ने अपने काव्य में उपास्य कृष्ण के प्रति प्रेम प्रकट करने के लिए उनके रूप, व्यक्तित्व, परिवेश, क्रियाकलाप, लीला आदि का चित्रण सहज मानवीय रूप में किया है।

इस इकाई में इन पक्षों पर विचार करने के साथ-साथ सूर की भाषा और शिल्प पर भी विचार किया गया है। 'सूरदास की भाषा और रूपविधान' के अन्तर्गत सूर की काव्य भाषा और रूपविधान पर विचार किया गया है। सूरदास ब्रजभाषा में कविता लिखनेवाले पहले प्रमुख कवि हैं। उन्होंने ब्रज प्रदेश की लोक संस्कृति और वाचिक परम्परा को उत्कृष्टता प्रदान की और उसे कलात्मक उत्कर्ष पर पहुँचाया। संगीतात्मकता उनके काव्य का अप्रतिम गुण है। सूरसागर एक कथा है पर यह प्रबन्ध काव्य नहीं है। सूरसागर के कथानक की विशृंखलता इसका प्रमुख कारण है। आइए इन पक्षों पर विस्तार से विचार किया जाए।

## महाकवि सूरदास और उनका युग

सूरदास के जीवन-वृत्त के सम्बन्ध में दीन दयाल गुप्त और ब्रजेश्वर वर्मा के निष्कर्षों को प्राय: स्वीकार कर लिया गया है। उल्लिखित विद्वानों के अनुसार सूरदास का जन्म 1478 ई. में हुआ था और उनकी मृत्यु तिथि अनुमानत: 1577 ई. और 1581 ई. के बीच पड़ती है।

भक्तिकाल के हर कृतिकार के जीवन-वृत्त से सम्बन्धित तथ्यों को लेकर अभी भी विवाद बना हुआ है। इस नोकझोंक में पड़े बगैर इस सर्वमान्य तथ्य के आधार पर हमें उस युग की विवेचना करनी चाहिए कि सूरदास के पदों की रचना पन्द्रहवीं सदी के अन्तिम दशक में आरम्भ हुई होगी और उनकी रचनाशीलता सोलहवीं सदी के पूर्वार्द्ध तक नि:संदिग्ध रूप से ज़ारी रही होगी। सूरदास की रचनाओं से यह ज़ाहिर होता है कि वे निरगुनिया सन्तों के काव्य से परिचित थे। प्रेममार्गी सूफ़ी काव्यधारा

से सूर परिचित थे या नहीं—इस बात की तरफ कहीं से भी कोई संकेत नहीं मिलता है। भक्तिकालीन रचनाकारों के आपसी सम्बन्धों को लेकर फैले प्रवादों में यह बात भी प्रचलित है कि किसी समय सूर और तुलसी की भेंट हुई थी। इस प्रवाद की पुष्टि अभी तक नहीं हुई है।

ब्रजभाषा में कृष्णभक्ति से सम्बन्धित गीत, गायन, कीर्तनकाव्य और संगीत की यह मिली-जुली परम्परा सूरदास को कहाँ से मिली? आप लोगों ने यह अवश्य सुना या पढ़ा होगा कि राधाकृष्ण से सम्बन्धित भक्तिगीत की कीर्तन परम्परा के सूत्रपात में जयदेव, विद्यापति, चंडीदास और चैतन्य का बहुत बड़ा योगदान है। आपने यह भी सुना होगा कि सूरदास पहले दैन्य और विनय के पद ही गाते थे। जब महाप्रभु वल्लभाचार्य से उनकी भेंट हुई तो आचार्य जी ने उनसे कहा : घिघियाते क्यों हो, भगवान की लीला का गान करो। इसके बाद से सूरदास के भक्तिगीतों में दास्य भाव और आत्मदीनता की प्रवृत्ति समाप्त हो गयी और वे सख्य भाव से प्रेमभक्ति के गीत गाने लगे। वल्लभाचार्य की प्रेरणा से ही सूरदास श्रीमद्भागवत में वर्णित कृष्णकथा को गीत-संगीत में रूपांतरित करने लगे। श्रीमद्भागवत में कृष्ण के लोकमंगलकारी और लोकरक्षक व्यक्तित्व की भी कुछ छटाएँ और छवियाँ हैं। अत: सूरसागर में संकलित आपको सैकड़ों ऐसे पद मिलेंगे जिनमें कृष्ण लोगों की रक्षा के लिए गोवर्धन पर्वत उठाए हुए मिलेंगे, कालिया नाग को नियन्त्रित करते हुए मिलेंगे, कंस का वध करते हुए दिखाई पड़ेंगे, जनसाधारण को पीड़ित करनेवाले राक्षसों का दमन करनेवाले स्वरूप में उपस्थित होंगे, महाभारत के योद्धा रूप में विस्मित कर रहे होंगे। पर सूरदास की काव्य-प्रतिभा का चमत्कार आपको ऐसे आख्यान-प्रसंगों में कम ही दिखाई पड़ेगा। सूरदास का मन रमता है राधाकृष्ण, गोप-गोपिका, नन्द-यशोदा और ब्रज की हरीभरी प्रकृति की जीवन्त क्रियाओं और मनोरम रूपों के चित्रण में। सूर की चित्रण-शैली में ब्रज की लोकसंस्कृति लिपटी हुई चली आती है तथा सूर के स्वर-संगीत में जनभाषा के रूप में ब्रजभाषा की मृदुता की और मधुरता की कलकल ध्वनि सुनायी पड़ती रहती है।

संगीत के नवोत्थान और मध्यकालीन भारत के लोकजागरण के बीच बड़ा गहरा सम्बन्ध है। सूरदास उस युग की नवोन्मेषकारी सांस्कृतिक प्रक्रिया और नयी भावधारा के सच्चे प्रतिनिधि हैं।

कबीर, जायसी, मीराँबाई और तुलसी की तुलना में सूरदास की एक अलग किस्म की विशिष्टता इस जातीय संगीत के नवोत्थान के सन्दर्भ में समझी जानी चाहिए और इसकी सांगोपांग विवेचना के बाद ही सूर के प्रगीतात्मक काव्य के वास्तविक महत्त्व का पूरा खुलासा होगा। सूर के काव्य को नृत्य, रास, वाद्यसंगीत, गायकी और ब्रज लोकगीत के बृहत्तर परिप्रेक्ष्य में देखना होगा। यह युग पुरन्दर दास,

त्यागराज, तानसेन, बैजू बावरा, स्वामी हरिदास जैसे महान कलाकारों का था। सूरदास ललित कलाओं के पारस्परिक आदान-प्रदान और घनिष्ठ अन्त:क्रिया के साक्षी थे। बल्कि उनकी स्वयं की सृजनात्मक कला का विकास इसी प्रक्रिया के अन्दर से हुआ था। अत: सूर-साहित्य की समालोचना के कलात्मक और ऐतिहासिक सन्दर्भों पर अलग से भी विचार करने की आवश्यकता है।

भक्तिकाव्य के विवेचन में हिन्दी समालोचना चाहे तो इतिहास के राजनीतिक और धार्मिक परिप्रेक्ष्य पर एकांगी रूप से निर्भर कर जाती है, या शास्त्रीय वाद-विवाद, भाष्य और टीका की उद्धरणी पर अवलम्बित हो जाती है। बारहवीं सदी से सत्रहवीं सदी तक साहित्य और संगीत के क्षेत्रों में नया जागरण और कलात्मक उत्कर्ष आया—इसे नये विश्लेषण और विवेचन का प्रस्थान बिन्दु नहीं बनाया जाता।

## अष्टछाप और सूरदास

हिन्दी कृष्णभक्ति काव्य को सबसे अधिक प्रेरणा देनेवाले महाप्रभु वल्लभाचार्य (1478 ई.-1530 ई.) पुष्टिमार्ग के संस्थापक और प्रवर्त्तक थे। मृत्यु के बाद उनके दूसरे पुत्र गोस्वामी विट्ठलनाथ (1515 ई.-1585 ई.) पुष्टि सम्प्रदाय के आचार्य के पद पर आसीन हुए। उनकी बाल्यावस्था अरैल में व्यतीत हुई थी किन्तु सन् 1566 ई. में अर्थात् 51 वर्ष की उम्र में ब्रज में आ बसे थे। इसी साल उन्हें सम्राट अकबर की ओर से एक फरमान प्राप्त हुआ जिसके अनुसार गोकुल की भूमि उन्हें धर्मार्थ के निमित्त मिल गयी थी।

श्रीनाथ जी के मन्दिर में सेवा, उत्सव आदि की व्यवस्था करते हुए उन्होंने पुष्टि सम्प्रदाय के प्रसार में पर्याप्त योगदान किया था। गोस्वामी विट्ठलनाथ की पहल पर ही अष्टछाप का संगठन किया गया था। उनके पिता के चार शिष्य—कुम्भनदास, सूरदास, परमानन्ददास और कृष्णदास पहले से ही तैयार थे। अब स्वयं गोस्वामी विट्ठलनाथ के चार शिष्य—चतुर्भुजदास, गोविन्ददास, छीतस्वामी और नन्ददास भी नया कार्यभार स्वीकार करने के योग्य हो गये थे। अत: इन आठों को लेकर अष्टछाप का गठन किया गया। वस्तुत: ये आठ भक्त श्रीकृष्ण के अष्टसखा के नाम से प्रसिद्ध हुए हैं।

सूरदास के समान ही परमानन्ददास भी पुष्टिमार्ग में दीक्षा ग्रहण करने के पूर्व ही कवीश्वर, संगीतकार और कीर्तनकार के रूप में अपनी क्षमता और प्रतिभा प्रमाणित कर चुके थे। इसी तरह कुम्भनदास महाप्रभु वल्लभाचार्य के निकट सम्पर्क में बहुत पहले से थे और पुष्टिमार्ग में दीक्षा प्राप्त कर चुके थे। 'भक्तन को कहा सीकरी सों काम'वाला लोकप्रसिद्ध पद इन्हीं का है। अष्टछाप के चौथे कवि और कीर्तनकार कृष्णदास थे। वे जाति से शूद्र थे, पर महाप्रभु ने उन्हें मन्दिर का भेंटिया बनाया था।

कविता में वे सूरदास से टक्कर लेते थे।

अष्टछाप के अन्य चार कवियों में सर्वाधिक ख्याति नन्ददास को मिली है। भ्रमरगीत परम्परा की प्रगीत रचना में कलात्मक योगदान की दृष्टि से भी नन्ददास की महत्ता स्वीकार की जाती है। छठे भक्त श्री चतुर्भुजदास थे जो अपने पिता श्री कुम्भनदास की भाँति गृहस्थ जीवन बिताते हुए श्रीनाथ जी की सेवा में सदैव तत्पर रहते थे। भक्ति और कविता—दोनों उन्हें उत्तराधिकार में मिली थी। सातवें भक्त गोविन्दस्वामी भी प्रगीतात्मक पदावली के रचयिता और अच्छे गायक थे। संगीत में उन्हें दक्ष माना गया है। यह भी जनश्रुति है कि प्रसिद्ध संगीतकार तानसेन उनसे संगीत की शिक्षा लेने आते थे। अन्तिम भक्त और कवि छीतस्वामी थे। कहते हैं कि उनके पद सुनने के लिए अकबर वेश बदलकर उनके पास आते थे।

सम्पूर्ण भक्ति-आन्दोलन में किसी आचार्य के नियन्त्रण में कवियों-गायकों और कीर्तनकारों के किसी संगठित मंडल का उल्लेख नहीं मिलता है। अष्टछाप जैसा समूह बाद में भारतेंदु मंडल, मतवाला मंडल, प्रगतिशील लेखक संघ या इप्टा के रूप में आधुनिक काल में ही प्रचलन में आया। 1499 ई. से 1583 ई. के बीच तक अर्थात् लगभग 84 वर्ष तक अष्टछापी भक्त कवियों का अस्तित्व रहा। डॉ. गोवर्धन नाथ शुक्ल ने 'अष्टछाप का साम्प्रदायिक पक्ष' नामक अपने निबन्ध में बताया है कि "अष्टछाप की स्थापना भगवान श्रीनाथ जी की अष्टयाम रागसेवा के निमित्त हुई थी।" उक्त शोध निबन्ध में डॉ. शुक्ल की तरफ से यह सूचना भी दर्ज है कि श्रीनाथ जी के मन्दिर में ध्रुपद-धमार पद्धति पर लीला-कीर्तन का प्रबन्ध गोस्वामी विट्ठलनाथ की व्यवस्था के अन्तर्गत किया गया था। चूँकि यह मन्दिर पहाड़ की चोटी पर था, अत: स्थानीय जनसाधारण का नियमित तौर पर दर्शन-पूजन आदि सम्भव ही नहीं था। अष्टछाप के कीर्तनकारों द्वारा श्रीमद्‌भागवत के दशम स्कन्ध में वर्णित प्रसंगों के आधार पर ही लीलागान होता था। महाप्रभु वल्लभाचार्य के शिष्यों में सूरदास और गोस्वामी विट्‌ठलनाथ के शिष्यों में नन्ददास को छोड़कर शेष छह कवि गायकों ने विष्णुपद छन्दों में ही लीलागान किया है। विष्णुपद छन्द ब्रज की ध्रुपद शैली के लिए उपयुक्त माना जाता था। विष्णुपद छन्द के अतिरिक्त इन कवि गायकों ने गहरी तन्मयता में भाव-विभोर होकर धमार, होरी आदि भी रचे हैं।

अष्टछाप के कवि गायक जिस समय ध्रुपद धमार शैली में गीतकीर्तन रच रहे थे, उन्हीं दिनों समानान्तर रूप से फतहपुर सीकरी के शाही महल में ख्याल शैली के तहत कुछ खास तरह के 'रसिया' गाने की प्रथा चल पड़ी थी। जब तक अष्टछाप के कवि गायक जीवित रहे तब तक तो रसिया की यह प्रथा श्रीनाथ जी के मन्दिर में पहुँच नहीं पायी। परन्तु अष्टछापी कवियों तथा गोस्वामी विट्‌ठलनाथ की मृत्यु के बाद रसिया गाने की प्रथा श्रीनाथ जी के मन्दिर में धीरे-धीरे पहुँच गयी।

## भक्ति आन्दोलन और सूरदास

भक्ति की भावधारा की एक सामान्य प्रवृत्ति भक्ति आन्दोलन के सभी रचनाकारों में असंदिग्ध रूप में मिलती है। इस सामान्य प्रवृत्ति की अनिवार्य उपस्थिति के कारण ही आपको बार-बार बताया गया है कि सूरदास एक भक्त कवि थे। वे ऐसे भक्त थे जिसके इष्टदेव के दरबार में जातपाँत के आधार पर कोई भेदभाव न था। इस प्रकार की वैचारिक निष्ठा जातपाँत और धर्म-मजहब के भेदभाव से जर्जर हो रहे तत्कालीन समाज के भौतिक अस्तित्व के लिए ऐतिहासिक आवश्यकता बन गयी थी। इस आवश्यकता के प्रति मीराँ, कबीर, जायसी, सूर और तुलसी की सम्मिलित सहमति थी। भक्ति आन्दोलन के रचनाकारों के बीच जनभाषाओं को अपनी अभिव्यक्ति का माध्यम बनाने के सवाल पर भी समान ढंग की प्रतिबद्धता और सहमति थी। इसलिए आप यह देखते हैं कि सूरदास उस जनभाषा में अपनी कविता रच रहे थे जो साहित्यिक-सांस्कृतिक दृष्टि से अपरिष्कृत और पिछड़ी हुई थी, यद्यपि अपनी प्रगीत परम्परा के लिहाज़ से ब्रजभाषा लोक कंठों में रची बसी हुई थी और इसी वजह से सुमधुर हो गयी थी। अन्य भक्त कवियों के समान सूरदास भी शास्त्रीयता के आग्रह और उसकी जकड़बन्दी से मुक्त थे तथा अपने जमाने के गृहस्थ आश्रम में रहनेवाले लोकसमाज को सम्बोधित कर अपने पदों की रचना कर रहे थे।

उपर्युक्त तीन सामान्य प्रवृत्तियों के कारण ही सूरदास की इतनी ख्याति नहीं है। सूर की अपनी कुछ निजी विशिष्टताएँ भी हैं जो उन्हें भक्तिकाल के क्लासिक कृतिकार का दर्जा प्रदान करने में अन्यतम महत्त्व रखती हैं। इन निजी विशिष्टताओं में चार बातों का उल्लेख अवश्य ही होना चाहिए—संगीत का कलात्मक उपयोग, ब्रजभूमि की लोकसंस्कृति का आत्मसातीकरण, वात्सल्य चित्रण और स्त्री-पुरुष सम्बन्धों में स्वच्छन्दता अथवा उन्मुक्तता का अनुमोदन। भक्तिकाव्य में जीवन दशाओं की बहुरंगी छवियों के अंकन से जो रागात्मक समृद्धि आयी है, उसके मूल स्रोत की खोज करने पर पता चलता है कि सूर के समान प्रायः सभी रचनाकारों की ऐसी ही निजी विशिष्टताएँ हैं जो संवेदनाओं के विस्तार में निःसंदिग्ध रूप से सहायक सिद्ध हुई हैं। अगर भक्ति आन्दोलन से सूरदास के काव्य को निकाल दिया जाए तो वह एकांगी और विकलांग प्रतीत होगा। इससे आप अनुमान लगा सकते हैं कि भक्तिकाव्य के विकास और उसके रागात्मक वैविध्य में सूरदास का कितना निर्णायक महत्त्व है।

सूरदास के कलात्मक और ऐतिहासिक महत्त्व का वस्तुगत ढंग से समुचित मूल्यांकन के लिहाज़ से यह जरूरी है कि आप पहले यह जानने का प्रयत्न करें कि भक्तिकाल में कृष्णभक्तिधारा का क्या महत्त्व है।

## भक्ति आन्दोलन में कृष्णभक्ति धारा

कृष्ण कोई ऐतिहासिक व्यक्तित्व थे या पुराणकारों की कल्पनामूर्ति—इस विवाद से अभी तक धर्मशास्त्र और इतिहास को छुटकारा नहीं मिल पाया है। कृष्ण (आंगिरस) का प्रचीनतम उल्लेख स्तुतियों की रचना करनेवाले ऋषि के रूप में ऋग्वेद में पाया जाता है; इसके बाद छांदोग्य उपनिषद, महाभारत, जातक कथा, भागवत, हरिवंश पुराण, विष्णु पुराण तथा ब्रह्मवैवर्त पुराण में थोड़े विस्तार से मिलता है। साहित्य में ईसा की पहली शताब्दी में लिखित 'गाथा सप्तशती' में कृष्णकथा का वर्णन उपलब्ध होता है।

प्राचीन पुराणों में केवल भागवत में गोपाल कृष्ण की कथा सम्यक रूप से वर्णित की गयी थी, परन्तु उसमें भी राधा का नामोल्लेख तक नहीं मिलता। पद्मपुराण और उससे भी कहीं ज्यादा ब्रह्मवैवर्त पुराण में ही राधाकृष्ण की प्रेम-रोमांस से परिपूर्ण कथा विस्तार से कही गयी है। डॉ. ब्रजेश्वर वर्मा का अनुमान है कि लोक साहित्य, गीत और कथाओं में कृष्ण के विविध रूपी असंख्य आख्यान प्रचलित रहे होंगे। अपने इस अनुमान की पुष्टि में वे मध्यकालीन जनभाषाओं की काव्यपरम्परा में कृष्णभक्ति साहित्य के अस्तित्व का उल्लेख करते हैं।

सवाल यह है कि ये कृष्ण थे कौन? इसके उत्तर में निर्विवाद रूप से स्वीकार किया जाता है कि कृष्ण शूरसेन प्रदेश के सात्वत-वृष्णि वंशीय क्षत्रियों के कुलदेवता थे। लोक में उनका प्रचलित नाम गोपाल कृष्ण था। अश्वघोष के 'बुद्धचरित', हाल सातवाहन की 'गाहासत्तसई', तमिल भाषा के आलवार भक्तों के भक्तिगीत संग्रह 'प्रबन्ध' आदि से होते हुए कृष्णकथा की परम्परा बारहवीं सदी के जयदेव के 'गीत गोविन्द' में परिपक्व और परिपुष्ट हो जाती है। कृष्ण, राधा और गोपियों की कथा के माध्यम से शृंगार और भक्ति का सम्मिश्रण जयदेव के गीतगोविन्द में अनुपम माधुर्य का उदाहरण प्रस्तुत करता है। भाव विभोर कर देनेवाली तन्मयता की सृष्टि करने में भी जयदेव के गीत अद्वितीय माने जाते हैं। शृंगार और भक्ति की सम्मिलित भावभूमि पर कृष्णकथा का यह नया साहित्यिक विकास जयदेव के बाद मैथिली के रचनाकार विद्यापति के प्रगीतों के कारण खूब लोकप्रिय हुआ। चौदहवीं सदी में मैथिली की भाषिक संरचना तथा जयदेव की परम्परा में गेय पदावली के माधुर्य के कारण विद्यापति को 'अभिनव जयदेव' की उपाधि से अलंकृत किया गया था। आचार्य रामचन्द्र शुक्ल के इतिहास ग्रन्थ में ब्रजभाषा की सोलहवीं सदीवाली कृष्ण काव्यपरम्परा के प्रेरक और प्रवर्त्तक के रूप में जयदेव और विद्यापति की चर्चा की गयी है। उनकी स्थापना है कि कृष्णचरित के गान में भक्तिकाव्य की जो धारा पूरब में जयदेव और विद्यापति ने बहायी उसी का अवलम्बन ब्रज के भक्त कवियों ने भी किया।

कृष्ण कथा की उक्त शृंगारिक परम्परा से हिन्दी भक्तिकाव्य का उद्‌भव मानने

पर डॉ. ब्रजेश्वर वर्मा को आपत्ति है। उनका कहना है कि सोलहवीं शताब्दी का कृष्णभक्ति काव्य धार्मिकता और इहलौकिकता के संदिग्ध सम्मिलन से प्रारम्भ नहीं हुआ। विद्यापति से उसने प्रेरणा नहीं ग्रहण की। उसका प्रणयन विशुद्ध धार्मिक वातावरण में, प्राय: साम्प्रदायिक तत्वावधान में हुआ। उसका तात्कालिक मूल आधार प्रत्यक्षत: 'श्रीमद्भागवत' में वर्णित कृष्णकथा है; यद्यपि हिन्दी कृष्णभक्ति काव्य 'भागवत' या 'ब्रहमवैवर्त' आदि किसी भी पुराण में वर्णित कृष्णकथा की लीलाओं में बँधा नहीं है। उसने अपनी भावना की पोषक सामग्री लेने में पुराणों की अपेक्षा लोक-साहित्य से कहीं अधिक स्वच्छन्दतापूर्वक सामग्री ग्रहण की है।

डॉ. मैनेजर पांडेय ने 'भक्ति आन्दोलन और सूरदास का काव्य' नामक अपनी पुस्तक में कृष्णकथा की परम्परा का विस्तृत विवेचन किया है। उत्तरी भारत के कृष्णकाव्य या सोलहवीं सदी के हिन्दी कृष्णकाव्य जैसे अमूर्त दृश्यफलक के बजाय शूरसेन प्रदेश या ब्रज प्रदेश की कृष्णभक्ति परम्परा के आरम्भ की ठोस विवेचना करना उन्होंने आवश्यक समझा। इसलिए उन्होंने यह नतीजा निकाला है कि वल्लभाचार्य ने ब्रजप्रदेश में कृष्णभक्ति को सुसंगठित और व्यवस्थित रूप में स्थापित किया।

हिन्दी भक्तिकाव्य में कृष्णभक्ति से सम्बन्धित पुष्टिमार्गीय, गौड़ीय, राधावल्लभी और हरिदासी सम्प्रदायों के योगदान की चर्चा की जाती है। कृष्णाश्रयी भक्ति की अनेकानेक शाखा-प्रशाखा के आचार्यों और भक्त कवियों द्वारा रचित साहित्य परिमाण में विपुल है। अगर साहित्यिक और कलात्मक दृष्टि से निर्ममतापूर्वक चयन करना पड़े तो कहना पड़ेगा कि राधावल्लभी सम्प्रदाय के हरिवंश गोस्वामी की पदावली रागात्मक संवेदना और माधुर्य की दृष्टि से अवश्य ही उल्लेखनीय है। इनके साथ हरिराम व्यास, चतुर्भुजदास, ध्रुवदास, हित वृन्दावनदास आदि की भी चर्चा की जाती है।

कृष्णभक्ति काव्य में नन्ददास, रसखान और मीराँ के उल्लेखों से ही इस भावधारा को परिपूर्णता मिलती है। मीराँ किसी सम्प्रदाय में शामिल नहीं हुई थीं। अत: उनकी भक्तिभावना पर निर्गुण सन्तमत और गिरिधर नागर के प्रति अनन्य प्रेम की दोहरी छाप दिखायी देती है।

सूरदास समेत सभी कृष्णभक्त कवियों का एक ही लक्ष्य था—रस, आनन्द और प्रेम की युगलमूर्ति राधाकृष्ण की लीला का गायन। आचार्य रामचन्द्र शुक्ल के इतिहास ग्रन्थ में कृष्णभक्ति शाखा के विवेचन के अन्तर्गत यह मान्यता रखी गयी है कि कृष्णभक्ति परम्परा में श्रीकृष्ण की प्रेममयी मूर्ति को ही लेकर प्रेमतत्व की बड़े विस्तार के साथ व्यंजना हुई है, उनके लोकपक्ष का समावेश उसमें नहीं है। इन कृष्णभक्तों के कृष्ण प्रेमोन्मत्त गोपिकाओं से घिरे हुए गोकुल के श्रीकृष्ण हैं, बड़े-बड़े भूपालों के बीच लोकव्यवस्था की रक्षा करते हुए द्वारका के श्रीकृष्ण नहीं हैं। कृष्ण के जिस

मधुर रूप को लेकर ये भक्त कवि चले हैं वह हास-विलास की तरंगों से परिपूर्ण अनन्त सौन्दर्य का समुद्र है।

कृष्णाश्रयी काव्यधारा की कृतियों में लोकसंग्रह, लोक कल्याण और लोकचिन्ता के अभाव को आचार्य शुक्ल ने बार-बार रेखांकित किया है।

## सगुण-निर्गुण द्वन्द्व में सूर की भूमिका

भक्ति आन्दोलन के भीतर सगुण-निर्गुण का द्वन्द्व बहुत ही तीखा हो गया था। सोलहवीं सदी में कृष्णभक्ति की नयी धारा के प्रसार के क्रम में भगवान की सगुण लीला का गान ब्रजप्रदेश में ही नहीं, भारत के अन्य अंचलों मे भी लोकप्रिय होने लगा। भक्त कवि सूरदास कृष्ण के लीलामय सगुण रूप के अनन्य भक्त हो गये। वल्लभाचार्य ने उन्हें पुष्टिमार्ग में दीक्षित किया।

सूर का काव्य एक ओर जहाँ स्त्री-पुरुष सम्बन्धों की स्वच्छन्दता और उन्मुक्त प्रेमभावना का समर्थन करता है, वहीं उस जमाने के शास्त्रीय और दार्शनिक विवादों में भी हस्तक्षेप करता है। 'भ्रमरगीत' के उद्धव-गोपी संवाद में ज्ञान बनाम भक्ति, सगुण बनाम निर्गुण की बहस अपने प्रखर रूप में व्यक्त हुई है। इस तर्क-वितर्क, दार्शनिक ऊहापोह और वैचारिक टकराहट के भीतर अनेकानेक सन्दर्भ ऐसे हैं जिनसे पता चलता है कि सूरदास नाथपन्थियों, सिद्धों और सन्तों की दलीलों का खंडन कर रहे हैं। सैकड़ों ऐसे पद हैं जिनमें योग, ज्ञान और निर्गुण-निराकार ब्रह्म के अस्तित्व पर शंका व्यक्त की गयी है, आपत्ति की गयी है और उनकी निस्सारता सिद्ध की गयी है। उद्धव-गोपी संवाद वस्तुत: निरगुनिया मत से सूर की मुठभेड़ का छाया-बिम्ब प्रतीत होता है। गोपियों की अश्रुपूरित, भावाकुल और करुण मनोदशा स्वयं में उद्धव को निरुत्तर करने, उन्हें चुप करने, खामोश करने की तार्किक क्षमता रखती है। पिछले पाँच-छह सौ सालों से चले आ रहे वैचारिक द्वन्द्वों में सूरदास अवतारवाद का अनुमोदन करते हैं और कृष्ण की सगुण मूर्ति की उपासना के पक्षधर के रूप में सामने आते हैं।

उद्धव स्वयं ज्ञानामार्गी हैं और ब्रह्म की निर्गुण-निराकार सत्ता में विश्वास रखते हैं। कृष्ण उनके ज्ञान गर्व को चूर करना चाहते थे। इसलिए गोपियों के पास उद्धव को भेजते हैं। गोपियाँ निर्गुण की साधना कैसे कर सकती हैं, वे तो कृष्ण की सगुण लीला के रस और प्रेम में पगी हैं, कृष्ण के मथुरा चले जाने के बाद विरह-व्याकुल हो रही हैं। उद्धव द्वारा निर्गुण साधना, योग साधना, नाथपन्थी वज्रयानी साधना का उपदेश सुनकर गोपियाँ पूछती हैं :

> निर्गुण कौन देस को वासी?
> मधुकर! हंसि समुझाय, सौंह दै बूझति सांच, न हाँसी॥

को है जनक, जननि को कहियत, कौन नारि को दासी?
कैसो बरन भेस है कैसी केहि रस में अभिलासी?
पावैगो पुनि कियो आपना जो रे! क्हैगो गांसी।
सुनत मौन है रहयो ठग्यो सौं सुर सवै मति नासी॥

गोपियाँ उद्धव से निर्गुण ब्रह्म का परिचय जानना चाहती हैं। यह निर्गुण ब्रह्म किस देश का वासी है? हे भौंरे (उद्धव), हमें अच्छी तरह से समझा दो। हम शपथ खाकर तुमसे सच्ची-सच्ची बात जानना चाहती हैं, कोई मज़ाक नहीं कर रही हैं—कोई हंसी नहीं उड़ाना चाहती हैं। हम वास्तव में जानना चाहती हैं कि उस निर्गुण का पिता कौन है? उसका रूप रंग तथा पहनावा कैसा है? वह किस रस के योग की अभिलाषा करता है? गोपियाँ पूछती हैं—हमारा प्रेमी तो प्रेमरस में अनुरक्त है पर यह निराकार ब्रह्म किस रस की इच्छा रखता है? हे उद्धव, यदि तुमने इन बातों का गलत उत्तर दिया तो अपने किये का फल पाओगे। गोपियों की ये दलीलें सुनकर उद्धव ठगे से रह गये, मौन हो गये और उनकी बुद्धि पंगु-सी हो गयी।

सूरदास गोपियों के माध्यम से निर्गुण मतवाद के खंडन में ब्रह्म चिन्तन सम्बन्धी दार्शनिक विवादों के अस्त्रागार से अपने तर्क नहीं लाते। गोपियाँ बार-बार लौकिक जीवन की कसौटी पर परम सत्ता या उपास्य अलौकिक सत्ता की अवधारणा को परखती हैं। इस वाद-विवाद-से यह स्पष्ट है कि सूरदास लौकिक जगत के मानवीय सम्बन्धों को दर्शन के केन्द्र में रखते हैं, ब्रह्मचिन्तन सम्बन्धी अमूर्त और वायवीय अवधारणाओं से अपनी जीवन दृष्टि को मुक्त रखना चाहते हैं। इस गोचर लौकिक जगत से परे कोई अलौकिक परम सत्ता है। उसे योग क्रियाओं के माध्यम से पाया जा सकता है—यह कल्पना गोपियों को सन्निपात के मरीज का प्रलाप प्रतीत होती है। गोपियाँ उद्धव से व्यंग्य करती हैं—आप बड़े सयाने हो :

ऊधो! जानि परे सयान।
नारियन को जोग लाए, भले जान सुजान॥
निगम तू नहिं पार पायो कहत जासों ज्ञान।
नयन त्रिकुटी जोरि संगम जेहि करत अनुमान॥
पवन धरि रबि-तन निहारत, मनहिं राख्यो मारि।
सूर सो मन हाथ नाहीं गयो संग बिसारि॥

हे उद्धव! आप तो बड़े चतुर मालूम पड़ते हो। योग का उपदेश स्त्रियों को आप देने आये हैं। आप ज्ञान-साधना द्वारा जिस निर्गुण ब्रह्म को जानने की बात कहते हैं उसको तो वेद भी नहीं जान पाये। आप हमें उस ब्रह्म का उपदेश देते हो जिसकी प्राप्ति के लिए नेत्रों की 'त्रिकुटी' की ओर योगी ध्यान लगाते हैं। वे प्राणायाम करके एकटक निर्निमेष दृष्टि से सूर्य की ओर देखते हैं और अपने मन पर नियन्त्रण रखते

हैं। पर ऐसी साधना हमसे सम्भव नहीं है चूँकि हमारा मन तो हमसे बिछुड़ कर कृष्ण के पास सिधार गया है। उस मन पर हमारा नियन्त्रण कहाँ रहा?

गोपियाँ पूछती हैं—"रूप न रेख, बरन जाके नहिं" उससे तुम प्रेम करने का उपदेश देते हो। पहले यह बताओ—"अपनी कहौ, दरस ऐसे को तुम कबहूँ हो पावत।" सूरदास का सबसे बड़ा तर्क प्रेम है। जिसकी कोई लौकिक सत्ता नहीं, जिससे कोई रिश्ता कायम नहीं हो पाता, जिससे रोज़-रोज़ का जीवन-व्यवहार और लेनदेन नहीं है, उसके प्रति लगाव कैसे हो सकता है? उसकी भक्ति कैसे हो सकती है? जिससे कभी मिलना सम्भव नहीं है, उसके रूप, उसके व्यक्तित्व की धारणा ही नहीं हो पाती। इसके विपरीत जिससे सम्बन्ध बन जाता है और प्यार हो जाता है, उसके लिए अपने को उत्सर्ग करने की भावना सहज ही उत्पन्न हो जाती है :

ऊधो प्रीति न मरन बिचारै।<br>
प्रीति पतंग जरै पावक परि, जरत अंग नहिं टारै॥<br>
प्रीति परेवा उड़त गगन चढ़ि गिरत न आप सम्हारै।<br>
प्रीति मधुप केतकी-कुसुम बसि कंटक आपु प्रहारै॥<br>
प्रीति जात जैसे पय पानी जानि अनपपौ ज़ारै।<br>
प्रीति कुरंग नादरस, लुब्धक ताबि तानि सर मारै॥<br>
प्रीति जान जननी सुत-कारन को न अपनपौ हारै?<br>
सूर स्याम सों प्रीति गोपिन की कहु कैसु निरूवारै॥

हे उद्धव! जब किसी से प्यार होता है तो प्यार करनेवाला मृत्यु की परवाह नहीं करता। प्रेम के कारण पतंगा आग की लपटों में कूद पड़ता है और जल मरता है। जलते समय वह अपने अंगों को भस्मीभूत होने से बचाता नहीं। प्रेम के कारण कबूतर आकाश में ऊँचा से ऊँचा चढ़ता जाता है—और जब गिरने लगता है तो अपने को सम्भाल भी नहीं पाता। प्रेम के कारण ही भौंरा केतकी के फूल के अन्दर बैठ जाता है और काँटों की चोट सहता रहता है। प्रीति के कारण ही पानी दूध में मिलकर आग के उबाल को सहता है और जल जाता है। वीणा की स्वर-लहरी से प्रीति के कारण एक स्थान पर बैठा हुआ हिरण शिकारी के बाण का शिकार हो जाता है। प्रीति के कारण ही माँ अपने बेटे के लिए हर प्रकार का कष्ट उठाती हुई अपने स्वत्त्व को होम कर देती है। गोपियाँ कहती हैं—ऐसा ही हमारा प्रेम कृष्ण के प्रति है। इस प्रेम से अब छुटकारा कहाँ है?

'भ्रमरगीत' को सूरसागर का सबसे मर्मस्पर्शी अंश माना जाता है। यह एक प्रकार का उपालम्भ काव्य भी है। आचार्य रामचन्द्र शुक्ल सगुण-निर्गुण विवाद में सूरदास के भ्रमरगीत पदों की विवेचना करते हुए इस मान्यता पर ज़ोर देते हैं कि भक्त शिरोमणि सूर ने इसमें सगुणोपासना का निरूपण बड़े ही मार्मिक ढंग से—हृदय

की अनुभूति के आधार पर, तर्कपद्धति पर नहीं—किया है। सगुण-निर्गुण का यह प्रसंग सूर अपनी ओर से ले आये हैं जिससे संवाद में बहुत रोचकता आ गयी है। भागवत में यह प्रसंग नहीं है। आचार्य विश्वनाथ प्रसाद मिश्र इस सगुण-निर्गुण विवाद में सूरदास और तुलसीदास को एक तरफ रखते हैं और दूसरी तरफ नाथपन्थियों, सिद्धों और सन्तों के प्रसंग में आचार्य मिश्र जी कहते हैं—ज्ञान की कोरी वचनावली और योग की थोथी साधनावली का यदि साधारण लोगों में विशेष प्रचार हो तो अव्यवस्था फैलने लगती है। निर्गुण पन्थ ईश्वर की सर्वव्यापकता, भेदभाव की शून्यता, सब मतों की एकता आदि लेकर बढ़ा जिस पर चलकर अनपढ़ जनता ज्ञान की अनगढ़ बातों और योग के टेढ़ेमेढ़े अभ्यासों को ही सबकुछ मान बैठी तथा दंभ, अहंकार आदि दुर्वृत्तियों से उलझने लगी। ज्ञान का ककहरा भी न जाननेवाले उसके पारंगत पंडितों से मुँहज़ोरी करने लगे। अज्ञान से जिनकी आँखे बन्द थीं वे ज्ञान चक्षुओं को आँख दिखाने लगे।

आचार्य मिश्र स्पष्ट शब्दों में कहते हैं कि ज्ञानमार्गी धारा "लोकविरोधी धारा" थी। वे यह भी मानते हैं कि यह तत्कालीन उद्वेगजनक प्रवृत्ति ही थी जिसका उच्छेद करने के लिए सूर ने सागर की ये उत्ताल तरंगें लहरायीं।

ज्ञानयोग के प्रतिपक्ष में साकार उपास्य देव के लिए प्रेमभक्ति की भावना सूर के काव्य में निर्विवाद रूप से उपस्थित है, इसमें कोई सन्देह नहीं है। सूर ने सगुण-निर्गुण के विवाद में ज्ञान या योगमार्ग को संकीर्ण, कठिन तथा नीरस बताया तथा भक्तिमार्ग को विशाल राजपथ जैसा सरल और सरस माना है। विश्व की रूपविभूति और जीवनलीलाओं में मन को रमाने का जैसा अवसर भक्ति भावना के माध्यम से मिलता है, वैसा अन्त:साधना के चक्करदार, रहस्यमय और गुह्य पथ से मिलना सम्भव नहीं है। सूर की यही तर्क पद्धति है जो भोलीभाली गोपियों के संवाद के माध्यम से रसभरी भक्ति की रमणीयता से सराबोर है। सगुण-निर्गुण विवाद की यह द्वन्द्वात्मकता ही भ्रमरगीत प्रसंग का प्राण है।

गोपियों की प्रेममग्न तन्मयता, विह्वलता और भावना में पगी तर्कशीलता के आगे अन्तत: उद्धव हार मान जाते हैं। उद्धव जब लौटकर मथुरा आते हैं और श्री कृष्ण को अपनी यात्रा का वृत्तान्त सुनाते हैं तो एक तरह से अपनी पराजय मान लेते हैं :

माधव जू! मैं अति सचु पायो।
अपने जानि सन्देस-ब्याज करि ब्रजनन मिलन पठायो।
छमा करौ तौ करौं बीनती जो उत देखि हौं आयो।
श्रीमुख ज्ञानपन्थ जो उचरयो तिन पै कछु न सुहायो॥
सकल निगम सिद्धान्त जन्म-स्रम स्यामा सहज सुनायो।

नहिं स्रुति, सेष, महेस, प्रजापति जो रस गोपिन गायो॥
कटुक कथा लागी मोहिं अपनी, वा रस-सिन्धु समायो।
उत तुम देखे और भाँति मैं, सकल तृषाहि बुझायो।
तुम्हरी अथक-कथा तुम जानो हम जन नाहिं बसायो।
सूरदास सुन्दर पद निरखत नयनन नीर बहायो॥

हे कृष्ण! माधव जी! मैंने ब्रज में जाकर सचमुच अति सुख प्राप्त किया—गोपियों के संसर्ग से मुझे अपार सुख मिला। आपने ज्ञान-सन्देश देने के बहाने मुझे ब्रज के लोगों से मिलने भेजा था। यदि आप क्षमा करें तो मैं विनती करके उन सब बातों का वर्णन करना चाहता हूँ जिन्हें मैं वहाँ देखकर आया हूँ। आपने अपने श्रीमुख से जिस ज्ञानपन्थ का उच्चारण किया था, वह उन्हें जरा भी नहीं सुहाया। जन्मभर के परिश्रम के बाद जो वैदिक सिद्धान्त का ज्ञान होता है, उसे तो श्यामा (राधा) ने सहज ही सुना दिया। जिस रस का ज्ञान गोपियों ने किया है, वह वेद, शेषनाग, शिव और ब्रह्मा को भी प्राप्त नहीं है। उनके सामने मुझे अपना ज्ञानमार्गी उपदेश कड़वा लगा और मैं स्वयं ही उसके प्रेमरस के सागर में समा गया। मैंने उधर ब्रज में आपका ही रूप सर्वत्र देखा और मेरी आपके विषय में सारी तृषा, सारी जिज्ञासा शान्त हो गयी। आपकी कथा वस्तुतः अकथनीय—अनिर्वचनीय सी है; उसे आप ही जान सकते हैं। हम जैसे लोग उसे जान नहीं सकेंगे। इस तरह उद्धव ने अपना वृत्तान्त सुनाने के बाद श्री कृष्ण के सुन्दर चरणों को निहारा और अपने सौभाग्य पर अपने ही नेत्रों से हर्ष से भरे आँसू बहाये।

सगुण-निर्गुण विवाद में उद्धव का यह चित्र प्रस्तुत कर सूरदास मानवीय संवेदना का एक भाव-विह्वल परिणाम दिखलाते हैं कि किस तरह गोपियों के आगे उद्धव हार कर लौटे हैं।

## सूर काव्य में प्रेमाभक्ति

प्रेमाभक्ति, पुष्टिभक्ति, रागानुगा भक्ति या रागात्मिका भक्ति—ये सभी पारिभाषिक पद एक ही अर्थ में प्रयुक्त होते हैं। सूर की भक्ति पद्धति को परिभाषित करने के लिए प्रायः इसी पद या शब्दावली का उपयोग किया जाता है।

वल्लभाचार्य के सम्प्रदाय का नाम पुष्टिमार्ग था। सूरदास को इस सम्प्रदाय की दीक्षा स्वयं वल्लभाचार्य ने दी थी। भगवान के अनुग्रह या भगवत कृपा के रूप में पुष्टि की व्याख्या की गयी है। वल्लभाचार्य ने प्रवाह मार्ग, मर्यादामार्ग और पुष्टिमार्ग—इन तीनों मार्गों में पुष्टिमार्ग को श्रेष्ठ बताया था। वल्लभ मत में प्रवाह मार्ग का अर्थ है दुनियादारी और सांसारिकता के भवचक्र में फँसे रहना; मर्यादामार्ग का अर्थ है वैदिक जीवन प्रणाली का अनुसरण, और पुष्टिमार्ग का अर्थ है आत्मसमर्पण

युक्त रसात्मक प्रेम के द्वारा भगवान की आनन्दलीला में लीन रहना। इस तरह पुष्टिमार्ग का जो भी अनुयायी होता है उसके लिए भगवत लीला परमोत्तम है। भक्त अपनी प्रेमाभक्ति के लिए भगवान के अनुग्रह पर निर्भर करता है।

वल्लभ-मत के अन्तर्गत यह मान्यता प्रचलित है कि जीवों पर अनुग्रह करने के लिए ही भगवान अवतार ग्रहण करते हैं। उनके अवतार का प्रयोजन लीला करना है। यह लीला आकस्मिक घटना नहीं बल्कि भगवान की नित्य लीला है। चूँकि भक्त की भक्ति भावना भगवान के अनुग्रह पर निर्भर करती है—अत: यह वैष्णवों की नवधा भक्ति से भिन्न है और इसकी भिन्नता स्थापित करने के लिए ही इसका नामकरण पुष्टिभक्ति के रूप में किया गया है। भक्ति की इस पद्धति में भजन-पूजन नहीं होता--बल्कि भगवान की लीला के प्रति रागात्मक लगाव होता है, गहरी अनुरक्ति होती है और सच्ची प्रेमभावना होती है। अत: इस लगाव, अनुरक्ति और सच्ची प्रेम भावना की व्यंजना करने के लिए भक्ति की इस पद्धति को रागानुगा, प्रेमलक्षणा या प्रेमाभक्ति का नाम दे दिया गया है।

पुष्टिमार्ग में भगवान के रूप में श्रीकृष्ण के परमानन्द रूप की आराधना या उपासना की व्यवस्था की गयी है। श्रीकृष्ण सौन्दर्य, आनन्द और रस के आगार हैं। वेश-विन्यास, गृह-प्रसाधन, पाक-कला, संगीत और काव्य—सबको पुष्टिमार्ग में पर्याप्त प्रोत्साहन मिला। दरअसल पुष्टिमार्गीय भक्ति गृहस्थ धर्म का निर्वाह करनेवाले जन-साधारण की प्रवृत्तिमार्गी उपासना पद्धति के रूप में विकसित हुई थी। सांसारिक आकर्षणों का निषेध करनेवाला यह भक्तिमार्ग नहीं था। इसलिए लौकिक मानवीय सम्बन्धों के परिप्रेक्ष्य में सूर की प्रेमाभक्ति का भावसौन्दर्य अच्छी तरह पुष्पित-पल्लवित हो सका था।

पुष्टिमार्गी भक्ति सम्प्रदाय के भीतर गृहत्यागी साधुओं की कोई व्यवस्था नहीं है। इस उपासना मार्ग के अन्दर कोई कर्मकांड भी स्वीकार नहीं किया गया है। वस्तुत: इस भक्तिमार्ग में त्याग को कोई स्थान प्राप्त नहीं है; समर्पण ही सब कुछ माना गया है। सूरदास के काव्य को पुष्टिमार्ग के सिद्धान्तों की यान्त्रिक परिणति या काव्यानुवाद के रूप में देखने की प्रवृत्ति पर अनेक समीक्षकों ने अपनी आपत्ति दर्ज करायी है। सूर के काव्य में जिस प्रेमाभक्ति की भावधारा मिलती है, उसे साम्प्रदायिक अर्थों में खांटी पुष्टिमार्गीय सिद्ध करना एक दु:साध्य कार्य है। डॉ. ब्रजेश्वर वर्मा इस प्रसंग से सम्बन्धित विवादों में हस्तक्षेप कर यह बता चुके हैं कि सूरसागर में शुद्धाद्वैत या पुष्टिमार्ग की पारिभाषिक शब्दावली का प्रयोग नहीं मिलता। यह स्पष्ट है कि वे शंकर अद्वैत के विरोधी थे और अद्वैतवाद के उस संशोधित रूप के समर्थक थे जिसमें भक्त और भगवान तथा भक्ति के साधन—उपकरणों की पृथक स्वीकृति भी सम्भव हो सके। उसे शुद्धाद्वैत कहें या द्वैताद्वैत, कदाचित इस विषय में सूरदास विशेष चिन्तित नहीं थे।

सूरदास के उपास्य श्रीकृष्ण हैं जिनके प्रति गहरा अनुराग और प्रेमपूर्ण भावावेग व्यक्त करने के लिए उनके रूप, व्यक्तित्व, परिवेश, क्रियाकलाप, लीलामय स्वरूप आदि का चित्रण सहज मानवीय सम्बन्धों के गतिमान सन्दर्भों के बीच में किया गया है। अपनी इस काव्य-कला की अनूठी प्रतिभा के स्फुरण के लिए वे पुष्टिमार्ग के सिद्धान्तों की तोतारटंत शब्दावली पर निर्भर नहीं करते। आचार्य नन्ददुलारे वाजपेयी की दृष्टि में यह ब्रजवासियों के श्रीकृष्ण सम्बन्धी रस में भरा हुआ सागर ही सूरसागर है। ब्रज के समस्त जीवन का सार-रस—माता के हृदय का रस, पिता के सुख का रस, सखाओं के सहवास का रस, प्रियतमा गोपियों के संयोग-वियोग का रस जो सम्पूर्ण कृष्णमय रस है, यही सूरसागर है।

रागानुगा भक्ति या पुष्टिभक्ति की विशिष्टता का विवेचन डॉ. मुंशीराम शर्मा ने अपने शोधग्रन्थ 'महाकवि सूरदासः एक अध्ययन' नामक पुस्तक में किया है। वस्तुतः सामाजिक विध-निषेध की मर्यादाओं में यह प्रेमाभक्ति बँधी हुई नहीं होती। उल्लिखित पुस्तक के अन्तर्गत ''मर्यादाभंग और स्वच्छन्द प्रेम'' नामक एक उपखंड है जिसमें बतलाया गया है कि सूर की रागानुगा भक्ति की कल्लोलिनी धारा मर्यादा के तटबन्ध को तोड़ती-फोड़ती हुई उद्दाम वेग से बढ़ती जाती है। डॉ. मुंशीराम शर्मा के शब्दों में सूर की गोपियाँ इतनी स्वछन्द हो जाती हैं कि वे कृष्ण के हाथ से मुरली छीन कर बजाने लगती हैं। कृष्ण का मुकुट खुद अपने सिर पर धारण कर लेती हैं और कृष्ण को अपना शीश फूल पहना देती हैं। उनके वस्त्र स्वयं पहन लेती हैं और स्वयं ही कृष्ण बन जाती हैं, जबकि कृष्ण को अपना वस्त्र पहनाकर उन्हें राधा बना देती हैं। कृष्ण राधा के रूप में मान मनुहार कर बैठ गये और गोपियाँ कृष्ण बनकर उनकी मनुहार करने लगीं। पुष्टिमार्गीय भक्ति के निरूपण में मर्यादा भंग, वस्त्रों के क्रमभंग, आभूषणों के धारण में स्थान भंग जैसी स्वच्छन्द नाट्यभंगिमाओं के उदाहरण प्रस्तुत करने में सूरदास अद्वितीय हैं। इस प्रकार के वर्णन वस्तुतः रागानुगा भक्ति के निरूपण के अन्तर्गत लीला-चित्र माने जाने चाहिए। रास लीला, होली लीला, जलक्रीड़ा आदि में भी इसी प्रकार के स्वच्छन्द सम्बन्ध के वर्णन अनेक स्थलों पर रेखांकित किये जा सकते हैं। राधा कृष्ण से हठ करती हैं कि उसे अपने कन्धों पर बिठाएँ। लौकिकता के आश्रय में ही प्रेम दिव्य आभा ग्रहण कर आलोकित हो जाता है।

सूरसागर में इस प्रेमलक्षणा भक्ति का सांगोपांग चित्रण हुआ है—कहना चाहिए कि प्रेम के प्रारम्भ, विकास और उसकी चरम परिणति—सभी भावदशाओं के चित्रों से सूरकाव्य भरा पड़ा है। रागानुगा भक्ति को प्रेम की चरम परिणति के रूप में स्वीकार किया गया है। 'भक्ति रसामृत सिन्धु' नामक श्री रूपगोस्वामी के भक्तिशास्त्र सम्बन्धी ग्रन्थ में रागानुगा भक्ति को अन्तिम सीढ़ी माना गया है। कृष्ण के प्रति राधा या गोपियों का प्रेम इसी कोटि का है। 'भक्ति आन्दोलन और सूरदास का काव्य' नामक मैनेजर

पांडेय के शोधग्रन्थ में सूरदास की भक्तिभावना का विस्तारपूर्वक विवेचन किया गया है। उनकी मान्यता है कि माधुर्यभाव की मधुर भक्ति रागात्मिक भक्ति का श्रेष्ठ रूप है। इस मधुर भक्ति का स्थायी भाव माधुर्य, कान्ता रति या मधुरति है। इस माधुर्य भाव की भक्ति का चरम रूप राधा तथा अन्य गोपियों से कृष्ण के स्वच्छन्द प्रेम सम्बन्ध में व्यक्त हुआ है। सूरसागर में स्त्री-पुरुष सम्बन्धों के बीच सामाजिक मर्यादाओं के बन्धन से बँधा हुआ संस्कार कहीं भी परिलक्षित नहीं होता बल्कि स्वकीया-परकीया की नायक-नायिका भेदवाली शास्त्रीय दृष्टि से मुक्त यह प्रेमभक्ति है। मैनेजर पांडेय ने ठीक ही कहा है कि राधा और कृष्ण परम चैतन्य के ही दो रूप हैं। उनका प्रेम पुरातन है। वे सनातन हैं और उनका यह लौकिक रूप लीलारूप है। उनकी गुप्त लीला शाश्वत है, प्रेम शाश्वत है, लेकिन इस प्रकट लीला में लोकलाज एवं कुलकानि की चिन्ता है। रासलीला में राधा नायिका हैं। वे रास के मध्य विराजमान हैं। कृष्ण जगनायक हैं और राधा जगदीश प्रिया, जगतजननी और जगत रानी हैं। वृन्दावन में राधाकृष्ण का विहार नित्य है। रासलीला में राधा स्वकीया हैं। वे दोनों मूर्तिमान राग-रागिनी हैं। रासलीला में राधा जीव हैं और सभी गोपियाँ देह। राधा गोपियों की आत्मा हैं। रासलीला के पश्चात ग्रीष्म लीला, युगल समागम, मान लीला, दम्पति विहार, खंडिता प्रकरण, झूलन और बसन्तोत्सव के सहारे राधा कृष्ण की प्रेमलीला चलती है।

यह उल्लेखनीय है कि प्रेमाभक्ति सिर्फ संयोगावस्था में ही नहीं होती। वियोग के क्षणों में भी प्रेमी की स्मृति सताती रहती है और आंखों में प्रेमी का नित्य लीला स्वरूप जगमगाता रहता है। डॉ. पांडेय तो विरह दशा में ही प्रेमाभक्ति की तन्मयता का उत्कर्ष मानते हैं। उनके अनुसार सूरदास ने सिद्धान्त रूप में भी विरह की दशा की आवश्यकता पर बल दिया है। वियोग प्रेम की सिद्धावस्था है। वह चित्त की समाधि अवस्था है जहाँ तन्मयता, तद्रूपता और तल्लीनता का चरमोत्कर्ष दिखाई पड़ता है।

## सूरदास की भाषा और रूप विधान

सूरदास भी भक्तिकाल के समानधर्मा कृतिकारों की तरह ही 'भाखा' के कवि थे। उन्होंने स्वयं अपनी रचनाएँ लिखी नहीं थीं। उनकी विनम्र आत्मस्वीकृति है कि भागवत के द्वादश स्कन्धों को उन्होंने भाखा के पदों में गाकर कहा है—सूरदास सोई कहे, पद भाखा करि गाइ॥ यह बहुत महत्त्वपूर्ण उक्ति भी है।

तेरहवीं सदी के बाद से लगातार आधुनिक भारतीय भाषाओं के अभ्युदय के प्रमाण मिलते हैं। ब्रजभाषा भी हिन्दी क्षेत्र की एक आधुनिक भारतीय भाषा है। सूरदास अपने पदों की रचना इसी जनभाषा में करने लगे, इन पदों को गाकर सुनाने लगे—ये पद संगीत के सुरों में ढले हुए थे। धीरेन्द्र वर्मा यह मानते हैं कि ब्रजभाषा का

साहित्य में प्रयोग सोलहवीं शताब्दी के प्रारम्भ से मिलता है, जब ब्रजप्रदेश में गौड़ीय वैष्णव और वल्लभ सम्प्रदाय अथवा पुष्टिमार्ग के केन्द्र स्थापित हुए। सूरदास साहित्यिक ब्रजभाषा के श्रेष्ठ कवि थे। उनके उपरांत हिन्दी प्रदेश के लगभग समस्त कृष्णभक्त कवियों ने अपनी रचनाएँ ब्रजभाषा में ही लिखीं, जिसके फलस्वरूप ब्रजभाषा हिन्दी प्रदेश की प्रमुख साहित्यिक भाषा बन गयी। सत्रहवीं और अठारहवीं शताब्दी का हिन्दी रीति साहित्य भी ब्रजभाषा में ही लिखा गया। यह भक्तिकाल की ब्रजभाषा का अधिक परिमार्जित और साहित्यिक रूप है तथा इस पर पूर्वी ब्रज (कन्नौजी) का प्रभाव कुछ अधिक मिलता है।

ब्रजभाषा में रची हुई सूरदास की पदावली पर विचार करते समय सबसे पहले आचार्य रामचन्द्र शुक्ल का इस बात की ओर ध्यान गया कि इतनी ''परिष्कृत और परिमार्जित भाषा'' के पीछे कोई काव्यपरम्परा अवश्य ही होनी चाहिए। उनकी टिप्पणी थी सूरदास की रचना इतनी प्रगल्भ और काव्यांगपूर्ण है कि आगे होनेवाले कवियों की शृंगार और वात्सल्य की उक्तियाँ सूर की जूठी सी जान पड़ती हैं। अतः सूरसागर किसी चली आती हुई गीतिकाव्य परम्परा का—चाहे वह मौखिक ही रही है—पूर्ण विकास सा प्रतीत होता है।

उपर्युक्त दोनों विद्वानों की टिप्पणियों से यह स्पष्ट हो जाता है कि ब्रजभाषा में काव्य-परम्परा का सूत्रपात सूरदास ने ही किया था। उनके पहले के किसी भी ब्रजभाषा कवि की कोई उल्लेखनीय कृति का उल्लेख तक नहीं मिलता है। शिवप्रसाद सिंह के शोधग्रन्थ 'सूरपूर्व ब्रजभाषा' में भी ऐसी किसी उल्लेखनीय कृति का प्रमाण नहीं मिलता जिससे यह निष्कर्ष निकाला जा सके कि सूरदास के पहले ब्रजभाषा की साहित्यिक परम्परा का अस्तित्व था और सूरदास ने उस परम्परा से सीख कर अपनी भाषा और काव्य शैली का परिष्कार किया था। मैनेजर पांडेय के सूरदास सम्बन्धी शोधग्रन्थ से भी इसी तथ्य की पुष्टि होती है। इनकी मान्यता है कि सूरदास कवियों के कवि इसलिए भी हैं कि उन्होंने ब्रजभाषा काव्य की जो परम्परा निर्मित की, वह बाद के लगभग चार सौ वर्षों तक चलती रही। सूर को समाज और साहित्य से जो ब्रजभाषा मिली थी उसे पहले से अधिक विकसित, परिष्कृत और अभिव्यंजक बनाकर उन्होंने बाद के कवियों को सौंपा।

सूरदास का काव्य ब्रज प्रदेश की लोक संस्कृति और उसकी वाचिक परम्परा से प्राण शक्ति खींचकर पला, बढ़ा और परिष्कृत हुआ था। सूरसागर के पद संगीत की स्वरलहरी की आवश्यकताओं के अनुसार ढले और रचे गये प्रतीत होते हैं। श्रोतामंडली को सुनाने के लिए ये पद कहे और गाये गये थे। लिखित पाठ के रूप में इनका सृजन न होना यह बतलाता है कि श्रुतिमधुर शब्दशैली, सुर और ताल के आग्रह और लोक कंठ की धुनों के प्रचलित रूपों से इन पदों की गेयता का छन्द से गहरा

रिश्ता है। आचार्य रामचन्द्र शुक्ल की इस प्रसंग से सम्बन्धित उक्ति अविस्मरणीय है कि आचार्यों की छाप लगी हुई आठ वीणाएँ श्री कृष्ण की प्रेमलीला का कीर्तन करने उठीं, जिनमें सबसे ऊँची, सुरीली और मधुर झनकार अंधे कवि सूरदास की वीणा की थी। सूरसागर के पदों की ब्रजभाषा का प्रगीतात्मक स्वरप्रवाह भक्तिकालीन काव्यसृजन की प्रक्रिया में संगीत के निर्णायक अनुरोध और अनुशासन का महत्त्व भी दरसाता है। आज भी बड़े से बड़े गायक ब्रजभाषा, अवधी और मैथिली के ही भजन या पद गाते हैं। इस तथ्य से यह संकेत मिलता है कि मध्यकाल की वाचिक परम्परा का संगीत से अविच्छिन्न सम्बन्ध था।

सूरदास के पदों में लोकसंगीत और शास्त्रीय संगीत—दोनों की राग-रागिनियाँ उपलब्ध होती हैं। मनमोहन गौतम का अनुमान है कि श्रीनाथ जी के मन्दिर में गाये जानेवाले कीर्तन की रचनाओं को सुननेवाले दोनों प्रकार के श्रोतासमूह वहाँ मौजूद होते थे। अत: ''जैसा समुदाय होता था, उसी के अनुरूप सूरदास जी भजन गाते थे।''

## सूर की काव्य भाषा

सूरकाव्य की सर्जनात्मक बनावट और कलात्मकता के निर्माण में भाषासौष्ठव का अपूर्व योगदान है। समग्र काव्यार्थ की निर्मिति में काव्यभाषा एक संश्लिष्ट उपादान की तरह होती है। सूरसागर की काव्यभाषा के सौन्दर्य, नाद तत्व और व्यंजकता को देखकर आचार्य रामचन्द्र को आश्चर्य हुआ था। उन्हें ऐसा प्रतीत हुआ मानो दीर्घ काल से चली आ रही किसी मौखिक काव्य-परम्परा में सूरदास दीक्षित हुए हों। उनकी उक्ति अविस्मरणीय है :

''ध्यान देने की बात है कि चलती हुई ब्रजभाषा में सबसे पहली साहित्यिक कृति इन्हीं की मिलती है जो अपनी पूर्णता के कारण आश्चर्य में डाल देती है। पहली साहित्यिक रचना और इतनी प्रचुर, प्रगल्भ और काव्यांगपूर्ण, कि अगले की शृंगार और वात्सल्य से सम्बन्धित उक्तियाँ उनकी जूठी जान पड़ती हैं।''

ब्रजक्षेत्र की जनपदीय बोली किस तरह एक विकसित काव्यभाषा का रूप ग्रहण करती है, यह एक अलग समस्या है, जिसपर भाषाशास्त्र के विद्वानों ने बहुत कुछ लिखा है। यहाँ सूरदास के प्रसंग में पहली बात ध्यान देने की यह है कि सूर की काव्यभाषा ब्रजक्षेत्र की रोज़मर्रा की बोलीबानी से अलग नहीं है। पहले से चली आती हुई मौखिक गीत-परम्परा और ब्रज क्षेत्र की दिनचर्या की ठोस संवादमयता—इन दोनों को एक अन्धे कीर्तनकार ने किस तरह अन्त:गुम्फित किया, किस तरह उसे अर्थव्यंजना की दृष्टि से परिष्कृत किया और हज़ारों पदों की रचना कर पन्द्रहवी-सोलहवीं सदी में संस्कृति के उच्चतर आसन पर ब्रजभाषा को प्रतिष्ठित कर दिया—इन सभी पहलुओं का विद्वानों ने बार-बार उल्लेख किया है।

आचार्य हज़ारी प्रसाद द्विवेदी सूर की काव्यभाषा की अपूर्व सामर्थ्य बतलाते हुए मूलतः दो कसौटियों को निर्णायक मानते हैं—(क) शब्दों की मितव्ययिता तथा (ख) चित्रमयता। इन दोनों ही कसौटियों पर सूरकाव्य की परख करते हुए वे कहते हैं—सूरदास में ये दोनों गुण हैं। दूसरे गुण में तो सूरदास की समता संसार के कुछ ही कवि कर सकते हैं।

सूर के पदों का काव्योत्कर्ष मूलतः वक्रोक्ति, श्लेष, व्यंग्यार्थ और माधुर्य गुण से सम्पन्न शब्दमैत्री पर निर्भर करता है। कला की दृष्टि से इतनी समृद्ध काव्यभाषा बोलचाल और दैनन्दिन बातचीत की नाटकीयता के बिना सम्भव ही नहीं हो पाती। उपमा, रूपक, उत्प्रेक्षा, अतिशयोक्ति, विभावना, अर्थान्तरन्यास आदि अलंकार सूर की काव्यभाषा में सहज ही उमड़े चले आते हैं। चूँकि ऐन्द्रिक चित्रों की रचना में वे अपूर्व कलाकौशल का परिचय देते हैं, अतः सूरसागर की पदावली चित्रमयता से जगमग करती रहती है। साधर्म्यमूलक अलंकार सूर की सम्मूर्त्तन कला के उपादान बनकर आते हैं। मानव आचरण, विश्वसृष्टि और ब्रज की ग्रामीण प्रकृति से सूरदास अपने उपमान चुनते हैं। ये उपमान कृतिकार के अभिप्रेत कथ्य और उसकी काव्यवस्तु को श्रोता या पाठक के सम्मुख ऐन्द्रिक रूप में प्रस्तुत कर देते हैं। सूरदास इस कला के उस्ताद माने जाते हैं।

तोक्यो विश्वविद्यालय, जापान के एक विद्वान प्रोफेसर तकुशोकू ने सूरसागर की काव्यभाषा के अनुशीलन से निम्नलिखित निष्कर्ष निकाला है—सूरसागर के अन्दर साहित्यिक भाषा संस्कृत और लोकभाषा ब्रज के बीच विशेष विरोध का न होना या, दूसरे शब्दों में, दोनों का समन्वय होना नीचे दी हुई प्रक्रियाओं से सम्भव हुआ होगा।

1. संस्कृत शब्दों को ग्रहण करने में सूरदास ने ऐसे शब्दों को प्राथमिकता दी जिनकी ध्वनि-व्यवस्था ब्रजभाषा की दृष्टि से सरल हो। अतः जहाँ तक इस वर्ग के शब्दों का सम्बन्ध है गृहीत संस्कृत तत्सम शब्द और ब्रजभाषा में कम अन्तर आया है।
2. जब सूरदास जटिल ध्वनि-व्यवस्था वाले संस्कृत शब्द ग्रहण करने को बाध्य हुए तो उन्होंने उन शब्दों को ब्रजभाषा के गठन के अनुरूप बदल दिया।

व्यंजन-गुच्छ युक्त तत्सम शब्द 'दुग्ध', 'हृदय', 'कृष्ण' आदि के बजाय दूध, हिय, कान्हा, कन्हैया, वगैरह के प्रयोग ही सूरदास को भाते हैं। नन्द, आँखि, नहिं, भई, कुँवर, क्यों, मोकों जैसे प्रयोगों से स्पष्ट है कि सूर की भाषा में ध्वनिव्यवस्था की दृष्टि से आनुनासिकता की ही भरमार है। ब्रजभाषा के सभी व्यंजन सूर के काव्य में प्रयुक्त हुए हैं—उदाहरण के लिए 'य' के स्थान पर 'ज', 'व' के स्थान पर 'ब', 'श' के स्थान पर 'स'।

सूरकाव्य में अरबी-फारसी की शब्दावली भरी पड़ी है। ब्रजभाषा ने इस शब्दावली को पचा लिया है। जैसे—अबीर, अमीर, खसम, जवाब, मुसाहिब, अकल, खबर, खरच, खवास, गुलाम, जमानत, जहाज, तलफ, दगा, सन्दूक, महल, फौज, जौहर, गुमान, दस्तक, सरदार, दीवान, मेहमान आदि।

क्रियाव्यापार की अभिव्यक्ति में सूर ने ब्रजक्षेत्र की रोज़ाना बोलचाल में रचे बसे ध्वन्यात्मक शब्दों का सार्थक उपयोग किया है—अरबराइ, कलमलात, किलकना, गहगहात, घहरानि, चटचटात, झुनझुन, धकधक, झपतार, झमकत, झमकिन आदि शब्द सैकड़ों की संख्या में मिल जाते हैं। 'सूरदास' नाम से हरबंस लाल शर्मा ने जिस पुस्तक का सम्पादन किया है, उसमें कैलास चन्द्र भाटिया का निबन्ध संकलित है। इस निबन्ध में सूरसागर की भाषा पर विस्तार से विचार किया गया है। डॉ. भाटिया से भिन्न स्तर पर डॉ. मैनेजर पांडेय का विश्लेषण खास तौर पर उल्लेखनीय और पठनीय है। सूरदास पर लिखित अपनी पुस्तक में उन्होंने सूर की अभिव्यक्ति के स्वरूप की छानबीन करते हुए भाषा के बारे में विशद विवेचन प्रस्तुत किया है। कलात्मक स्तर पर सौन्दर्यानुभूति की दृष्टि से सूर की काव्य भाषा की विशेषता पर उनकी टिप्पणी है—"सूरदास रूपकप्रधान चिन्तन के सहारे ही अलंकारों का प्रयोग करते हैं और बिम्ब, प्रतीक, अन्योक्ति आदि की रचना भी करते हैं। इस पद्धति से काव्यभाषा में वाग्विदग्धता, उपचारवक्रता और अभिव्यक्ति के सौन्दर्य का विकास हुआ है।"

## छन्द

सूरसागर के पदों में जहाँ भी वर्णन या कथा की प्रमुखता है, वहाँ दोहा, रोला अथवा रोला-दोहा का मिश्रित रूप तो मिलता ही है, दोहा-चोपाई के मिश्रण से निर्मित नवीन छन्द रूपों का भी प्रयोग मिलता है। प्रगीतात्मकता अथवा गेयता के अनुरोध से छन्दों के मिश्रण अथवा नये रूप उपयोग में लाये गये हैं। जहाँ नाटकीय उतार-चढ़ाववाले घटनाप्रसंग हैं, उदाहरण के लिए दानलीला आदि में, वहाँ रोला-दोहा का मिश्रित छन्द मिलता है। पदरचना के अन्त में दस मात्राओं की एक पंक्ति जोड़कर गेय पद को और भी मनोहर बना दिया गया है।

सूरदास ने दोहा और चौपाई छन्दों में भावप्रवाह की रक्षा के लिए जगह-जगह नये ढंग से परिवर्तन किये हैं। उदाहरण के लिए फाग और होली के वर्णनों में ब्रज लोकगीत और संगीत का सम्मोहक प्रभाव उत्पन्न करने के लिए अनेक स्थलों पर मात्राओं में परिवर्तन किये गये हैं। ब्रजेश्वर वर्मा का अनुमान है कि कदाचित सूरदास ने ही सबसे पहले चौपाई की दो अर्धालियों के बाद 13 मात्राओं की एक पंक्ति जोड़कर एक त्रिपदी छन्द का प्रयोग किया था। बाद में सूर के प्रयोगों की प्रभावोत्पादकता और मनोहारिता को देखकर राधा बल्लभ सम्प्रदाय के कवियों में खासकर सेवक जी,

हरिराम व्यास, चतुर्भुज दास आदि ने इसका खूब प्रयोग किया।

दोहा को आचार्य हज़ारी प्रसाद द्विवेदी हिन्दी का जातीय छन्द मानते हैं। कृष्ण-काव्य परम्परा में इस छन्द का अत्यधिक उपयोग सबसे पहले सूरदास ने ही किया था। सूरसागर में अनेक पद ऐसे हैं जिनमें सूक्तियों के रूप में मार्मिक वक्तव्य दोहा छन्द में ही प्रस्तुत किया गया है। दोहे के कलात्मक उपयोग के प्रमाण के रूप मे 'सूर पच्चीसी' की चर्चा की जाती है, चूँकि ये पच्चीसों दोहे अपने आप में एक स्वतन्त्र काव्यखंड भी हैं और इसके एक-एक दोहे पृथक-पृथक भी अपनी सार्थकता रखते हैं।

सूरसागर में कवित्त, सवैया, छप्पय, कुंडलिया, हरिगीतिका, अरिल्ल आदि का भी अनेक स्थलों पर कथा, भाव या संगीत के अनुरोध से उपयोग किया गया है।

सूरसागर में छन्दों की विविधता है। गीतिकाव्य में नयी उद्‌भावनाओं के अनुसार छन्दों के नये-नये प्रयोग कृष्णभक्त कवियों ने ही किये थे। सूरदास इस परम्परा के सूत्रधार और प्रवर्तक थे।

## सूर काव्य का रूप विधान

सूरसागर अथवा महाकवि सूरदास के काव्य का रूपविधान क्या गीतिकाव्य जैसा है या प्रबन्धकाव्य जैसा? अथवा इनमें दोनों का सह-अस्तित्व है? आभ्यन्तरिक अभिव्यंजना और कथावाचन की शैली में वर्णानात्मकता—इन दोनों के जटिल संयोजन से सूरसागर की पदावलियाँ रूपविधान के विश्लेषण की दृष्टि से समालोचकों के लिए अभी भी गुत्थी बनी हुई हैं।

रामायण, महाभारत आदि की तरह अथवा रामचरितमानस के समान सूरसागर का कथानक सुसंगठित और सुसम्बद्ध नहीं है। महाकाव्य में कोई एक कथा होती है, उसका नायक होता है और घटनाओं का क्रम विकास होता है। अगर इस दृष्टि से देखें तो सूरसागर में भी एक कथा है, उसका नायक है और घटनाओं का आरोह-अवरोह भी है। पर मात्र इतनी समानता से सूरसागर को क्या हम महाकाव्य की संज्ञा दे सकते हैं? नहीं, इसे हम महाकाव्य नहीं मान सकते। हिन्दी समालोचना में अभी तक किसी ने भी इसे प्रबन्धकाव्य या महाकाव्य के रूप में स्वीकार नहीं किया है। इसके पीछे मुख्य कारण है सूरसागर के कथानक की विशृंखलता। पर इस विशृंखलता के बावजूद इसमें कथाकृति का आस्वाद और उसकी सरसता आदि से अन्त तक है। इसमें कथा का नियोजन सर्गबद्ध नहीं है; इसकी कथा कांडों में भी विभाजित नहीं है। इसकी कथा का ढाँचा पुराणों में निबद्ध संरचना का अनुसरण करता है—अर्थात् श्रीमद्‌भागवत के समान इसकी कथायोजना भी बारह स्कन्धों में बँटी हुई है। ऊपर से देखने पर बारह स्कंध तो हैं, पर वास्तविकता में इसकी कथासंरचना लीलाप्रसंग का

अनुसरण करती है। मैनेजर पांडेय की दृष्टि में लीलाक्रम के अनुसार सूरसागर को सात भागों में बाँटा जा सकता है—(1) विनय के पद, (2) बाललीला, (3) वृन्दावन लीला, (4) माधुर्य लीला (अनुराग, चीरहरण, पनघटलीला, दानलीला, रासलीला और विरह लीला), (5) मथुरा लीला (6) द्वारिका लीला और (7) अवतार लीला। सूरसागर में कथारस का प्रवाह उसके कथानक की एकात्मकता का प्रमाण है। "अव्याहत कथारस" और "प्रगीतात्मकता"—दोनों की उपस्थिति के कारण कुछ समीक्षक इसे गीतात्मक महाकाव्य की संज्ञा देते हैं। ऐसे समीक्षकों में उल्लिखित मैनेजर पांडेय भी हैं। उनकी मान्यता है कि इसका महाकाव्यत्व इसके आकार में कम, इसकी आत्मा के रूप में अधिक है। अपने विशिष्ट स्वरूप के कारण सूरसागर एक नये प्रकार का महाकाव्य है। यह साहित्य की शास्त्रीय परम्परा से स्वतन्त्र लोकगीतों की संरचना के अनुसार रचित गीतात्मक महाकाव्य है।

## सूर काव्य में प्रगीतात्मकता

सूरदास की ख्याति मुक्तक रचनाकार के साथ-साथ गीतकार के रूप में भी रही है। यह माना जाता है कि सूर के अधिकांश पद प्रगीतात्मक अर्थात् लिरिकल हैं। अँग्रेजी में काव्य के रूपविधान के विविध प्रकारों में लिरिक को बहुत महत्त्वपूर्ण माना गया है। रोमांटिक काव्यांदोलन के पहले भी अँग्रेजी में लिरिक या प्रगीत की रचना की गयी थी, पर रोमांटिक कवियों द्वारा लिखित गीतों की कलात्मक विवेचना के बाद इसकी महत्ता क्रमशः बढ़ती गयी है। हिन्दी के छायावादी काव्य की समालोचना के क्रम में प्रगीतात्मकता, आत्मपरकता और गेयता—इन तीनों काव्य-तत्वों की अक्सर चर्चा सुनायी पड़ती है। मध्यकाल के भक्तिगीतों, भजनों और कीर्तनों के कला-रूपों की पहचान की कोशिश में गीत या प्रगीत के रूपबन्ध की छानबीन की गयी है और यह माना जाने लगा है कि सूर के अधिकांश पदों में गीतात्मकता है। ये गाये जाने के लिए रचे गये थे। इनमें भावानुभूति की गहरी आन्तरिकता है।

दरअसल काव्य-बन्ध या रूपविधान का कोई सार्वकालिक, सार्वभौम, शाश्वत और सनातन स्वरूप नहीं होता है। हिन्दी में गीत जैसी काव्य-विधा अलग-अलग समय के विशिष्ट साहित्यिक-सामाजिक सन्दर्भों में अपना स्वरूप बदलती रहती है। अन्य भाषाओं और बोलियों की लिखित या वाचिक परम्पराओं से आदान-प्रदान के क्रम में गीत नामक इस कला-विधा ने भिन्न-भिन्न काल में नयी अभिव्यक्ति प्रणाली की तलाश की है। उदाहरण के लिए हम जयदेव, विद्यापति, चंडीदास आदि की गीत परम्परा में ब्रजप्रदेश के अन्दर विकसित गीतात्मक पदावली की सृजन प्रकृति की विवेचना कर सकते हैं।

सूर काव्य के रूपविन्यास के विश्लेषण की प्रक्रिया में यह बताया जाता है कि

'प्रगीत' की जो खास पहचान है, उस कसौटी पर सूर खरे नहीं उतरते। यह उल्लेख किया जाता है कि प्रगीत में वर्णनात्मकता नहीं होनी चाहिए, कोई आख्यान या कथातत्व नहीं होना चाहिए। पर सूरसागर के अधिकांश पदों में वर्णनात्मकता के साथ-साथ कथातत्व भी है। ब्रजेश्वर वर्मा ने सूर काव्य के गीतितत्व की व्याख्या करते हुए उल्लिखित गुत्थी को सुलझाया है। उनकी मान्यता है कि कृष्णकाव्य के बृहत आकार में ऐसा अंश भी है जिसके गीतिपदों में गीतिकाव्य के बहुत कम लक्षण मिलेंगे, जिसमें न तो कवि की गहन स्वानुभूति होगी, न भाव की संहति तथा जिसमें भावात्मकता के स्थान पर वर्णनात्मकता ही अधिक होगी। स्वयं 'सूरसागर' में अनेक लम्बे और वर्णनात्मक पद हैं जिनमें घटना और इतिवृत्त की प्रधानता तथा भाव की न्यूनता और विश्रृंखलता है।

वस्तुत: ये पद गेय नहीं हैं और न वे कवि की किसी गहरी अनुभूति को ही व्यक्त करते हैं। परन्तु कृष्णकाव्य में गीतिपदों की लोकप्रियता और सफलता का ही यह एक प्रमाण कहा जाएगा कि वर्णनात्मक कथा प्रसंगों को भी गीतिपदों की शैली में रचा गया है।

कृष्णकाव्य के गीतिपदों की अन्तिम किन्तु सबसे अधिक महत्त्वपूर्ण विशेषता यह है कि उनमें स्वानुभूतिमूलक भावाभिव्यक्ति के साथ-साथ कृष्णकाव्य के अनेक प्रसंगों का प्राय: क्रमबद्ध रूप में वर्णन मिलता है। 'सूरसागर' में गोपाल कृष्ण की सम्पूर्ण कथा प्राय: पदों में ही गाई गयी है। जैसा कि पीछे कहा गया है, 'सूरसागर' के गीतिपदों में वर्णित सम्पूर्ण कृष्णलीला में एक सामान्य कथानिबद्ध प्रबन्धात्मकता अपने पूर्ण रूप में है। उसके अन्तर्गत विशिष्ट कथानकों को गीतिपदों की शैली में ही और अधिक सुसम्बद्धता और पूर्वापर प्रसंग-सन्दर्भ के साथ रचा गया है; यहाँ तक कि उन्हें प्रसंग से भिन्न करके समझने में प्राय: भूल हो सकती है, और फिर भी यह नि:संकोच कहा जा सकता है कि इन पदों में भी गीति तत्व प्राय: अक्षुण्ण रहा है। कृष्णकाव्य की यह अतुलनीय विशेषता है कि उसमें प्रबन्ध और गीति के परस्पर विरोधी लक्षण एकाकार हो गये हैं।

काव्य के पुराने प्रचलित रूप-विधानों में महान कृतिकारों की सृजन शक्ति और उनकी नई उद्‌भावनाओं से परिवर्तन होते रहे हैं। प्रगीत के स्वरूप और रचनातन्त्र में सूरदास तथा अष्टछाप के अनेक रचनाकारों ने ऐसा ही परिवर्तन किया है। सम्भवत: इसलिए मनमोहन गौतम ने अपने निबन्ध 'सूर के गीतिकाव्य का स्वरूप विश्लेषण' में यह निष्कर्ष निकाला है कि उनकी "गीतपद्धति अनेक तात्विक विरोधों का सहज समन्वय है।" उनका तर्क है कि सूर का समस्त काव्य राधाकृष्ण की लीलाओं का वर्णन है और चूँकि ये वर्णन राग-रागिनियों में ढले हुए हैं, अत: इन्हें हम वर्णनात्मक गीतिकाव्य की संज्ञा दे सकते हैं। इन गीतों में भक्त सूरदास का आत्मनिवेदन कभी

प्रत्यक्ष रूप में और कभी कृष्ण-कथा के भिन्न-भिन्न पात्रों के माध्यम से व्यक्त होता है। अतः इन प्रगीतों में भक्त सूरदास की आत्माभिव्यंजना भी तीव्रतर रूप में व्यक्त हुई है। मनमोहन गौतम सूरदास के प्रगीत कौशल की व्याख्या करने के क्रम में यह उल्लेख करते हैं कि सूर के पदों में रागात्मक अन्विति का सफलतापूर्वक निर्वाह मिलता है। उन्हीं के शब्दों में—रागात्मक अन्विति गीतिकाव्य की धुरी है। पद में एक ही भाव आदि से अन्त तक विद्यमान रहता है। इसी अन्विति के कारण गीत अपने में सर्वथा पूर्ण होता है। पूर्वापर सम्बन्ध की अपेक्षा नहीं होती—गीत की अन्विति तभी श्रेष्ठ होती है जब उसमें विचारों की बौद्धिकता एवं इतिवृत्तात्मकता का अभाव हो। सूरदास जी के गीतों में भाव और स्वरों की संगति प्रायः प्राप्त होती है।

आत्माभिव्यंजना या आत्मपरकता, एक ही भाव की अन्विति तथा गेयता—इन तीनों तत्वों के कारण सूरदास के गीत लोकप्रिय हुए हैं। पर सूरकाव्य की प्रगीतात्मकता के विवेचन के क्रम में संगीतज्ञ सूरदास के गायन और वादन को कभी भी भुलाया नहीं जा सकता। "सूरकाव्य में शब्द और स्वर की समवेत परम्परा" शीर्षक अम्बाशंकर नागर के निबन्ध में बताया गया है कि सूर उत्कृष्ट कोटि के संगीतज्ञ थे। उन्होंने पदों की रचना राग-रागिनियों एवं तालों के आधार पर की थी। वे कीर्तनिये थे। पुष्टिमार्गीय सेवा पद्धति में अष्टयाम सेवा एवं कीर्तन का विशेष विधान है। सूर ने विशेष रूप से संकीर्तन के हेतु ही विभिन्न रागिनियों एवं तालों में श्रीकृष्ण की लीलाओं के ध्रुपदों की रचना की थी।

डॉ. नागर का अनुमान है कि बहुत प्रचीनकाल से काव्य और संगीत की समवेत परम्परा चली आ रही थी। सूरदास उसी पुरानी परम्परा की एक मजबूत कड़ी थे, चूँकि उनके कृतित्व में काव्य और संगीत का समागम है। भक्तिकाल के सन्दर्भ में रामविलास शर्मा ने भी काव्य और संगीत के गहरे सम्बन्धों की पड़ताल की है। "भारतीय साहित्य की भूमिका" नामक अपनी पुस्तक में उन्होंने "संगीत का इतिहास और भारतीय नवजागरण की समस्याएँ" नामक एक लम्बा अध्याय लिखा है। इसी में 'ध्रुपद और सूरदास' शीर्षक एक छोटी-सी टिप्पणी भी है। चार पंक्तियों के अक्षरप्रधान गीत ध्रुपद के रूप में सूरदास द्वारा गाये जाते थे। रामविलास शर्मा ऐसे गीतों को नृत्य के साथ गाये जानेवाले गीत के एक प्रकार अर्थात ध्रुपद के रूप में अविस्मरणीय महत्त्व की चीज़ मानते हैं। उनकी टिप्पणी है—मुख्य बात यह है कि सूरदास के लिए गायन, वादन और नृत्य—तीनों संगीत की समन्वित इकाई हैं।

सूर की पदावली अथवा उनके प्रगीतों में संगीत तत्व की उपस्थिति पर रामचन्द्र शुक्ल का भी ध्यान गया था। उन्होंने कहा था—सूर की रचना जयदेव और विद्यापति के गीतकाव्यों की शैली पर है, जिसमें सुर और लय के सौन्दर्य या माधुर्य का भी रस-परिपाक में बहुत कुछ योग रहता है। सूरसागर में कोई राग या रागिनी छूटी न

होगी, अत: संगीत प्रेमियों के लिए भी यह बड़ा भारी खजाना है।

भक्तिकाल में लिखे जानेवाले प्रगीतों में गेयता को एक अनिवार्य अवयव के रूप में स्वीकार किया जाता था। अत: सभी भक्त कवियों के गीत संगीत की स्वरलहरी में ढाल कर रचे गये हैं। प्रगीत रचना की दृष्टि से सूरदास के गीतकाव्य के स्वरूप निर्माण में महत्त्वपूर्ण योगदान सूरपूर्व ब्रजभाषा के कवियों का है। सूरपूर्व ब्रजभाषा के कृष्णलीला विषयक पदों के रचयिताओं में निम्बार्क सम्प्रदाय के तीन कवि—श्री भट्ट (सं. 1352 वि.), हरिव्यास देवाचार्य (सं. 1320 वि.) और परशुराम देव (सं. 1450 वि.) उल्लेखनीय हैं। सूरपूर्व ब्रजभाषा काव्यपरम्परा पर अपने शोधग्रन्थ में शिवप्रसाद सिंह ने उल्लिखित कवियों के अतिरिक्त विष्णुदास का भी उल्लेख किया है जिन्होंने सूरदास से पचास साल पहले ही राग-रागिनियों में निबद्ध पदों की रचना की थी। इसके अलावा ब्रजक्षेत्र के ग्रामगीतों और लोकगीतों का भी सूर पर गहरा प्रभाव दिखाई देता है। इन ग्रामगीतों और लोकगीतों में लीलापदावली और रासलीला की नृत्यगायन परम्परा का प्रभाव विभिन्न रूपों में आकर मिश्रित हो गया होगा—ऐसा अनुगान क्षितिमोहन सेन और हज़ारी प्रसाद द्विवेदी ने किया है। रासलीला के नृत्य-क्षण में गाये जानेवाले ध्रुपदों की रचना सूरदास ने की थी। शरदोत्सव में रासलीला के गीत, झूलन प्रसंग में झूले के गीत, पावस ऋतु में सावन भादो के गीत, बसन्तोत्सव, फाग, होली आदि के गीत सूरसागर में भरे पड़े हैं। चांचर, झुमका, होरी, धमार के गीतों के माध्यम से प्रेमोन्मत्त गोप-गोपियों के दृश्यचित्र भी सूरसागर में विविध रूपों में आये हैं। इनके अलावा कृष्ण जन्मोत्सव के समय के बधाई गीत, सोहर, मंगलगीत, नामकरण, अन्नप्राशन, वर्षगाँठ, कर्णछेदन आदि के संस्कारगीत भी सूरसागर में हैं। पर्व त्योहारों में गोर्वधन पूजा, दीपमालिका, अन्नकूट आदि के गीतों से ब्रज लोकसंस्कृति की बहुरंगी छवि अंकित होती है।

श्री नाथ जी के मन्दिर में प्रात:काल के जागरण से लेकर रात्रि काल के विश्राम तक अष्टयाम कीर्तन गीत गाये जाते थे—उनके साथ वाद्यसंगीत की भी व्यवस्था थी। ये कीर्तन गीत राग-रागिनियों में निबद्ध होते थे। बौद्धों के महायान पन्थ के साथ सामूहिक कीर्तन की प्रथा आरम्भ हुई। बाद में चैतन्य महाप्रभु ने इसे उत्तर भारत में व्यापक रूप से फैलाया। वल्लभाचार्य के पुष्टिमार्ग में कीर्तन सेवा को विशेष महत्त्व प्रदान किया गया था और सूरदास को खास तौर पर इसी कार्य के लिए मन्दिर में नियुक्त किया गया था। सूरसागर में ऐसे सैकड़ों पद हैं जो मूलत: श्री कृष्ण की लीला का कीर्तन करते हैं—कहीं आख्यान के रूप में, कहीं वर्णन के रूप में, कहीं स्तुति के रूप में। कीर्तन गीतों में एक ही स्थिति या लीला के वर्णन में आवृत्ति भी होती है। डॉ. सत्येन्द्र तो सम्पूर्ण सूरसागर को "कीर्तनकाव्य" की संज्ञा देते हैं। कथा कहने के लिए सूरदास प्राय: बिलावल राग में कीर्तन गाते थे। इससे स्पष्ट है कि सूर

की काव्य रचना में संगीत कितना निर्णायक महत्त्व रखता था।

सूर के पद नृत्य की गति और स्वरलहरी का अनुसरण करते हैं। सूरसागर में रासलीला के अनेक पद हैं। रासनृत्य मंडलाकार होता है। उसमें नर्तकी की प्रधानता होती है। रासनृत्य के बीच कोई गीत भी गाया जाता है और मंडलाकार नर्तक-नर्तकी समूह के बीच केन्द्र में राधा और कृष्ण की उपस्थिति होती है। रास के साथ उससे मिलता-जुलता हल्लीसक नृत्य का भी उल्लेख मिलता है। बाद में रासनृत्य का ही यह भी एक प्रकार माना जाने लगा। रासलीला में गाना, नाचना और विभिन्न प्रकार के बाजे का बजना—एकसाथ होता था। सूरसागर के रासलीला सम्बन्धी पद नृत्य की सुसंगति में रचे गये थे—ये पद सिर्फ गाने के लिए नहीं होते थे; नृत्य के बीच गाने के लिए होते थे। उदाहरण के लिए 'नृत्यत स्याम नाना रंग' या 'विराजत मोहन मंडल रास' जैसे गीतों को इस सन्दर्भ में पढ़ा जा सकता है।

## प्रस्तावना

सूर प्रेम के कवि हैं। सूरदास पुष्टिमार्गी थे जिसमें ईश्वर के प्रति समर्पण ही सब कुछ था। कृष्ण भक्ति परम्परा में कृष्ण की प्रेममयी मूर्ति की विस्तार से व्यंजना हुई है। बाल वर्णन हो या श्रृंगार वर्णन कृष्ण की मनोहर छवि चारों ओर विद्यमान है। श्रृंगार वर्णन में जो स्वच्छन्दता और उन्मुक्तता सूर के काव्य में मिलती है, वह न पहले मौजूद थी और न ही बाद में यह परम्परा सुरक्षित रह सकी। सूर के कृष्ण और गोपियाँ स्वच्छन्द हैं, लोकबन्धन में जकड़े हुए नहीं हैं। सूरदास ने अपने पदों में वात्सल्य और श्रृंगार रस की अजस्त्र धारा बहा दी है; इस इकाई में इसपर विस्तार से विचार किया गया है। सूरदास ने श्रीमद्भागवत से कृष्ण कथा अवश्य ली है पर उन्होंने उसे प्रेमाभक्ति के रंग में रंग डाला है और कई नए प्रसंगों की उद्भावना की है। राधा का चरित्र सूर ने अपने हिसाब से गढ़ा है। 'भ्रमरगीत' सूर का योगदान है जो मर्मस्पर्शी और वाग्वैदग्धपूर्ण है। यह अनुपम उपालंभ काव्य है। बार-बार इस बात की चर्चा की जाती है कि सूरकाव्य में प्रकृति उद्दीपन के रूप में चित्रित हुई है; आलम्बन के रूप में प्रकृति काव्य का विषय बनकर नहीं आयी है। इस इकाई में यह बताया गया कि महत्त्वपूर्ण यह नहीं है कि प्रकृति उद्दीपन के रूप में आयी है या आलम्बन के रूप में बल्कि महत्त्व इस बात का है कि प्रकृति चित्रण में सूर का दृष्टिकोण क्या है? इस दृष्टिकोण की चर्चा इकाई में की गयी है और बताया गया है कि सूर का मन गाँवों में बसता था और उन्होंने गाँव की प्रकृति का बड़ा ही सजीव चित्रण किया है।

## सूर के काव्य में प्रेमानुभूति

कृष्णभक्ति परम्परा में राधा कृष्ण को आराध्य मानकर बड़े विस्तार से प्रेम तत्व की

अभिव्यक्ति की गयी है। सूरदास ने 'सूरसागर' में कृष्ण जन्म से लेकर कृष्ण के मथुरा जाने की कथा कही है। सूरदास ने कृष्ण के बाल सुलभ भावों और चेष्टाओं का स्वाभाविक चित्रण प्रस्तुत किया है। 'सूरसागर' में सूरदास ने वात्सल्य रस की धारा बहा दी है। सूर ने बाल क्रीड़ाओं और वात्सल्य से सने माता पिता के प्रेम का निश्छल चित्रण किया है। इन चित्रणों में सूर का प्रेम छलक-छलक पड़ता है।

स्त्री-पुरुष सम्बन्धों के चित्रण में इतना खुलापन सूर तथा अन्य कृष्णभक्त कवियों में ही मिलता है। सूर के पहले के नाथ, सिद्ध या सन्त कवियों ने तो स्त्री को माया का प्रतिरूप और सारी बुराइयों की खान बता रखा था। तुलसीदास के यहाँ भी स्त्री के प्रति प्रायः ऐसा ही दृष्टिकोण मिलेगा। आपके मन में यह प्रश्न उठ रहा होगा कि कबीर और तुलसी के बीच—इस अन्धे गायक सूरदास के काव्य में स्त्री स्वाधीनता तथा स्त्री-पुरुष सम्बन्धों के मामले में इतनी स्वच्छन्दता की यह नयी प्रवृत्ति कहाँ से आ गयी? कुछ इतिहासकारों ने ब्रजक्षेत्र में आभीरों की उपस्थिति के आधार पर पशुचारण सभ्यता के अवशेष के रूप में इस स्वच्छन्दता की व्याख्या की है। उनका मानना है कि आभीरों के समाज में स्त्री-पुरुष दोनों समान रूप से खुले तौर पर खेती और पशुपालन में श्रम करते हैं—अतः पितृसत्तात्मक सामन्ती समाज की मर्यादाओं, नैतिक विधि-निषेधों का दुराग्रह अभी आरम्भ नहीं हुआ था। इसलिए ब्रजक्षेत्र में राधाकृष्ण की प्रेमलीला के गीतों की परम्परा स्थानीय लोकसंस्कृति में काफी पुराने समय से चली आ रही थी। सूरदास उस परम्परा को प्रेमाभक्ति के परिप्रेक्ष्य में परिष्कृत रूप दे रहे थे। आचार्य रामचन्द्र शुक्ल इस तर्कपद्धति का अनुमोदन करते हैं। वे इस तथ्य का भी उल्लेख करते हैं कि सूर के अभ्युदय से पहले ही बैजू बावरा के ऐसे ही गीत उपलब्ध हैं।

यूनान के पशुचारण काव्य (पेस्टोरल पोएट्री) का उल्लेख करने के बाद आचार्य रामचन्द्र शुक्ल ने इस प्रेमानुभूति के सामाजिक पहलुओं की बड़ी अच्छी विवेचना की है :

कवियों को आकर्षित करनेवाली गोप जीवन की सबसे बड़ी विशेषता है प्रकृति के विस्तृत क्षेत्र में विचरने के लिए सबसे अधिक अवकाश। कृषि, वाणिज्य आदि और जो व्यवसाय आगे चलकर निकले, वे अधिक जटिल हुए—उनमें उतनी स्वच्छन्दता न रही। कविश्रेष्ठ कालिदास ने अपने रघुवंश-काव्य के आरम्भ में दिलीप को नन्दिनी के साथ वन-वन फिराकर उसी मधुर जीवन का आभास दिखाया है। सूरदास जी ने जमुना के कछारों के बीच गोचारण के बड़े सुन्दर-सुन्दर दृश्यों का विधान किया है। यथा :

मैया री। मोहिं दाऊ टेरत।<br>मोकों बन फल तोरि देत हैं, आपुन गैयन घेरत॥

यमुना तट पर किसी बड़े पेड़ की शीतल छाया में बैठकर कभी सब सखा कलेऊ बाँट कर खाते हैं, कभी इधर-उधर दौड़ते हैं।

गाय चराते हुए, साथ-साथ खेलते-कूदते हुए, हास-परिहास के बीच निर्बन्ध रूप में परस्पर साहचर्य का सम्बन्ध सिर्फ ग्वालबाल के साथ ही नहीं, गोपिकाओं के साथ भी विकसित हो रहा है। गोकुल के गाँव में—एक निश्चित सुपरिभाषित ग्रामीण अंचल में, ब्रजभूमि के बीच जहाँ इस लीला का दिग्दर्शन कराया जा रहा है, वह अपने आप में एक ठोस भौगोलिक इकाई है, कोई अमूर्त आध्यात्मिक काल्पनिक इकाई नहीं है। यह जीता-जागता, धूल भरा मैला सा आँचल—ठोस रूप में नन्द बाबा, माता यशोदा, वृषभानु, तमाम ग्वाल बाल, गोपिकाओं तथा राधा और कृष्ण का सुपरिचित अपना गाँव है। इस गाँव में बचपन से ही राधा और कृष्ण का साहचर्य है। पहली बार जब कृष्ण राधा से मिलते हैं तो उस मिलन के नाटकीय उतार चढ़ाव को सूरदास अंकित करते हैं :

खेलन हरि निकसे ब्रजखोरी।
कटि कछनी पीतांबर ओढ़े हाथ लिये भौंरा चक डोरी।
मोर मुकुट कुंडल स्रवनन बर दसन दमक दामिनि छबि थोरी।
गये स्याम रवि-तनया के तट अंग लसति चन्दन की खोरी।
औचक ही देखी तहँ राधा नयन बिसाल भाल दिये रोरी।
नील बसन फरिया कटि पहिरे बेनी पीठ रूलत झकझोरी।
संग लरिकनी चलि इत आवति दिन थोरी अति छबि तन गोरी।
सूर स्याम देखत ही रीझे नैन नैन मिलि परी ठगोरी।

कृष्ण खेलने निकलते हैं। पहली बार राधा को देखते हैं। कैसा सुन्दर रूप—गोरी देह, नीला वस्त्र और पीठ पर वेणी। किशोरी—अल्पवयस, आँखें बड़ी-बड़ी और माथे पर रोरी। यह युवाकाल की परिणत बुद्धि के क्षण में परस्पर मिलन नहीं है—जिसमें साँस तेज चलने लगे और कंठ में बोली फँस जाये। यहाँ तो कोई संकोच नहीं है, कोई झिझक नहीं। कृष्ण ने पूछा—क्यों जी, तुम हमारे साथ खेलने क्यों नहीं चलती? हम तुम्हारा कुछ चुरा लेंगे—तुम्हरो कहा चोरि हम लैहैं खेलने चलो संग मिलि जौरी। अगले दिन खेलने के लिए कृष्ण ने कहा—सखी तुम हमारे घर आकर मुझे खेलने को बुला लेना। तुम्हें वृषभानु बाबा की कसम, सुबह-शाम एक बार मेरे पास जरूर आना—तुमहिं सौंह वृषभानु बाबा की प्रात-साँझ एक फेर। मन में कुछ भी नहीं छुपाते कृष्ण। साफ कहते हैं—तुम कितनी सीधी हो। इसलिए तो तुम्हारे साथ खेलने को जी चाहता है—सुधी निपट देखियत तुमको तातैं करियत साथ। धीरे-धीरे यह प्रेम पल्लवित होने लगता है। अब तो राधा को घर भी नहीं सुहाता—अति विरट तनु भई व्याकुल घर न नेकु सुहाइ।

एक दिन नन्द ने दोनों से कहा आस पास ही खेलते रहना, दूर न जाना। राधिका को ताना मारा—सुनी तुमने नन्द बाबा की बात? खबरदार, अगर मुझे छोड़ कर जाओगे तो फौरन पकड़ कर ले आऊँगी। अच्छा हुआ जो मुझे सौंप गये। अब मैं तुम्हें छोड़नेवाली नहीं हूँ। तुम्हारी बाँह पकड़ के तुम्हें क्षण भर के लिए भी न छोडूँगी—पकड़े बैठी रहूँगी—तुम्हारी रखवाली जो करनी है। अगर रखवाली में ढील होगी तो अम्मा मुझे डाँट-फटकार लगाएँगी। बाँह तुम्हारी नेक न छाड़ि हौं महरि खीझि हैं हमको। राधा कृष्ण के बीच या गोपियों के साथ कृष्ण की यह प्रेमलीला वृन्दावन में, यमुना तट पर, गोकुल की गलियों में, पनघट पर, कभी कभी गाय चराते वक्त, कभी दही बेचते वक्त—नोकझोंक, हास-परिहास, व्यंग्य-विनोद और झीनाझपटी के साथ नयी नयी भंगिमाओं में अंकित हुई है।

संयोग शृंगार के इन स्वाभाविक प्रेमचित्रों में कामशास्त्र के नायक-नायिका भेद की कृत्रिमता नहीं है। साहचर्यजनित स्वाभाविक प्रेमानुभूति के चित्रों से सूरसागर भरा पड़ा है। आचार्य रामचन्द्र शुक्ल स्त्री-पुरुष सम्बन्ध की सहजता के सामाजिक मनोविज्ञान की विवेचना करते हुए ठीक ही कहते हैं कि वृन्दावन के उसी सुखमय जीवन के हास परिहास के बीच गोपियों के प्रेम का उदय होता है। गोपियाँ कृष्ण के दिन-दिन खिलते हुए सौन्दर्य और मनोहर चेष्टाओं को देख मुग्ध होती चली जाती हैं और कृष्ण कौमार्य अवस्था की स्वाभाविक चपलतावश उनसे छेड़छाड़ करना आरम्भ करते हैं। हास परिहास की छेड़छाड़ के साथ प्रेमव्यापार का अत्यन्त स्वाभाविक आरम्भ सूर ने दिखाया है। किसी की रूपचर्चा सुन या अकस्मात किसी की एक झलक पाकर हाय-हाय करते हुए इस प्रेम का आरम्भ नहीं हुआ है। नित्य अपने बीच चलते-फिरते, हँसते-बोलते, वन में गाय चराते देखते-देखते गोपियाँ कृष्ण के प्रति अनुरक्त होती हैं और कृष्ण गोपियों के प्रति। इस प्रेम को हम जीवनोत्सव के रूप में पाते हैं, सहसा उठे हुए तूफान या मानसिक विप्लव के रूप में नहीं, जिसमें अनेक प्रकार के प्रतिबन्धों और विघ्न बाधाओं को पार करने की लम्बी चौड़ी कथा खड़ी होती है। सूर के कृष्ण और गोपियाँ पक्षियों के समान स्वच्छन्द हैं। वे लोक-बन्धनों से जकड़े हुए नहीं दिखाए गए हैं।

## सूर का वात्सल्य वर्णन

भक्तिकाल के कवियों में ही नहीं, उसके बाद के विभिन्न युगों के कृतिकारों के बीच भी सूरदास वात्सल्य रस के अप्रतिम चितेरे माने जाते हैं। इस क्षेत्र में उनसे टक्कर कोई नहीं ले सकता। बाल मनोदशाओं और बालक्रीड़ाओं के सूक्ष्म से सूक्ष्म हर पहलू का जैसा रूपांकन सूरदास के काव्य में उपलब्ध होता है, वैसा अन्यत्र दुर्लभ ही है।

सूरसागर में कृष्ण जन्म की आनन्द बधाई के दृश्यचित्रण से बाललीला का

अंकन शुरू हो जाता है। बाल कृष्ण का एक रूप है—पलक हरि मूँदि लेत हैं, कबहुँ अधर फरका वै। दूसरा रूप है उभय पलक पर स्वप्न जागरण। तीसरा रूप है हाथ और पाँव का अँगूठा मुँह में लेना। पालना झूलने, यशोदा की गोद में खेलने, स्तनपान करने, घुटनों के बल चलने, डगमगा कर गिर पड़ने, मथानी की आवाज के साथ नाचने का प्रयत्न करने, दूध न पीने का हठ करने, चोटी बढ़ने के प्रलोभन पर दूध पीने, माँ द्वारा चन्द्रमा दिखाये जाने पर चन्द्रमा माँगने का हठ करने, माखन चोरी के लिए तरह-तरह की बालोचित युक्तियाँ निकालने—इस प्रकार की सैकड़ों बालोचित क्रीड़ाओं के चित्र सूरसागर में भरे पड़े हैं। सूर का काव्य बाल मनोविज्ञान की चित्रमंजूषा बन गया है। नीचे लिखे पदों में बाललीला का गान सुना जा सकता है :

1. जसोदा हरि पालने झुलावै।
   हलरावै दुलराइ मल्हावै जोइ सोइ कछु गावै।
2. कर पग गहि अँगुठा मुख मेलत।
3. हरि किलकत जसुदा की कनिया।
4. सुतमुख देखि जसोदा फूली।
   हरखित देखि दूध की दंतियाँ, प्रेम मगन तनु की सुधि भूली।
5. सोभित कर नवनीत लिये।
   घुटरूनु चलत रेनु तन मंडिन मुख दधि लेप किये।
6. किलकत कान्ह घुटुरूवन आवत।
   मनिमय कनक नन्द कै आँगन निज प्रतिबिम्ब पकरिबे हो, धावत।
7. सिखवत चलन जसोदा मैया।
   अरबराइ कर पानि गहावत, डगमगाइ धरनी धरै पैया।
8. मैया कबहिं बढैगी चोटी
9. कजरी को पय पियहु लला तेरी चोटी बाढ़ै॥

सूक्ष्म निरीक्षणों से भरापूरा सूर का बालवर्णन मनोविज्ञान की अनेक प्रक्रियाओं को दर्शाता है। उत्सुकतावश बालकृष्ण पूछते हैं—मैया कबहिं बढ़ेगी चोटी? दूसरी अवस्था अभियोग की है। बच्चा अपने अभिवावक के सामने अपने से बड़े की शिकायत करता है। बाल कृष्ण आरोप लगाते हैं :

मैया मोहिं दाऊ बहुत खिझायौ।
मोसौं कहत मोल को लीन्हौ, तू जसुमति कब जायौ॥
कहा करौं इहि रिस के मारैं, खेलन हौं, नहिं जात।
पुनि पुनि कहत कौन है माता, को है तेरो तात।
गोरे नन्द, जसोदा गोरी, तू कत स्यामल गात।
चुटकी दै दै ग्वाल नचावत, हँसत सबै मुसुकात।

तू मोही कौं मारन सीखी, दाउहिं कबहुँ न खीझै।
मोहन मुख रिस समेत लखि, जसुमति सुनि सुनि रीझै॥

बालक कृष्ण की अटपटी क्षुब्ध अवस्था में—उनकी खीझ भरी मनोहारी क्रियाओं में बाल मनोविज्ञान का जो चित्र अंकित हुआ है, वह अनुपम है :

खीझत जात माखन खात।
अरुन लोचन, भौंह टेढ़ी, बार-बार जम्भात।
कहुं रुनझुन चलत घुटुरुनि धूरि धूसर गात।
कबहुं झुकि कै अलख खींचत, नैन जल भरि जात।
कबहुं तोतर बोल बोलत, कबहुँ बोलत तात।
सूर हरि की निरिखि सोभा, निमिष तजत न मात।

जरा-जरा सी बात पर बच्चे का तुनकना और अपने प्रतिद्वन्द्वी की कल्पना से क्षुब्ध होना सूर ने कितनी अच्छी तरह दिखाया है :

माखन खात हंसत किलकत हरि, पकरि स्वच्छ घट देख्यौ।
निज प्रतिबिम्ब निरखि रिस मानत, जानत आन परेख्यौ।
मन मैं माष करत, कछु बोलत, नन्द बाबा पर आयौ।
वा घट मैं काहू कैं लरिका, मेरौ माखन खायौ।
महर कंठ लावत, मुख पोंछत चूमत तिहिं ठां आयौ।
हिरदै दिए लख्यौ वा सुत कौं, तातैं अधिक रिसायौ।
कह्यौं जाइ जसुमति सौं ततछन, मैं जननी सुत तेरौ।
आजु नन्द सुत और कियौ, कछु कियौ न आदर मेरौ।

बच्चों में माँ-बाप पर प्रेम की एकाधिकार भावना प्रबल होती है। इसी मनोदशा में ईर्ष्या होती है। कृष्ण बड़ी अच्छी तरह अकेले माखन खा रहे हैं। सहसा घड़े की तरफ नज़र जाती है और उसके अन्दर के निर्मल जल में उन्हें अपना प्रतिबिम्ब दिखाई देता है। वे मान बैठते हैं कि दूसरा कोई बालक भी आ गया है और वह उनके हिस्से का माखन खा रहा है। बाल कृष्ण गुस्से से तुनकते हुए नन्द से शिकायत करते हैं। नन्द बच्चे को हृदय से लगा लेते हैं और घड़े के पास जाकर कृष्ण को गोद में लेकर खड़े हो जाते हैं। घड़े के जल में इस प्रतिबिम्ब को देखकर बालकृष्ण और भी दुःखी हो उठते हैं—उनका प्रतिद्वन्द्वी अब तो नन्द की गोद में पहुँच गया है। उन्हें नन्द के प्रेम पर ही आशंका हो जाती है और माँ यशोदा के पास शिकायत करने पहुँच जाते हैं—अब मैं तुम्हारा पुत्र हूँ, नन्द बाबा का नहीं क्योंकि वे किसी दूसरे लड़के को गोद में लिये हुए हैं और मेरा अनादर कर रहे हैं। यशोदा कृष्ण के साथ घड़े तक गयीं—घड़े को हिलाया ताकि पानी की हिलकोर से प्रतिबिम्ब टूट फूट जाय। फिर तो कृष्ण माँ यशोदा से खुश हो गये।

बालरूप और बालक्रीड़ा के सौन्दर्य का वर्णन करते-करते सूरदास की काव्य-प्रतिभा कभी मन्द नहीं पड़ती। सौन्दर्य के वर्णन क्षण में यशोदा के मुँह से कहलवाते हैं :

कहाँ लौं बरनौं सुन्दरताई।
खेलत कुँवर कनक आँगन में नैन निरखि छबि पाई।

जिस तरह शृंगार रस के अन्तर्गत संयोग और वियोग—दो पक्षों के चित्र सूर ने खींचे हैं, उसी तरह वात्सल्य में भी संयोग वात्सल्य और वियोग वात्सल्य का वर्णन किया गया है। जब अक्रूर श्री कृष्ण को लेने गोकुल आते हैं, उसी समय वियोग की आंशका से माँ यशोदा का हृदय धड़कने लगता है :

कहा काज मेरे छगन मगन कौ नृप मधुपुरी बुलायौ।
सुफलक सुत मेरे प्रान हरन कौ काल-रूप ह्वै आयौ॥

वात्सल्य वर्णन में सूरदास माँ यशोदा की विभिन्न भाव-दशाओं के भी अपूर्व चित्र खींचते हैं। आचार्य हज़ारी प्रसाद द्विवेदी की यह मान्यता है कि बाललीला वर्णन से कहीं अधिक यशोदा के मातृ हृदय के चित्रण में सूरदास को अद्वितीय सफलता मिली है। कृष्ण की बाल-लीला, उनके हठ, उनकी मनोरम क्रीड़ा, उनकी खीझ, उनकी शिकायत आदि से माता यशोदा के हृदय का छलकता हुआ आह्लाद जितनी कलात्मक बारीकी से अंकित किया गया है, श्रीकृष्ण के मथुरा प्रवास के समय वियोगिनी यशोदा की व्याकुलता, करुणा और उद्वेलित भावनामयता के चित्रण में भी वैसी ही कलात्मकता के दर्शन होते हैं। सूरदास ने मातृहृदय का ऐसा स्वाभाविक, सरल और हृदयग्राही चित्र खींचा है कि आश्चर्य होता है। 'माता' संसार का ऐसा पवित्र रहस्य है जिसे कवि के अतिरिक्त और किसी को व्याख्या करने का अधिकार नहीं। सूरदास जहाँ पुत्रवती-जननी के प्रेमपल्लवित हृदय को छूने में समर्थ हुए हैं वहाँ वियोगिनी माता के करुणा-विगलित हृदय को भी उसी सतर्कता से छू सके हैं।

भक्तिकाल के सभी समालोचकों ने सूर के वात्सल्य वर्णन की मुक्त कंठ से प्रशंसा की है। आचार्य रामचन्द्र शुक्ल यह मानते हैं कि जिस परिमित पुण्यभूमि में उनकी वाणी ने संचरण किया उसका कोई कोना अछूता न छूटा। शृंगार और वात्सल्य के क्षेत्र में जहाँ तक इनकी दृष्टि पहुँची वहाँ तक और किसी कवि की नहीं। इन दोनों क्षेत्रों में तो इस महाकवि ने मानो औरों के लिए कुछ छोड़ा ही नहीं। गोस्वामी तुलसीदास जी ने गीतावली में बाललीला को इनकी देखादेखी बहुत अधिक विस्तार दिया सही, पर उसमें बालसुलभ भावों और चेष्टाओं की वह प्रचुरता नहीं आयी, उसमें रूपवर्णन की ही प्रचुरता रही। बालचेष्टा के स्वाभाविक मनोहर चित्रों का इतना बड़ा भंडार और कहीं नहीं।

सूरदास के वात्सल्य वर्णन की अभूतपूर्व कलात्मक प्रौढ़ता का कारण कहाँ

है? मैनेजर पांडेय का विश्लेषण यह बताता है कि सूरदास वर्ण्य विषय के साथ तादात्म्य स्थापित करके उसकी अभिव्यक्ति करते हैं। वे जब बालकृष्ण की लीलाओं, चेष्टाओं और मनोभावों की व्यंजना करते हैं तो स्वयं बालक बने प्रतीत होते हैं और जब माँ यशोदा की अनुभूतियों की अभिव्यक्ति करते हैं तो मातृहृदय से युक्त जान पड़ते हैं। सूर की गहरी अनुभूति और तन्मयता के कारण उनकी कविता में 'तदाकार परिणति' की अद्भुत क्षमता है।

## सूर काव्य में शृंगार

भक्ति आन्दोलन में सिर्फ वर्णाश्रम व्यवस्था का ही विरोध नहीं है, आर्थिक और साम्प्रदायिक भेदभाव का भी विरोध है; हर प्रकार के पाखंड, आडम्बर, रुढ़िवाद और सड़े गले रीति रिवाजों का भी विरोध है। ईश्वर के दरबार में सभी मनुष्य बराबर हैं—और भक्ति के रास्ते बराबरी के इस हक को सहज ही पाया जा सकता है। भक्तिकाव्य की यह लोकसामान्य भावभूमि है जिस पर कबीर, मीराँ, जायसी, सूर, तुलसी सभी अलग-अलग रास्ते से आकर इकट्ठे मिल जाते हैं।

भक्तिकालीन उपर्युक्त सामान्य भावधारा के अलावा हर कृतिकार की कुछ निजी विशेषताएँ भी हैं, उसका अपना विशिष्ट योगदान भी है, उसकी पृथक काव्यभंगिमा भी है। अगर इस दृष्टि से सूरदास के काव्य का मूल्यांकन करें तो आपको पता चलेगा कि स्त्री-पुरुष सम्बन्धों का जैसा वैविध्यपूर्ण और सप्राण चित्रण सूरदास ने किया है, वैसा उस युग के किसी अन्य कृतिकार से सम्भव ही नहीं हो सका। विधि-निषेध और सामाजिक मर्यादाओं की जकड़बदी से मुक्त रतिभाव अपने नैसर्गिक रूप में सूर काव्य में दिव्य छटा लिये हुए है। यह प्रेम वर्णन लौकिक भी है और अलौकिक भी। लौकिक इसलिए कि यह रतिभाव हाड़मांस के मनुष्यों की स्वाभाविक तृष्णा, कामना और लालसा के संसार को सामने लाकर सहृदय, श्रोता, भक्तजन—सबके लिए आनन्द की सृष्टि करता है। अलौकिक इसलिए है कि आसक्ति और काम भावना की शारीरिक अभिव्यक्तियों पर रागानुगा भक्ति का उदात्त आलोक जगमगाता रहता है। शृंगार और भक्ति का प्राय: ऐसा ही सम्मिश्रण जयदेव, विद्यापति, चंडीदास और चैतन्य में भी दिखायी पड़ता है। एक हद तक मीराँ में भी इस प्रवृत्ति के लक्षण दिखायी देते हैं। रतिभाव की लौकिकता और मधुर उपासना की अलौकिकता के बीच कलात्मक सामंजस्य के निर्वाह में सूर की काव्यभंगिमा अपूर्व कौशल का परिचय देती हैं। यह तकनीक प्रगीतधर्मी वर्णनशैली में अच्छी तरह विन्यस्त हो गयी है। लौकिक आनन्द और इष्टदेव की उपासना—दोनों को काव्यानुभूति के स्तर पर मिला लिया गया। आचार्य नन्द दुलारे वाजपेयी सूर के शृंगार वर्णन में पुष्टिमार्गीय भक्तिदर्शन का गहरा प्रभाव देखते हैं। उनके अनुसार पुष्टिमार्गी भक्त यह अनुभव

करता है कि यह देह अपनी नहीं, भगवान की है। समस्त विषयभोगों और देहादि का समर्पण शुद्ध पुष्टिमार्ग कहा गया है। ज्ञान के इस मार्ग में अन्य किसी चीज की आवश्यकता नहीं है, उसका कोई प्रयोजन ही नहीं है। केवल प्रेम ही इसके लिए भावोत्कर्ष है। सूरदास जी की यह प्रेममयी भक्ति थी।

सशरीरी प्रेमासक्ति के वर्णन में, कामोद्दीपक संयोग शृंगार के चित्रण में सूरदास को क्यों झिझक हो—जब राधा और गोपियों को इस प्रसंग में जरा भी नैतिक झिझक और मर्यादा हानि का बोध नहीं है। गोपियों का तर्क यह है कि इस शरीर की सृष्टि जिसने की है, उसे ही इस शरीर को सौंपने में लज्जा कैसी, झिझक कैसी, कंजूसी कैसी? पुष्टिमार्ग के भक्त-जन शरीर को अपवित्र चीज़ नहीं मानते—चूँकि यह शरीर उसी परमसत्ता की पावन कृति है। भगवान की लीला अपूर्ण रह जायेगी अगर लीलापुरुषोत्तम को शरीर न सौंपा जाय। भगवान भी नित्य है और भक्त जनों का यह शरीर भी नित्य है। इसलिए राधा और गोपियाँ दैहिक मानमर्यादा भूल जाती हैं—तन्मयता के क्षण में संसार का विस्मरण हो जाता है। पंडित नन्द दुलारे वाजपेयी की यह मान्यता है कि सूरदास राधा का श्रीकृष्ण में अनन्यत्व दिखाकर ही सन्तोष नहीं करते, सारे ब्रजमंडल की गोपियों को भी राधा की ही प्रतिमूर्ति बना देते हैं। जो सुख राधा ने कृष्ण के साथ एकाकार होकर प्राप्त किया उसे गोपियों ने अपना ही सुख मान लिया। मान ही नहीं लिया, बना भी लिया। इस प्रसंग का चित्रण सूरसागर में अधिक विस्तार से किया गया है। श्री कृष्ण सूरसागर में 'बहुनायक' कहे गये हैं। वे प्रत्येक गोपी के साथ प्रेम करते हैं। किसी को छलते नहीं, किसी के साथ विहार करते और किसी के घर प्रात:काल दर्शन देते हैं। इस प्रकार बारी-बारी से सबको प्रसन्न करते हैं।

सूर के शृंगार वर्णन के प्रसंग में भक्तिरस या मधुररस की भी चर्चा की जाती है। चूँकि यह भगवत विषयक रति है, अत: शारीरिक आसक्ति, शरीर समागम, काम-वासना आदि उदात्त रूप ग्रहण कर लेती है। आचार्य हज़ारी प्रसाद द्विवेदी रूपगोस्वामी के "भक्तिरसामृत सिन्धु" में बताये गये मधुर रस की विवेचना के प्रसंग में बताते हैं कि श्रीकृष्ण के प्रति गोपियों की रति या राधा की प्रेमासक्ति जड़ जगत की गर्हित वस्तु नहीं रह जाती—जड़ जगत में जो रति सबसे नीची है, वही भवगद्विषयक होने पर सबसे ऊपर हो जाती है। यही कारण है कि शृंगार रस जो जड़ जगत में सबसे निकृष्ट है, वस्तुत: भगवद्विषयक शृंगार होने पर मधुर रस हो जाता है, यद्यपि भक्तिशास्त्र की मर्यादा के अनुसार इसे शृंगार नहीं कहा जा सकता। केवल ब्रज सुन्दरियों के लिए शृंगार और मधुर एक रस हैं; क्योंकि उनके लिए काम और प्रेम में भेद नहीं है।

स्त्री-पुरुष सम्बन्धों में सूर के काव्य में किसी भी प्रकार के नैतिक व्यवधान, कृत्रिम रूप से आरोपित बन्धन आदि का न होना यह बतलाता है कि शृंगार और प्रेम की सामाजिक अवधारणा प्रस्तुत करने में यह महाकवि अपने समकालीनों से सर्वथा

भिन्न है। इस बहस को अमूर्त सैद्धान्तिक विवेचना के कुहासे से निकालने के उद्देश्य से कुछेक ठोस उदाहरणों को देखना आवश्यक है :

गगन घहराइ जुरी घटा कारी।
पौन झकझोर चपला चमकि चहूँ ओर
सुवन तन चितै नँद डरत भारी॥
कह्यो वृषभानु की कुँवरि सों बोलि कै
राधिका कान्ह घर लिये जा री॥
दोउ घर जाहु संग नफ भयो स्याम रँग
कुँवर कर गह्यो वृषभानु बारी।
गये वन ओर नवल नन्द किसोर
नवल राधा नये कुंज भारी।
अंग पुलकित भये मदन तिन तन जये
सूर प्रभु स्याम स्यामा बिहारी॥

सूर-काव्य में अंकित प्रेमानुभूति का बहु-आयामी मूल्यांकन करते हुए मैनेजर पांडेय उसे ऐतिहासिक सन्दर्भ में रखकर दिखाने का प्रयास करते हैं। जयदेव और विद्यापति के शृंगार वर्णनों की थोड़ी सी छाया सूर पर है—इसे दबे स्वर में वे मान लेते हैं। इसके बाद उनका कहना है कि सूरदास ने संयोग में आलिंगन, चुम्बन आदि के जो चित्र खींचे हैं उनके मूल में जयदेव के गीतगोविन्द की प्रतिध्वनि है। मूल्यांकन के इसी साँचे को बरकरार रखते हुए वे कहते हैं—जयदेव और विद्यापति के संयोगवर्णन में शरीर का विलास अधिक है, किन्तु सूरदास के संयोगवर्णन में मन की सूक्ष्म गतियाँ अधिक प्रकट हैं। रतिकेलि के अनन्तर रतिचिह्नों से विभूषित राधा के दो शब्द चित्रों की तुलना से यह बात स्पष्ट होगी। संयोग के बाद की राधा का एक शब्दचित्र सूर ने इस रूप में निर्मित किया है :

लटें उघरारी कहीं छूटि-छूटि आनन पै,
भींजी हैं फुलेलनि सौं आली हरिसंग केलि।
सौधें अरगजा अरु मरगजी सारी अंग,
कहूँ दरकी कुचनि पर अंगिया नवेली॥
नैन अरसत अरु बैनहूँ अटपटात,
जति ऐंड़ाति गात गोरि बहियानि झेलि।
सूर प्रभु प्यारी प्यारे संग करि रंग रास,
अरस परस दोऊ अंकम धरयौ है मेलि।

दूसरा चित्र जयदेव का इस प्रकार है :

व्यालोलः केशपाशस्तर लित मलकैः स्वेदलोलो कपोलौ।

स्पष्टा-दष्टाधर श्री: कुचकलशरुचा हारिता हारयष्टि: ॥
कांची कांचिद्गताशां स्तनजघनपदं पाणिनाच्छाद्य सद्य: ।
पश्चयन्ती चोत्मरूपं तदीप विलुलितं स्त्रग्धरेपं धुनोति ॥

इन दोनों शब्दचित्रों को देखने से स्पष्ट प्रतीत होता है कि सूरदास का शब्दचित्र गतिशील है। उसमें आंगिक मुद्राओं और मन की गति एवं दशा की व्यंजना हो रही है, लेकिन जयदेव का शब्दचित्र स्थूल उपकरणों से सुसज्जित है।

वाच्यार्थ में रतिक्रियाओं की चलचित्रात्मक अभिव्यक्ति हो या सांकेतिक व्यंजना हो—सूर के सन्दर्भ में मुख्य बात है प्रेमसम्बन्धों की साहचर्यजनित नैसर्गिकता। आचार्य शुक्ल ने इस प्रवृत्ति को जयदेव, विद्यापति आदि से अलगाते हुए प्रेमसंगीतमय जीवन की एक गहरी चलती धारा की संज्ञा दी है। ब्रजभूमि के आभीरों की दीर्घकाल से चली आ रही स्वच्छन्द जीवनधारा, ग्रामप्रकृति के मुक्त प्रांगण में निर्बन्ध विचरण के बीच स्वाभाविक रूप में अंकुरित प्रेम और काम सम्बन्ध की निर्विकार उद्दाम भावना सूर की शृंगारिकता को एक सामाजिक-सांस्कृतिक परिप्रेक्ष्य में पेश करती है। यह शृंगार अंकुठ रतिसम्बन्ध, अकुंठ तृष्णा और अकुंठ तृप्ति के इर्दगिर्द केन्द्रित है।

स्त्री-पुरुष के सहज स्वाभाविक सम्बन्ध के विकास के रास्ते में कालक्रम से उत्तर भारत के हिन्दीभाषी समाज ने पितृसत्तात्मक नीतिनियम की अर्गला बना दी। दलितों और शूद्रों की तरह स्त्रियों को भी नीचा स्थान दिया गया बल्कि स्त्रियों को सारी बुराई, पारिवारिक बन्धन और सांसारिक भवबाधा की जड़ बताया गया। ब्रजवासियों का पशुचारी समाज सूरदास के काल तक उक्त प्रवृत्ति का अपवाद प्रतीत होता है। ब्रज लोकनृत्य में स्त्री-पुरुष की उन्मुक्त सहभागिता का एक दृश्य सूरदास ने चित्रित किया है जिसमें मंडलाकार सभी नाच रहे हैं। युवतियाँ भी हैं, युवक भी। राधा और कृष्ण बीच में हैं। तीव्र चपल नृत्यगति के बीच सहसा कृष्ण के कुंडल से राधा की लट अटक गयी है, एक ही वनमाला के बीच दोनों आ गये हैं—लगभग आलिंगन जैसी देहभंगिमा और घनिष्ठ सामीप्य का दृश्यचित्र है। बत्तीस अक्षरों का यह विशुद्ध कवित्त, संगीत की दृष्टि से नि:सन्देह रूप में ध्रुपद है। रामविलास शर्मा की टिप्पणी है—युवतियों के घेरे के बीच वे होड़ाहोड़ी करते हुए नाचते हैं और मुँह से ताता थेई बोल निकालते हैं। उदात्त शृंगार की ऐसी व्यंजना हिन्दी काव्य में कम हुई है।

अगर ब्रज लोकजीवन में स्त्री-पुरुष को ऐसी स्वच्छन्दता न मिली होती तो कीर्तनिया सूरदास श्रीनाथ जी के मन्दिर में बैठकर ऐसे दृश्यों की कल्पना कहाँ से कर लेते? कबीर, जायसी या तुलसी के काव्य में ऐसी कल्पना क्यों नहीं है? इसका सिर्फ एक ही उत्तर है—वह यह कि कबीर ब्रज की लोकसंस्कृति से परिचित नहीं थे; वे वर्णव्यवस्था और पितृसत्तात्मक समाजतन्त्र से जकड़े हुए परिवेश के बीच पले बढ़े थे। पारिवारिकता, गृहस्थ जीवन और गोचारण के अनिवार्य सन्दर्भों में ही कृष्ण तथा

राधा के प्रणय जीवन का मर्म वास्तविक रूप में खुलता है। रामस्वरूप चतुर्वेदी की व्याख्या है कि सूर के काव्य में समूचा घर-परिवार कुटुम्ब चित्रित होता है। कृष्ण की दिनचर्या, संस्कारों और उत्सवों के क्रमिक चित्रण में एक पूरा परिवार और ग्रामीण समाज उभर कर सामने आता है। आगे चलकर युवा कृष्ण का जीवन भी एकदम निरपेक्ष या ऐकान्तिक नहीं है, पूरा गाँव किसी न किसी रूप में उसमें भागीदार है। बसन्तोत्सव और रास के विविध सामूहिक आयोजन इसके व्यावहारिक प्रमाण हैं।

## सूर की नयी उद्भावनाएँ

सूरदास ने श्रीमद्भागवत से कृष्णकथा अवश्य ली है, पर हर जगह नीरस भाव से नकल कर निष्प्राण पद्यरचना नहीं की है। आचार्य रामचन्द्र शक्ल की स्थापना है—सूर की बड़ी भारी विशेषता है नवीन प्रसंगों की उद्भावना। सूरसागर की कृष्णकथा में सैकड़ों स्थलों पर घटना-सन्दर्भ बदलकर आख्यान को सर्वथा नया रूप प्रदान कर दिया गया है, जबकि श्रीमद्भागवत में उन घटना-सन्दर्भों की प्रस्तुति भिन्न रूपों में की गयी है। अपनी मौलिक सूझबूझ, प्रतिभा के स्फुरण तथा सृजन-कल्पना की उन्मुक्त उड़ान के लिए सूरदास ने बाललीला, सख्यभाव, राधा कृष्ण के बीच प्रेमसम्बन्ध के विकास, गोपियों के साथ लीलाविहार, भ्रमरगीत आदि कथा प्रसंगों पर विशेष रूप से ध्यान दिया है। कृष्ण के जनप्रिय और लोकमंगलकारी रूपों को रमणीय रूप में प्रस्तुत करने पर सूर का कोई ज़ोर नहीं है। कृष्ण के बाल रूप, सखा रूप और युवा प्रेमी रूप पर ही सूरदास रीझे हैं। अत: एक भावमर्मी कवि के रूप में यद्यपि सूर की सृजनशीलता और रमणीय संवेदना के क्षेत्र सीमित हैं, पर इन सीमित क्षेत्रों का कोना-कोना वे झाँक जरूर आये हैं।

श्रीमद्भागवत तथा अन्य पुराणों से कृष्णकथा के विभिन्न प्रसंगों को लेने के बावजूद सूरदास अपनी मौलिक काव्यप्रतिभा और उद्भावना शक्ति का प्रमाण प्रस्तुत कर पाये—इसके पीछे मूल कारण क्या है? प्रो. कल्याणमल लोढ़ा इस प्रसंग में रामचरितमानस, श्रीमद्भागवत और सूरसागर का अन्तर स्पष्ट करते हुए बताते हैं कि जहाँ तुलसीदास राम के देवत्व और अवतारी रूप को कभी नहीं भूलते, वहाँ सूरदास अपने आराध्य का सदैव स्मरण करते हुए भी उनके लोकसामान्य सहज मानवीय रूप को कभी दूर नहीं होने देते। यही तत्व श्रीमद्भागवत और सूरसागर का मूल रचनात्मक भेद स्पष्ट करता है। अपने प्रिय चरित के सहज पारिवारिक सम्बन्धों, उसके स्वाभाविक मानवीय रूपों और उसके लौकिक पहलुओं को क्रियाशील और गतिमान सन्दर्भों में प्रस्तुत करने के लिए उनकी कल्पनाशीलता को पंख लग जाते हैं, वे स्वत: नये-नये प्रसंगों की अवतारणा करने लगते हैं और पौराणिक कथारुढ़ि उनकी प्रतिभा को अवरुद्ध नहीं कर पाती। कृष्णकथा के लौकिक और पारिवारिक-मानवीय पक्षों के भीतर एक

से एक नये रागात्मक पक्ष का भावोन्मेष सूर की काव्यकला को विलक्षणता प्रदान करता जाता है। कृष्ण का सर्वजनसुलभ रूप, समरस होकर अपना पार्थक्य खो देना, माखनचोरी, रासक्रीड़ा, ग्वालबाल के साथ खेलकूद—और सबसे उत्तम बात यह कि ब्रजभूमि के लोकरिवाजों के बीच घटती हुई तमाम तरह की लीलाएँ।

## सूर काव्य में राधा

श्रीमद्भागवत में राधा नहीं है। महाप्रभु वल्लभाचार्य की प्रेरणा से भागवत की कृष्ण कथा के भिन्न-भिन्न प्रसंगों को कीर्तनकार सूरदास स्वरचित पदों के माध्यम से श्रीनाथजी के मन्दिर में गा रहे थे। भागवत या ब्रह्मवैवर्त पुराण द्वारा बाँधी गयी सीमाएँ कीर्तनकार सूरदास को स्वीकार नहीं हैं। वे बार-बार अपनी मौलिक प्रतिभा और नई उद्भावना शक्ति का प्रमाण प्रस्तुत करते हैं। इसी क्रम में राधा का स्थानीय रंग में रंगा हुआ, ब्रज की लोकसंस्कृति की धूलमिट्टी में लिपटा हुआ एक स्वाधीन और स्वाभिमानिनी नारी चरित्र का कृष्ण की स्वकीया के रूप में चित्र अंकित होता है। इस चरित्र के अनेकानेक चित्रों से सूर का काव्य भरा पड़ा है। भक्त कवि जयदेव के संस्कृत में लिखे प्रगीतों के संग्रह 'गीतगोविन्द' की यह राधा नहीं है। उद्दाम आवेग और निर्बन्ध आसक्ति से पीड़ित राधा का यह चरित्र जयदेव की ही विशेषता है। विद्यापति की राधा की अटूट मुग्धावस्था भी यहाँ नहीं है। सूर की राधा चंडीदास की राधा के समान मोम की पुतली भी नहीं है। यह तो बाल सखी है—होश सम्भालते ही चिर साहचर्य में पली-बढ़ी खेलीकूदी है। गाँव के परिवेश में एक दिन श्रीकृष्ण ब्रज की गलियों से खेलते हुए निकल रहे थे। सहसा क्या देखा—'औचक ही देखी तँह राधा नयन विशाल भाल दिये रोरी।' सूर के श्याम पहली नज़र पड़ते ही रीझ गये—आँखें ठगी रह गयीं—'सूर श्याम देखत ही रीझे नैन मिति परी ठगोरी।' ठगोरी के बावजूद कोई झिझक नहीं है। अकुंठ भाव से निःसंकोच परिचय पूछा :

> बूझत श्याम कौन तू गोरी?
> कहाँ रहति काकी है बेटी, देंखी नहिं कहूँ ब्रजखोरी।
> काहे को हम ब्रज तन आवति, खेलत रहति आपनी पौरी।
> सुनत रहत श्रवनन नन्द ढोटा करत रहत माखन दधि चोरी।
> तुम्हरो कहा चोरि हम लैहैं, खेलत संग चलौ मिलि ज़ोरी।
> सूरदास प्रभु रसिक शिरोमणि बातनि भुलइ राधिका गोरी।

कृष्ण राधा से सीधा संवाद स्थापित करते हैं। कहाँ रहती हो? किसकी बेटी हो? तुम्हें तो ब्रज की गलियों में देखा ही नहीं? राधा पूरे स्वाभिमान के साथ अपने दृढ़ स्वर में—आवाज की थोड़ी बहुत कड़ाई के साथ कहती है—मैं तो अपनी पौरी में ही खेलती रहती हूँ। गली-गली भटकने की मुझे क्या जरूरत पड़ी है। मैंने यह जरूर

सुन रखा है यानी तुम्हारी ख्याति सुन रखी है कि नन्द का बेटा चोरी करता रहता है—माखन की चोरी। कृष्ण उसी लहजे में व्यंग्योक्ति के छींटे मारते हैं—तुम्हारा क्या चुरा लूँगा? अरे चलो—खेलने चलो, आओ जोड़ी बना लें और खेलने चलें। निपट सीधी राधा बातों में भूल गयी। रसिक शिरोमणि कृष्ण ने बातों ही बातों में राधा को आत्मविस्मृत कर दिया। पहली-पहली भेंट में हुए प्रेम का यह नाटकीय वर्णन सूर की राधा को कुछ अलग प्रकार की कूची और रंगों से चित्रित करता है।

इसके बाद मुग्धा प्रेमिका की विकलता का प्रारम्भिक स्वरूप उभरता है :

नागरि मनहिं गयी अरूझाइ।
अति विरह तन भई व्याकुल घर न नेकु सुहाइ।

स्वजनों-परिजनों के बीच यह अकुंठ सम्बन्ध अपने स्वाभाविक रूप में विकसित होता है। यशोदा राधिका से उसका परिचय पूछती हैं और उसके बाद उसके बाल सँवार देती हैं। फिर सहज ही अनुमति देती हैं :

खेलो जाइ स्याम संग राधा।
यह सुनि कुँवरि हरख मन कीन्हों मिट गयी अन्तर बाधा।

एक पद में राधा अपने अन्तर्यामी प्रेमी से कहती हैं—तुम्हीं हो गवाह। क्या मैं तुम्हारे सिवा किसी और को जानती हूँ? दूसरे पद में राधा अपनी सखी से कहती है :

सुनु री सखी, दसा यह गेरी।
जब तें मिले श्यामधन सुन्दर संगहिं फिरत गयी जनु चेरी।

आचार्य हज़ारी प्रसाद द्विवेदी की पुस्तक 'मध्यकालीन धर्मसाधना' में सूरदास की राधिका के चरित्रांकन पर टिप्पणी है—प्रेम के इस स्वच्छ और मार्मिक रूप का चित्रण भारतीय साहित्य में किसी और कवि ने नहीं किया। यह सूरदास की अपनी विशेषता है। वियोग के समय राधिका का जो चित्र सूरदास ने चित्रित किया है वह भी इस प्रेम के योग्य है। मिलन समय की मुखर, लीलावती, चंचला और हँसोड़ राधिका वियोग के समय मौन, शान्त और गम्भीर हो जाती है।

कृष्ण अक्रूर के साथ मथुरा जा रहे हैं। जब श्याम का रथ चल पड़ता है तो राधा कहती है—सखी री, वह देखो रथ जात। स्वामी के चले जाने के बाद राधा अनुभव करती है कि अब तो उसका शरीर कौड़ियों के मोल भी बिकने लायक नहीं रहा—सूरदास स्वामी के बिछुरे कौड़ी भरि न बिकात! अब तो राधा को रात-रात भर नींद नहीं आती—आजु रैनि नहीं नींद परी। कृष्ण के बिना ब्रज के छायाकुंज बैरी हो गये हैं—बिनु गोपाल बैरिनि भई कुंजै। वियोगिनी राधिका मथुरा जानेवाले पथिक के माध्यम से सन्देश भेजती है—सूरदास प्रभु आस मिलन की एक बार आवन ब्रज कीजै।

भ्रमरगीत के पदों में उद्धव से भागी दौड़ी मिलने आनेवाली गोपिकाओं में

राधा नहीं है। अन्त में जिस दिन उद्धव मथुरा के लिए लौटनेवाले हैं, उस दिन उद्धव राधा के पास जाकर पूछते हैं—कोई संवाद, कोई सन्देश, कोई चिट्ठी पत्री? राधा क्या जवाब दे? उसकी दोनों आँखें उमड़ आती हैं—उसके पैर उलझ जाते हैं और वह थरथरा कर गिर पड़ती है।

मथुरा के राजा श्रीकृष्ण महारानी रुक्मिणी और शासनतन्त्र के तमाम ऐश्वर्य के साथ जब ब्रजवासियों से मिलने आते हैं तो राधिका भी उस भीड़ के अन्तिम छोर पर दुबकी खड़ी हो जाती है। महारानी रुक्मिणी के पूछने पर कृष्ण उस भीड़ में उदास खड़ी 'नीलवसन तन गोरी' राधा की ओर संकेत करते हैं। रुक्मिणी राधा को अपने साथ लिवा गयी। प्रभु वहाँ पधारे जहाँ दोनों ठकुरानी उपस्थित थीं। उसके बाद का दृश्य है :

राधा माधव भेंट भई।
राधा माधव माधव राधा कीट भृंग गति ह्वै जु गयी।
माधव राधा के रंग राते राधा माधव रंग रई।
माधव राधा; प्रीति निरन्तर रसना कहि न गयी।

चिर वियोग के लिए अभिशप्त राधिका उस अमूल्य अवसर का भी लाभ न उठा सकी। भगवान कृष्ण के चले जाने के बाद सिर्फ पछतावा रह गया :

करत कछु नाहीं आज बनी।
हरि आये हौं रही ठगी सी जैसे चित्तधनी।
आसन हरषि हृदय नहिं दीनो कमलकुटी अपनी।
न्योछावर उर अरध न अंचल जलधारा जु बनी।
कंचुकी तैं कुच-कलश प्रकट है टूटि न तरक तनी।
अब उपजी अति लाज मनहि मन समुझत निज करनी।

सूरदास की राधा ऐसी ही है—चिर वियोग में सन्तप्त, पर स्वाभिमानिनी, अन्दर-अन्दर उमड़ती हुई, पर समुद्र की तरह गम्भीर, कृष्ण से कोई भी माँग नहीं, पर अपना सर्वस्व न्योछावर करने के लिए तत्पर।

## सूरदास का भ्रमरगीत

अनेक समालोचकों ने भ्रमरगीत प्रसंग को 'सूरसागर' का सर्वोत्कृष्ट अंश बताया है। आचार्य रामचन्द्र शुक्ल ने 'सूरसागर' से भ्रमरगीत प्रसंग के पदों को खोजबीन कर निकाला और उसे सुसम्पादित कर 'भ्रमरगीत-सार' नाम से पाठक समुदाय के सामने रखा। इस सम्पादित पुस्तक के प्रारम्भिक वक्तव्य में शुक्ल जी ने कहा है कि भ्रमरगीत सूरसागर के भीतर का एक सार रत्न है। यह 400 पदों का संग्रह है। श्रीमद्भागवत

के समान ही सूरदास के भ्रमरगीत प्रसंग के पहले पद में श्री कृष्ण के वचन उद्धव के प्रति हैं :

पहिले करि परनाम नन्द सो समाचार सब दीजो।
और वहाँ वृषभानु गोप सों जाय सकल सुधि लिजो॥
श्रीदामा आदिक सब ग्वालन मेरे हुतो भेंठियो।
सुख-सन्देस सुनाय हमारो गोपिन को दुख मेटियो॥

और अन्त में मथुरा लौटने पर कृष्ण के प्रति उद्धव के वचन के अन्तर्गत 20 पद हैं। इसके बाद सबसे अन्त में कृष्ण के वक्तव्य के रूप में सिर्फ एक पद है :

ऊधो! मोहिं ब्रज बिसरत नाहीं।
हंस सुता की सुन्दरि कगरी अरु कुंजन की छाहीं॥
वै सुरभी, वै बच्छा दोहनी, खरिक दुहावन जाहीं॥
ग्वालबाल सब करत कुलाहल नाचत गहि गहि बाहीं॥
यह मथुरा कंचन की नगरी मनि-मुक्ताहल जाहीं॥
जबहिं सुरति आवति वा सुख की जिय उमगत, तनु नाहीं॥
अनगन भाँति करी बहुलीला जसुदा नन्द निबाहीं॥
सूरदास प्रभु रहे मौन ह्वै, यह कहि कहि पछिताहीं॥

हे उद्धव! मुझसे भी ब्रज की स्मृति भुलायी नहीं जाती। ब्रज में यमुना नदी का किनारा, कुंजों की छांह, गायें और बछड़े—सबकी याद मुझे बराबर आती रहती है। मुझे यह वातावरण भी नहीं भूलता जब मैं गौशाला की तरफ दूध दुहने को जाते हुए ब्रज की गोपियों और ग्वालबालों की कल्पना करता हूँ। वहाँ ग्वालबाल सब कोलाहल करते हैं और परस्पर बाँह पकड़कर नाचते-गाते हैं। यह मथुरा धनवैभव की नगरी है, यहाँ मणियाँ और मोती हैं—पर जब मुझे ब्रज के सुख की याद आती है तो यहाँ का सारा वैभव फीका प्रतीत होता है और हृदय उमड़ आता है, सारी सुधबुध खो बैठता हूँ। मैंने वहाँ अनेक प्रकार की लीलाएँ की थीं—यशोदा और नन्द ने उन्हें सहन कर निबाहा था। इतना सब कहने के बाद एक गहरे अवसाद से मौन होकर श्रीकृष्ण चुप हो गये और बार-बार इन स्मृतियों को दोहरा कर मन ही मन पछताने लगे।

भ्रमरगीत के पद स्वतन्त्र मुक्तक की अपेक्षा प्रबन्धात्मक प्रगीत की विशिष्टता के कारण अद्वितीय प्रतीत होते हैं। भ्रमरगीत प्रसंग की एक कहानी है। उस कहानी के पीछे एक घटना-वृत्त है और पात्रों के संवाद हैं। कहानी यह है कि श्रीकृष्ण अक्रूर के साथ कंस के निमन्त्रण पर मथुरा गये और वहाँ कंस को मारकर अपने पिता वसुदेव का उन्होंने उद्धार किया। इसी बीच कुब्जा नाम की दासी की सेवा से वे प्रसन्न हो गये और उसे अपने प्रेम की स्वामिनी बना बैठे। काफी समय बीत जाने के बाद भी जब वे मथुरा से लौटकर गोकुल वापस नहीं आये तब नन्द, यशोदा, राधा, गोपियाँ

तथा ब्रज के सभी लोग दु:खी होने लगे। कथा की इसी पृष्ठभूमि में उद्धव को ब्रज भेजा जाता है। चूँकि उन्हें अपने ज्ञान का बड़ा गर्व था और वे भक्तिमार्ग की निन्दा करते थे, अत: कृष्ण ने गोपियों की भक्ति की तन्मयता का दिग्दर्शन कराकर उनका ज्ञानगर्व दूर किया।

आप सम्भवत: यह अवश्य जानना चाहेंगे कि इन गीतों को भ्रमरगीत की संज्ञा क्यों दी गयी है? उद्धव के ब्रज में दिखाई पड़ते ही सारे ब्रजवासी उन्हें घेर लेते हैं। वे नन्द यशोदा से सन्देश कह चुकने के उपरान्त गोपियों की ओर ध्यान केन्द्रित कर कृष्ण के सन्देश के रूप में ज्ञानचर्चा आरम्भ करते हैं। इस बीच एक भौंरा उड़ता-उड़ता गोपियों के पास आकर गुनगुनाने लगता है :

यहि अन्तर मधुकर इक आयो।
निज सुभाव अनुसार निकट होइ सुन्दर सब्द सुनायो॥
पूछत लागीं ताहि गोपिका कुब्जा तोहिं पठायो?
कैधों सूर स्याम सुन्दर को हो हमें सन्देसो लायो?

आचार्य रामचन्द्र शुक्ल के अनुसार भौंरे के आकस्मिक आगमन से गोपियों को एक पात्र मिल गया—फिर तो गोपियाँ मानो उसी भ्रमर को सम्बोधित करके जो जी में आता है, खरी खोटी, उलटी सीधी, सब सुना देती हैं। इसी से इस प्रसंग का नाम 'भ्रमरगीत' पड़ा है। कभी गोपियाँ उद्धव का नाम लेकर कहती हैं, कभी उसी भ्रमर को सम्बोधित करके कहती हैं—विशेषत: जब परुष और कठोर वचन मुँह से निकालना होता है। शृंगार रस का ऐसा 'उपालंभ काव्य' दूसरा नहीं है।

ये गीत सम्बोधित तो हैं भ्रमर को, पर वास्तविकता में उद्धव से तर्कवितर्क और उलाहने के रूप में रचित हैं, अत: अन्योक्ति पद्धति के काव्य के रूप में इनकी महत्ता स्वीकार कर ली गयी है। इन गीतों की सरसता और मधुरता इसी बात में है कि ये सीधे वाच्यार्थ पर निर्भर न कर अपने आशय के लिए व्यंजना पर निर्भर करते हैं। नए-नए अनूठे भावों की व्यंजकता के कारण ये गीत प्रसिद्ध हुए हैं।

यद्यपि भ्रमरगीत परम्परा का मूल स्रोत तो श्रीमद्‌भागवत के दशम स्कन्ध के 46वें और 47 वें अध्याय में है, पर मध्यकालीन जनभाषाओं की काव्यपरम्परा में इसका सूत्रपात सबसे पहले सूरदास ने ही किया था।

भागवत से प्रेरणा लेने के बावजूद सूरदास ने भ्रमरगीत में अपनी ओर से नयी-नयी उद्‌भावनाएँ की हैं, नये प्रसंग जोड़े हैं और मौलिक काव्यप्रतिभा का अनूठा उदाहरण प्रस्तुत किया है। श्रीमद्‌भागवत में उद्धव को श्रीकृष्ण ने यही काम सौंपा था कि ब्रजवासियों को सान्त्वना दे आओ, धैर्य धारण करने का सन्देश दे आओ। उद्धव के ज्ञानमार्गी होने, उनके ज्ञानगर्व को दूर करने के अभिप्राय से उन्हें गोकुल भेजने का कहीं भी उल्लेख नहीं मिलता। यह नयी मौलिक सूझ सूरदास की है। गोचर लौकिक

जीवन की रूपविभूति, लीला, दैनंदिन जीवन के क्रियाकलाप, पारिवारिक-सामाजिक सम्बन्धों के राग-विराग आदि की महत्ता स्थापित कर सूरदास सगुणभक्ति का औचित्य प्रतिपादित करते हैं। गोकुल के ग्रामीणजनों के साथ बचपन से ही श्रीकृष्ण रहते आ रहे थे। इन सम्बन्धों को माया अथवा मिथ्या मानने की भावना सूरकाव्य में कहीं भी प्रकट नहीं होती। इस तरह सूरदास का उद्देश्य है—निर्गुण भक्ति का खंडन और गृहस्थ जनों की सगुण सांसारिक प्रेमभावना का भक्ति के रूप में मंडन।

इसके अतिरिक्त श्रीमद्भागवत में गोपियों का तर्कवितर्क, वाद-विवाद, खरी-खोटी, जलीकटी सुनाना आदि है ही नहीं। यह सब सूरदास का कमाल है। गाँव की ये लड़कियाँ कृष्ण के प्रति तन्मयता के कारण, वियोगव्यथा के कारण, अश्रुपूरित भावुकता के कारण ही सिर्फ याद करने योग्य नहीं हैं। वे अपना अधिकार माँग रही हैं, गुस्सा और क्षोभ प्रकट कर रही हैं, उद्धव को खरीखोटी सुना रही हैं और अपने प्रेम को सुसंगत साबित करने के लिए तर्कशीलता, उक्तिवैचित्र्य और विदग्धता का भी परिचय देती हैं।

तीसरी बात यह कि श्रीमद्भागवत में राधा का कहीं भी नामोल्लेख तक नहीं है। सूरदास के यहाँ यह राधा जयदेव, विद्यापति और चंडीदास के माध्यम से आयी है. पर इस राधा की प्रेममूर्ति के निर्माण में सूरदास की प्रतिभा काफी कुछ नये तत्वों का समावेश करती है।

## सूर का प्रकृति वर्णन

महाकवि सूरदास यह बताते हुए थकते नहीं कि वृन्दावन की धूल भी धन्य है। ब्रज और वृन्दावन की नैसर्गिक शोभा के समक्ष स्वर्ग और उसकी सम्पदा भी तुच्छ है। यहाँ जूठन खाकर रहना भी श्रेयस्कर है। ब्रजक्षेत्र की यह मुक्त पद्धति जिसमें सुखद छाया वाली वनस्थली है, सघन कुंजों की भरमार है, जमुना नदी है, गोचारण के लिए अन्तहीन आकाश तक फैला चरागाह है। चूँकि ब्रज की इस प्राकृतिक सुषमा और खेत खलिहान के बीच सूर के प्रिय सखा और आराध्य कृष्ण की लीला हुई है—अत: कवि और कथागायक के नाते वे प्रकृति का दामन नहीं छोड़ते। कृषिजीवी और पशुपालक ग्रामलोक के रूप में वृन्दावन सूर का अत्यन्त प्रिय काव्य-विषय है। मथुरा एक नगर है और गोकुल एक गाँव है। सूरदास इन दोनों का कंट्रास्ट भी बार-बार उभारते हैं—भिन्न-भिन्न सन्दर्भों में इस प्रतिलोम को पूरी तरह उद्घाटित करते हैं। मथुरा वह शासन केन्द्र है जहाँ कंस का अत्याचार है, जहाँ अक्रूर और उद्धव रहते हैं, जहाँ कंस की दासी कुब्जा के प्रेमपाश में बँधकर कृष्ण का पतन हुआ है और वहाँ के ऐश्वर्य में डूबकर कृष्ण गोकुल के सीधेसादे लोगों के निश्छल प्रेम को भूल गये हैं। इस तरह मथुरा के बरक्स ब्रज की प्रकृति है, ब्रज का ग्रामलोक है और ब्रज का

स्वच्छन्द उन्मुक्त नैसर्गिक जीवन है।

शहर बनाम गाँव का यह द्वन्द्व सूरकाव्य में अनेक स्तरों पर उभरा है। इस समस्या को लेकर हिन्दी समालोचना में सबसे पहले मैनेजर पांडेय ने ही लोगों का ध्यान खींचा। उन्होंने लिखा भी है—इस बात की ओर शायद ही किसी का ध्यान गया हो कि सूर की कविता में गाँव से शहर के द्वन्द्व की अभिव्यक्ति भी है। यहाँ गाँव और शहर के बीच द्वन्द्व अनेक स्तरों पर है। सबसे पहले सगुण से निर्गुण, ज्ञान से योग के द्वन्द्व में शहर का विरोध व्यक्त हुआ है। ऐसा लगता है कि उस समय निर्गुण, ज्ञान और योग का अधिक प्रचार शहरों में था और सगुण का गाँवों में। भ्रमरगीत में बार-बार निर्गुण, ज्ञान और योग को नगर से जोड़ा गया है। उद्धव से निर्गुण और योग का उपदेश सुनकर गोपियाँ कहती हैं—'यह प्रिय कथा नगर नारिन सौं, कहहिं जहाँ कछु पावहिं।' सूर के अनुसार योग, ज्ञान और निर्गुण का केन्द्र है काशी। भ्रमरगीत में बार-बार काशी को निर्गुण, ज्ञान और योग का गढ़ कहा गया है। उद्धव से गोपियाँ कहती हैं—'यह निरगुन लै तिनहिं सुनावहु, जे मुड़िया सै कासी' या फिर 'जे गाहक निरगुन के ऊधो, ते सब बसत ईसपुर कासी।' सरल-सीधे गाँववालों को सहज-स्वाभाविक सगुण भक्ति प्रिय है—'गोकुल सबै गोपाल उपासी।' गोपियों को योग की बातें 'कपट कथा' लगती हैं, गाँव की रीतिनीति के ठीक विपरीत। वे उद्धव से पूछती हैं—'मधुकर! कौन गाँव की रीति? ब्रज जुवतिन को जोग कथा तुम कहत सबै विपरीत।'

शहर और गाँव के बीच नैतिक द्वन्द्व भी है। सूर के अनुसार गाँव के जीवन और व्यवहार में सहजता, ईमानदारी और सच्चाई है, जबकि शहर अनैतिकता, छल-प्रपंच और चालाकी का गढ़ है। गाँव की गोपियों की कथा शुद्ध प्रेमकथा है और शहरी प्रेम कपटकथा है। ब्रजवासी जिस शहर से परिचित हैं वह मथुरा है—सत्ता और शक्ति का केन्द्र, अत्याचार और शोषण का गढ़, छल और प्रपंच का प्रतीक। वह मायानगरी है, गोकुल और गोपियों का सर्वस्व हरण करनेवाली। मथुरा गोपियों के लिए कंस, अक्रूर और उद्धव का ही नहीं, कुब्जा का भी नगर है। ब्रजवासी लोगों की दृष्टि में मथुरा काजर की कोठरी है :

वह मथुरा काजर की कोठरी जे आवहिं ते कारे।<br>
तुम कारे सुफलक सुत कारे, कारे मधुप भंवारे।

दूसरी तरफ ब्रजवासी बुद्धिहीन, निपट सरल लोग हैं :

हम अहीरि मतिहीन बापुरी, हटकत हूँ हठि करत मिताई।<br>
वे नागर मथुरा निरमोही, अंग अंग भरे कपट चतुराई।

शहर और गाँव के इस द्वन्द्व की चेतना के सन्दर्भ में सूर की सहानुभूति निःसंदिग्ध रूप से गाँव के साथ है। सूर की गोपियों को बार-बार प्रतीति होती है कि श्रीकृष्ण

अभी भी ब्रज के निर्धन प्रेमियों द्वारा भेंटस्वरूप दी गयी घुंघची की माला से ही आकृष्ट होंगे, यद्यपि वे महाराज हो गये हैं, मोती और लाल की गिनती नहीं है, उनके पास अपार सम्पत्ति हो गयी है :

यद्यपि महाराज सुख-सम्पत्ति कौन गनै मोतिन अरु लालैं।
तदपि सूर आकरषि लियो मन उर घुंघचिन ही मालैं।

सूर के काव्य में प्रकृति उद्दीपन के रूप में चित्रित हुई है; आलम्बन के रूप में प्रकृति काव्य का विषय बनकर नहीं आई है—काव्यशास्त्रीय दृष्टि से निकाले गये इन निष्कर्षों के आधार पर हम सूरकाव्य में चित्रित प्रकृति को सही सन्दर्भों में समझ ही नहीं पाते। प्रश्न यह है कि प्रकृति स्वयं आलम्बन है या उद्दीपन?

आधुनिक हिन्दी कथा साहित्य में फणीश्वर नाथ रेणु के 'मैला आँचल' के प्रकाशन के साथ पूर्णिया जिले के एक अंचल विशेष के चित्रण को लेकर आंचलिकता पर खूब बहस हुई। इसके पहले वृन्दावन लाल वर्मा के उपन्यासों में चित्रित बुन्देलखंड को लेकर स्थानीय रंग की खूब चर्चा हुई।

भक्ति आन्दोलन के रचनाकारों में सूरदास की अद्वितीय महत्ता के कारणों की खोज में ब्रजप्रदेश की प्रकृति और लोकसंस्कृति के अन्योन्याश्रित सम्बन्ध को अक्सर दृष्टि से ओझल कर दिया जाता है। सूर की सौन्दर्यानुभूति और कलात्मक स्तर पर उसकी प्रस्तुति के मूल में बैठा हुआ यह गहरा ब्रज प्रेम, यह गहरी आंचलिकता और प्रकृति के मुक्त प्रांगण में पल्लवित गोप-गोपिका तथा राधाकृष्ण के परस्पर सम्बन्ध सूर की संग-संवेदना में अन्तर्निहित हैं। यह एक समग्र सौन्दर्यानुभूति है—इसमें सिर्फ स्त्री-पुरुष सम्बन्ध नहीं है, सिर्फ बाल-लीला और वात्सल्य नहीं है—यहाँ प्रकृति की गोद में ब्रज के लोकतत्वों से सराबोर मानव-जीवन है।

प्रोफेसर कल्याणमल लोढ़ा का एक निबन्ध 'सूरकाव्य का पुनर्मूल्यांकन' इस दृष्टि से उल्लेखनीय है कि इसमें प्रकृति चित्रण के प्रश्न को एक व्यापक सन्दर्भ में उठाया गया है। इसी निबन्ध में उनकी एक मौलिक विवेचना है। उनका कहना है कि सूर की काव्यचेतना का प्रकृति से पूर्ण तादात्म्य है। उनकी एक स्थापना यह भी है कि ललित, भैरव, बिलावल आदि रागों में उन्होंने जब भी कान्ह कुँवर को जगाया है, ऐसा प्रतीत होता है कि वे प्रकृति के ही जागरण का चित्रण कर रहे हैं। सूर की समस्त रचना-प्रक्रिया, उनका काव्य और संगीत—प्रकृति की अभिव्यक्ति बन गया है और यहाँ वे निस्सन्देह तुलसीदास से आगे हैं। सूर का सौन्दर्यबोध प्रकृतिसौन्दर्य से ही अनुप्रेरित है। जहाँ उन्होंने अपने सांस्कृतिक चित्रण में लोकपक्ष को प्रधानता दी है, वहाँ प्रकृति के चित्रण में भी। उनका प्रकृति चित्रण अभिजात वर्ग का कलात्मक व्यापार नहीं है और न उसकी भावभूमि सामन्ती महलों के वातायन से ही दिखाई देती है।

प्रकृति से ब्रजप्रदेश के लोगों का सीधा सम्बन्ध है। कोयल से गोपियाँ कहती हैं—हे कोयल! अपनी यह मधुर वाणी तू कृष्ण को मथुरा जाकर सुना आ। उन्हें बता आओ कि ब्रज के सभी वनों में बसन्त आ गया है—'कोयल हरि को बोल सुनाव।' एक दूसरे पद में गोपियाँ चातक से कहती हैं—हे पपीहे! ऊँची टेर सुनाकर कृष्ण को हमारी याद दिला दो—'कराव रे, सारंग स्यामहिं सुरति कराव।' प्रचलित विश्वास यह है कि कौआ बोलकर जब उड़ जाता है तो प्रिय के आगमन की सूचना होती है। इसी विश्वास के सन्दर्भ में गोपियाँ कौए से कहती हैं—हे कौए! तुम उड़ क्यों नहीं जाते—'तौ तू उड़ि न जाए रे काग।' बादलों से इन गोपियों का इतना घरेलू ढंग का गहरा सम्बन्ध है कि उनके पाँव पड़ती हैं और कहती हैं हमारी एक चिट्ठी पहुँचा देना :

पा लागौं बीर बटाऊ। कौन देस तें आए।
इतनी पतिया मेरी दीजौ जहाँ स्याम घन छाए।

बादलों को सम्बोधित अनेक पद हैं। एक पद में गोपियाँ बादलों पर बलिहारी जाती हैं और उनसे कहती हैं कि तुम्हारे रूप के समान ही कृष्ण हैं। वे समुद्र के तटवर्ती क्षेत्र—द्वारिका गये हैं। बादल विरहिनियों का सन्देश उन्हें दे दे—'बलैया लैहौं, हो बीर बादर।'

वर्षा ऋतु में बदली हुई प्रकृति के रूपरंग का अनेक प्रकार से सूरदास ने वर्णन किया है। एक सुदीर्घ वर्णनात्मक पद है जिसमें बताया गया है कि अनेक रंगों के बादल मनोहर वेश धारण कर आ गये हैं। इस समय आकाश की शोभा पहले की तुलना में बहुत अच्छी हो गयी है। आकाश में बगुले उड़ रहे हैं। तोतों का झुंड सुशोभित है। चातक और मोर अपनी रट लगाये हुए हैं। बादल ज़ोर से गरज रहे हैं और बिजली चमक रही है। उन्हें देखकर गोपियों के मनों में अभिलाषाएँ जाग्रत हो गयी हैं। पृथ्वी के शरीर पर तृण-रूपी रोंगटे खड़े हो गये हैं मानो वह अपने प्रिय के आगमन पर हर्षित हो गयी है। पेड़ों से लताएँ लिपट गयी हैं मानो कोई वियोगिनी अपने पति का आलिंगन कर रही हो। हंस, कोयल, तोता, मैना और भौरों का समूह गुंज़ार कर नाना प्रकार से अपने बोल सुना रहा है :

ऐसे भाई पावस ऋतु प्रथम सुरति करि माधव जू आवै री।
बरन बरन अनेक जलधर अति मनोहर वेष।
यहि समय यह गगन सोभा सबन तें सुबिसेष।
उड़त बक, सुक वृन्द राजत, रटत चातक मोर॥
बहुत भाँति चित हित रुचि बाढ़त दामिनी घनघोर।
धरनि तनु तृनरोम हर्षित प्रिय समागम जानि॥
और द्रुमबल्ली वियोगिनि मिलीं पति पहिचानि।

हंस, पिक, सुक, सारिका, अलिपुंज नाना नाद।
मुदित मंगल मेघ बरसत, गत विहग विषाद॥

ब्रज प्रदेश के मुक्त प्रांगणवाली यह प्रकृति वियोग में दुःखदायक हो गयी है। कृष्ण के साथ संयोग के क्षणों की यादें ताज़ा हो आती हैं। एक गोपी अपनी सखी से कह रही है—मैं फूल बीनने नहीं जाँऊगी। भला श्रीकृष्ण के बिना फूलों को मैं कैसे बीन सकती हूँ? हे सखि मुझे भगवान की दुहाई है कि मैं झूठ बोल बोलूँ। मुझे ये फूल त्रिशूल के समान दुख देनेवाले लगते हैं। ढाक के लाल फूल मुझे अग्नि ज्वाला के समान दाहक लगते हैं। ये गिरते हुए फूल अंगार जैसे झड़ रहे हैं :

फूल बिनन नहिं जाऊँ सखी री। हरि बिन कैसे बीनौं फूल?
सुन री सखी! मोहिं रामदोहाई फूल लगत तिरसूल॥
वे जो देखियत राते राते फूलन फूली हार।
हरि बिन फूल झार से लागत झरि झरि पड़त अँगार॥

गोपाल के बिना गोपियों को ब्रजक्षेत्र के तरु-कुंज शत्रु के समान प्रतीत होते हैं—सौत और बैरिन के समान लगते हैं—बिन गुपाल बैरिन भई कुंजै।

संस्कृत काव्यशास्त्र के आलोचनात्मक मानदंडों पर आधारित शास्त्रीय समालोचना में सूर के प्रकृति चित्रों को उद्दीपन के रूप में और आलंकारिक वर्णनों के रूप में प्रस्तुत किया गया है। जरूरत इस बात की है कि आलोचना की इन रूढ़ियों से मुक्त होकर सूर के प्रकृति-वर्णन की विवेचना की जाए।

# तुलसी के काव्य में युग सन्दर्भ

## प्रस्तावना

तुलसी एक बड़े कवि थे। हिन्दी साहित्य में 'रामचरित मानस' जैसा लोकप्रिय और श्रेष्ठ महाकाव्य दूसरा कोई नहीं है। तुलसी ने रामकथा को जिस ऊँचाई पर पहुँचा दिया फिर कोई दूसरा कवि उस ऊँचाई को न छू सका। एक कवि के रूप में तुलसीदास की श्रेष्ठता निःसंदिग्ध है।

एक कवि को समझने के लिए उसकी विचारधारा और दृष्टिकोण को समझना इसलिए जरूरी है कि कवि समग्र रूप से समाज और समाज के वंचित और हाशिए पर खड़े लोगों, जैसे स्त्री, दलित आदि के बारे में क्या सोचता है? क्या उसकी सोच अपने समय से आगे बढ़ पाई है? क्या उसके समकालीन रचनाकार कुछ भिन्न ढंग से सोच रहे थे? क्या उस समय के कवि को आज के मानदंड पर कसना उचित है? इन सब प्रश्नों को सामने रखकर ही किसी कवि या रचनाकार का सन्तुलित और विवेकपूर्ण मूल्यांकन किया जा सकता है। इससे कवि को समझने में भी मदद मिलती है। इसी दृष्टि से इस इकाई को आपके सामने प्रस्तुत किया गया है। यह इकाई केवल एक अध्ययन सामग्री ही नहीं है बल्कि आपको सोचने-विचारने के लिए काफी सामग्री प्रदान करती है। इससे आपकी आलोचनात्मक और विश्लेषणात्मक क्षमता भी विकसित हो सकेगी।

## तुलसी के काव्य में तत्कालीन समाज

किसी भी कवि को समझने के लिए उसके युग को जानना जरूरी होता है। इससे यह जानने में सहूलियत होती है कि रचनाकार ने अपने युग के यथार्थ को कितनी ईमानदारी से प्रस्तुत किया है? इससे समाज के प्रति कवि के दृष्टिकोण का भी पता चलता है। इसी उद्देश्य से यहाँ तुलसीदास के युग और उनकी कविता में प्रतिबिंबित समाज का विश्लेषण किया जा रहा है।

## ऐतिहासिक पृष्ठभूमि

किसी भी महान कृतिकार के सृजनात्मक साहित्य में अंकित और प्रतिबिम्बित तत्कालीन समाज के स्वरूप का साक्षात्कार दोहरे तरीके से ही करना उचित प्रतीत होता है। एक तो यह कि हम उस कृतिकार के युग और परिवेश से परिचय प्राप्त करें और दूसरा यह कि उसके कृतित्व से प्राप्त तत्कालीन सामाजिक यथार्थ को ऐतिहासिक संज्ञान के आलोक में परखें।

आप भी यही चाहेंगे कि तुलसीदास (1532–1623) के परिवेश, उनके जमाने और उनकी परिस्थितियों का संक्षिप्त परिचय अवश्य ही मिले। इस सिलसिले में यह याद रखना बहुत जरूरी है कि भारत के सामाजिक-राजनीतिक इतिहास में जिसे मध्यकाल कहते हैं, उसी के अन्तर्गत तुलसी सोलहवीं सदी में पैदा हुए थे और सत्रहवीं सदी के तीसरे दशक में उनकी मृत्यु हुई थी। ज़ाहिर है कि तब मुगलों का शासन था। गोस्वामीजी इन्हीं मुगल शासकों में हुमायूँ, अकबर और जहाँगीर के समकालीन थे। साहित्यिक और सांस्कृतिक दृष्टि से वे शेख़ मुबारक, अबुल फजल, अब्दुर्रहीम खानखाना, सिख गुरु रामदास और अर्जुनदास तथा दादू दयाल के भी समकालीन थे। बादशाह अकबर (1556–1605) के समय में ही भारत और यूरोप का सम्पर्क आरम्भ हो गया था। आप में जो इतिहास के विद्यार्थी रहे हैं उन्हें अवश्य ही मालूम होगा कि तब तक यूरोप में पुनर्जागरण और धर्म-सुधार आन्दोलन के प्रभाव से राजनीति, ज्ञान-विज्ञान, टेक्नालॉजी, दर्शन और साहित्य में परिवर्तन की प्रक्रिया अपनी जड़ जमा चुकी थी। अँग्रेजी साहित्य में विलियम शेक्सपियर, मिल्टन और फ्रांसिस बेकन छाये हुए थे और ज्ञान-विज्ञान के क्षेत्र में गैलीलियो, कोपरनिक्स, केपलर एक नये युग का सूत्रपात कर चुके थे।

इधर अकबर के शासनकाल में खासतौर पर उत्तर भारत के एक सुदृढ़ केन्द्रीय प्रशासन के अन्तर्गत देश के अधिकांश भागों को संयुक्त और सूत्रबद्ध कर दिया गया था और पारस्परिक झगड़ों में उलझी रियासतों को भी प्रत्यक्ष नियन्त्रण में ले लिया गया था। अपने शासन को निरापद बनाने के उद्देश्य से अकबर ने हिन्दू सामन्तों से सुलह-सन्धियाँ कीं और हिन्दू प्रजा का विश्वास जीतने के लिए धार्मिक भावनाओं की कद्र करने का ऐलान किया। शेख मुबारक और अबुल फजल की प्रेरणा से 'दीन-ए-इलाही' नामक एक नये धर्म का प्रवर्तन भी किया गया।

सोलहवीं सदी में दक्षिण भारत के भिन्न-भिन्न समुद्री तटों और बन्दरगाहों पर जहाजी बेड़े समेत पुर्तगाली, डच, फ्रांसीसी और अँग्रेज व्यापारी उतर रहे थे। मुगल शासकों ने पहले उन्हें व्यापार के विस्तार के हित में प्रश्रय देने की नीति अपनायी, पर बाद में बन्दरगाहों पर नियन्त्रण को लेकर संघर्ष भी शुरू हो गया। हिन्दी भाषी क्षेत्रों के जनसाधारण इन घटनाक्रमों से पूरी तरह बेखबर थे। विभिन्न धार्मिक पन्थों के

प्रवर्तक, प्रचारक और अनुयायी भी इन घटनाओं से बेखबर थे। चाहे वे कृष्णभक्त हों या रामभक्त, निरगुनिये हों या सगुनिये, शैव हों या शाक्त, तन्त्र साधक हों या योगी—इन सबके आगे सर्वोपरि समस्या थी अपने पन्थ की सर्वोच्चता की स्थापना।

अकबर दरबार के दस्तावेज में भी रेनेसां से जन्मे नये यूरोप के ज्ञान-विज्ञान और उससे आदान-प्रदान की नीति का कोई संकेत नहीं मिलता। शासकों और दरबारियों के मन में पुर्तगाली, डच, फ्रांसीसी और अँग्रेज व्यापारियों के मंसूबों को लेकर कहीं किसी आशंका के भी संकेत नहीं मिलते हैं। थोड़ा-बहुत झगड़ा होता है तो सूरत और खंभात के बन्दरगाह पर नियन्त्रण को लेकर जिसे व्यापारिक हित का मुद्‌दा मानकर गम्भीरता से नहीं लिया जाता। निष्कर्ष यह कि उधर आधुनिक यूरोप भारत के दरवाजे पर दस्तकें दे रहा था, इधर यूनानी-अरबी-फारसी लेन-देन और अनुवादों के माध्यम से विकसित ज्ञान-विज्ञान और टेक्नालाजी की परम्परा का भी ह्रास और क्षरण होता गया। स्वयं अबुल फज़ल ने स्वीकार किया है—पारम्परिकता के झोंके चलने लगे तथा बुद्धिमत्ता के चिराग मद्धिम पड़ते गये। क्यों और कैसे जैसे सवालों के लिए दरवाजा बन्द हो चुका है। सवाल करना और जिज्ञासु होना निरर्थक समझा जाने लगा है तथा यह कुफ्र माना जाता है। पिता से, गुरु से, सगे-सम्बन्धियों से, दोस्तों से और पड़ोसियों से जो कुछ भी मिले, उसे खुदा की मेहरबानी माना गया और उनसे विपरीत राय देनेवालों को विधर्मी और अपवित्र होने का आरोप झेलना पड़ा। यद्यपि प्रबुद्धों में से कुछ ने अपना रास्ता अलग बनाने की लगन दिखाई, लेकिन वे भी अपने अमल के सही रास्ते पर प्राय: आधी से अधिक दूरी तय नहीं कर सके।

यूनान, अरब और ईरान के परस्पर लेनदेन से 13वीं सदी के हिन्दुस्तान में अनुवादों और ज्ञान-विज्ञान के क्षेत्रों में नये चिन्तन की जो परम्परा शुरू हुई थी—सोलहवीं सदी तक आते-आते खत्म हो गयी। मध्यकालीन भारतीय इतिहास के विद्वान इरफान हबीब ने 'मध्यकालीन भारत में तर्क शक्ति और विज्ञान' शीर्षक आलेख में उपर्युक्त स्थापना के पक्ष में पर्याप्त ब्यौरे और प्रमाण दिये हैं।

इसी सामाजिक-ऐतिहासिक पृष्ठभूमि में तुलसीदास पैदा हुए थे। इस संकीर्ण बौद्धिक परिवेश में तुलसीदास ने होश सम्भाला। आँखें खोलकर देखते भी तो क्या देखते? गोस्वामी जी का समकालीन बौद्धिक वर्ग या तो धर्मशास्त्र की शरण में था या फिर सामन्ती राजतन्त्र द्वारा पालित-पोषित। शासक वर्ग की सुचिन्तित नीति के तहत जन-शिक्षा के अभाव का हवाला देते हुए बर्नियर ने अपने यात्रा वृत्तान्त में ठीक ही कहा था कि हिन्दुस्तान के जनसाधारण की गहन और सार्वत्रिक अज्ञानता का यह युग था।

## काव्य में समाज का चित्रण

भक्तिकाल के किसी रचनाकार के कृतित्व में तत्कालीन यथार्थ का इतना विशुद्ध और दारुण चित्र नहीं मिलता, जितना तुलसी के साहित्य में प्राप्त होता है। कवितावली में तुलसीदास कहते हैं काल बड़ा कराल है, राजा निर्दय है और राज समाज छली-कपटी है—कालु कराल, नृपाल कृपाल न, राजसमाजु बड़ोई छली है। (कवितावली, उत्तरकांड, पद संख्या 85) जीवन की विभीषिका सम्पूर्ण यथार्थ को एक दु:स्वप्न के रूप में तब्दील कर चुकी है। दिनोंदिन दरिद्रता, दुष्काल, दु:ख, पाप और कुराज्य दूने होते जा रहे हैं। इस भयंकर वास्तविकता से भय खाकर सुख और सुकृत संकुचित हो रहे हैं। इस जमाने की करालता ऐसी है कि बड़े-बड़े पापी डराने-धमकाने की ताकत के बल पर घात लगाते हैं और जो भी माँगते हैं, आसानी से पा जाते हैं। पर भले आदमी का बुरा हो जाता है :

> दिन-दिन दूनो देखि दारिदु, दुकालु, दुखु,
> दुरितु, दुराजु सुख-सुकृत सकोच है।
> मागें पैंत पावत पचारि पातकी प्रचंड,
> काल की करालता, भलेको होत पोच है॥

(कवितावली, उत्तरकांड, पद संख्या 81)

अपने युग के यथार्थ और पीड़ामय संसार के साक्षात् गवाह होने के नाते भक्त तुलसीदास का कहना है इस संसार का संकट मिटेगा तो कैसे मिटेगा? तप तो कठिन है, और तीर्थाटन करके अनेक स्थानों में विचरने से भी कुछ नहीं होगा क्योंकि कलियुग में न कहीं वैराग्य है, न कहीं ज्ञान है—सब कुछ असत्य, सारहीन और फोकट का झूठ है। नट के समान अपने पेट रूपी कुत्सित पिटारे से करोड़ों तरह के इन्द्रजाल और कौतुक का ठाठ खड़ा करना व्यर्थ है। सुख पाने का एक ही साधन है, रामनाम—रसना निसिबासर रामु रटो :

> न मिटै भवसंकटु, दुर्घट है तप, तीरथ जन्म अनेक अटो।
> कलि में न बिरागु, न गायनु कहूँ, सबु लागत फोकट झूठ-जटो॥
> नटु ज्यों जनि पेट-कुपेटक कोटिक चेटक-कौतुक-ठाट डटो।
> तुलसी जो सदा सुखु चाहिअ तौ, रसनाँ निसिबासर रामु रटो॥

(कवितावली, उत्तरकांड, पद संख्या 87)

इस लोक में जन्म ग्रहण करने के बाद इन्द्रिय निग्रह अत्यन्त कठिन कार्य है। दान, दया, यज्ञ, कर्म और स्वधर्म—सब धन के अधीन हैं। तप, तीर्थ और योग वैराग्य से होते हैं किन्तु मन तो हमेशा चंचल रहता है। मन की दृढ़ता के बिना यह योग साधना और वैराग्य कैसे सम्भव है? अत: इस भयंकर समय में राम ही कृपा कर सकते हैं। वही एकमात्र अवलम्ब हैं :

दम दुर्गम, दान, मुख, कर्म, सुधर्म अधीन सबै धनको।
तप, तीरथ, साधन जोग, बिरागसों, होइ, नहीं दृढ़ता तनको॥
कलिकाल करालमें राम कृपालु यहै अवलम्बु बड़ो मनको।
'तुलसी' सब संजमहीन सबै, एक नाम-अधारु सदा जनको॥

(कवितावली, उत्तरकांड, पद संख्या 87)

नि:स्वार्थ भाव से भक्ति, सत्संग और स्वधर्म के पालन में तल्लीन—इस वीतरागी सन्त को इस बात की कितनी व्यथा हुई होगी, मन को कैसा दु:सह आघात लगा होगा कि अब सब कुछ—स्वधर्म तक धन के अधीन हो गया है। यथार्थ के इस दंश और नग्न सत्य के साक्षात्कार ने उनकी चेतना को कितना झकझोरा होगा, इसकी कल्पना की जा सकती है। धन की लूट-खसोट पर अवलम्बित समाज में तुलसी अपनी हैसियत, अपनी वास्तविक स्थिति की दो टूक और निर्मम समीक्षा करते हैं—मेरा मन तो ऊँचा है और मेरी रुचि भी ऊँची है, पर मेरा भाग्य कपट नीचा है। मैं लोकरीति के लायक कभी न रहा, बल्कि उलटे हमेशा स्वच्छन्द और वाचाल बना रहा। इतने साधन थे ही नहीं कि अपने स्वार्थ की पूर्ति करता, भला परमार्थ कैसे कर पाता। इस पेट की भूख (जो कि बड़वाग्नि जैसी कठिन रही है) के कारण मेरी ज़िन्दगी जी का जंजाल हो गयी है, चूँकि न तो कोई चाकरी मिली, न खेती की, न कभी व्यापार किया और न कभी धन्धे के रूप में भिक्षावृत्ति अपनायी। आजीविका के लिए न तो कोई धंधा मिला और न कभी सीख पाया। हकीकत में हालत तो यहाँ तक पहुँच गयी है कि अगर राम सहारा न दें तो अपने पितरों को भेंट चढ़ाने के लिए मेरे सिर पर बाल भी नहीं हैं :

ऊँचो मन, ऊँची रुचि, भागु नीचो निपट ही,
लोकरीति लायक न, लंगर लबारु है।
स्वारथु, अगमु, परमारथ की काहा चली,
पेट की कठिन जगु जीव को जवारू है॥
चाकरी न आकरी, न खेती, न बनिज-भीख,
जानत न कूर कुछ किसब कबारू है।
तुलसीकी बाज़ी राखी रामहीकें नाम, न तु
भेंट पितरन को न मुड़हू में बारु है॥

(कवितावली, उत्तरकांड, पद संख्या 67)

तुलसी अपने अभाव, अपनी निपट दरिद्रता और बेरोज़गारी की दारुण अवस्था का जो चित्र पेश करते हैं, वह जन-साधारण की अकिंचनता और बदहाली के अंकन के क्रम में खींचे गए चित्रों के अलबम का ही एक हिस्सा है। ऐसा चित्रांकन आज भी जन-सामान्य की वैसी ही अवस्था देखकर करुणा उत्पन्न करता है—ऐसी करुणा

जो सामन्ती शासक वर्ग के प्रति गुस्से और नफरत से भरी है। दरिद्रता के चित्रण की कड़ी में अन्नपूर्णा के माहात्म्य के बहाने भूख से बिलबिलाते रंक और अकिंचन लोगों का वर्णन आता है :

लालची ललात, बिललात द्वार-द्वार दीन,
बदन मलीन, मन मिटै ना बिसूरना।
ताकत सराध, कै बिबाह, कै उठाह कछू,
डोलै लोल बूझत सबद ढोल-तूरना॥
प्यासेहूँ न पावै बारि, भूखें न चनक चारि,
चाहत अहारन पहार, दारि घूर ना।
साकको अगार, दुखभार भरो तोलौं जन
जौलौं देबी द्रवै न भवानी अन्नपूरना॥

(कवितावली, उत्तरकांड, पद संख्या 148)

भूखे लोगों पर देवी अन्नपूर्णा की कृपा नहीं है तभी तो जन-साधारण को इस अकाल-दुष्काल में भयंकर भुखमरी का सामना करना पड़ रहा है। सिर्फ अकाल ही नहीं है, उसके साथ-साथ सूखा भी पड़ रहा है। नतीजा यह कि न तो प्यासे को पानी मिलता है और न भूखे को भोजन। चने के चार दाने तक नसीब नहीं होते। भूख से व्याकुल मनुष्य लालची जैसा लगता है चूँकि वह टुकड़े-टुकड़े के लिए लालायित होकर, दीन और मलिन मुख से द्वार-द्वार बिलबिलाता फिर रहा है। पर इससे भूख मिटने की चिन्ता दूर नहीं होती। कहीं श्राद्ध, विवाह या किसी उत्सव की टोह में वे लगे रहते हैं। कहीं दूर से भी जब ढोल या तुरही की आवाज सुनाई देती है तो वे दौड़ पड़ते हैं। भुखमरी और अकाल के इस दुर्दिन में आहार की इच्छा पहाड़ के समान है। पर इसके बावजूद उन्हें घूरे पर फेंकी दाल भी नसीब नहीं होती। जन-साधारण शोक का आगार बना हुआ है, दुःखभार से तड़प रहा है।

गोस्वामी तुलसीदास अपने वर्णन में मूर्तिमत्ता के लिए प्रसिद्ध हैं। मूर्तिमत्ता की इसी कला के उदाहरण के रूप में दैन्य और गरीबी के चित्र तो मिलते ही हैं—दरिद्रता रूपी रावण का रूपक भी बार-बार मिलता है। जिस तरह रावण का संहार आवश्यक है, उसी तरह दरिद्रता उत्पन्न करनेवाले दुष्ट सामन्ती शासन का भी विनाश आवश्यक है। किसानों, बनियों और कारीगरों की कैसी फटेहाली और दुर्दशा थी, इसे खास तौर पर कवितावली के उत्तरकांड के अनेक पदों में दर्शाया गया है। यहाँ उदाहरण के लिए दोहे दिये जा रहे हैं :

किसबी, किसान-कुल, बनिक, भिखारी, भाट,
चाकर, चपल नट, चोर, चार चेटकी।
पेटको पढ़त, गुन गढ़त चढ़त गिरि,

अटत गहन-गन अहन अखेटकी॥
ऊँचे-नीचे करम, धरम-अधरम करि,
पेट ही को पचत, बेचत बेटा-बेटकी।
तुलसी बुझाइ एक राम घनस्याम ही तें
आगि बड़वागितें बड़ी है आगि पेट की॥

(कवितावली, उत्तरकांड, पद संख्या 96)

खेत मजदूर, किसान, व्यापारी, भाट, भिखारी, चोर, दूत और बाज़ीगर—अर्थात् आम गरीब लोग पेट के लिए ही पढ़ते हैं, पेट के लिए ही तरह-तरह के उपाय करते हैं, दुर्गम पर्वतों और जंगलों में जाकर शिकार करते हैं। ऊँच-नीच कर्म, धर्म-अधर्म, नीति-अनीति, सब पेट के लिए ही करते हैं—यहाँ तक कि बेटा-बेटी को बेच देते हैं। पेट की यह बड़वाग्नि ऐसी है जिसे भगवान राम श्याम मेघ की वर्षा करके ही शांत कर सकते हैं :

खेती न किसान को, भिखारी को न भीख, बलि,
बनिक को बनिज, न चाकर को चाकरी।
जीविका बिहीन लोग सधिमान सोच बस,
कहैं एक एकन सों "कहाँ जाईं, का करी?"
बेदहूँ पुरान कही, लोकहूँ बिलोकिअत,
साँकरे सबै पै, राम। रावरें कृपा करी।
दारिद-दसानन दबाई दुनी, दीनबन्धु।
दुरित-दहन देखि तुलसी हहा करी॥

(कवितावली, उत्तरकांड, पद संख्या 97)

किसानों की खेती नहीं होती, भिखारी को भीख नहीं मिलती, बनियों का व्यापार चौपट हो गया है और चाकरी चाहनेवालों को रोज़गार नहीं मिलता। जीविका से हीन जनसाधारण शोकाकुल और सन्तप्त अपनी तड़फड़ाहट में एक-दूसरे से पूछते हैं—कहाँ जाएँ, क्या करें? वेद, पुराण और लोक सभी कहते हैं कि ऐसे संकट में सिर्फ आपकी कृपा से ही समस्या का कोई समाधान हो सकता है। हे दीनबन्धु राम—दरिद्रता रूपी रावण ने दुनिया को दबोच रखा है—इस पाप रूपी ज्वाला को देखकर तुलसीदास कातर होकर हाहाकर करते हैं—प्रार्थना करते हैं।

अनेक इतिहासकारों ने तत्कालीन सामाजिक अवस्था का विश्लेषण करते हुए यह बताया है कि उत्तर मध्यकाल में बार-बार अकाल पड़ता था और लाखों लोग भुखमरी की भेंट चढ़ जाते थे। उल्लिखित पदों से भी इस बात की पुष्टि होती है। कलिकाल वर्णन से सम्बन्धित सभी पदों में उस युग के यथार्थ का ही साक्षात्कार है—यद्यपि किंचित् पौराणिक और धार्मिक पुट भी साथ-साथ द्रष्टव्य हैं।

अकाल और सूखा पड़ने के समय निर्धन जन-साधारण की तबाही-बर्बादी का विश्वसनीय चित्र देने में तुलसी का अद्वैतवाद बाधक नहीं बनता है। पर क्या सामान्य दिनों में जन-साधारण की अवस्था के विश्वसनीय वर्णन उनके काव्य में उपलब्ध हैं? प्रकारान्तर से लोगों के दैन्य और अभाव के प्रति एक संवेदनशील रचनाकार के रूप में उनकी सजगता सम्पूर्ण कृतित्व में छायी हुई है। इसका एक प्रमाण तो यही है कि अपने उपास्य को सामर्थ्यवान, सर्वशक्तिमान, पराक्रमी और अलौकिक गुणों से सम्पन्न बताने मात्र से वे सन्तुष्ट नहीं होते। उन्हें ऐसा प्रतीत होता है कि इतना बताने मात्र से राम के प्रति अनुराग उत्पन्न होनेवाला नहीं है। अतः बार-बार कृपानिधान, करुणा के आगार, दीनदयालु, गरीब नवाज और विभिन्न वंचित जनों के शरणदाता के रूप में राम की महिमा का बखान किया गया है। "रामचरितमानस" में राम वनगमन की कथा के साथ-साथ ग्रामीण-जनों की झोपड़ियों और अभावग्रस्त स्थितियों का विवरण उस जमाने के जन-साधारण का वास्तविक दिग्दर्शन कराने में समर्थ है। वनवासी जातियों की जीवन-स्थिति के वर्णन प्रसंग भी इसी तथ्य की ओर संकेत करते हैं। गरीब जन-साधारण राजपरिवार की अन्तर्कलह के दुख:दायी परिणामों पर जैसी टिप्पणियाँ करते हैं और आवभगत में अपनी सहज निश्छलता का जैसा परिचय देते हैं—उससे भी पता चलता है कि अपने समकालीन दलित-वंचित जनसमुदाय को गोस्वामी जी किस दृष्टि से देखते थे। अपनी वास्तविकता अर्थात् अपने दैन्य को पूर्वजन्म का फल माननेवाली प्रजा सामन्ती मूल्यों की अनुगामिनी बनी हुई है। विचारधारा के स्तर पर तुलसी इसे गौरवान्वित करते हैं। अयोध्या कांड में वर्णित केवट प्रसंग इस दृष्टि से बहुत ही महत्त्वपूर्ण और सार्थक है।

राम, लक्ष्मण और सीता गंगा तट पर हैं। नदी पार करने के लिए केवट से आग्रह किया जा रहा है। रामचरितमानस और कवितावली में राम और केवट का संवाद थोड़ा भिन्न-भिन्न है। रामचरितमानस में केवट कहता है कि मेरी तरणी मुनि की घरनी हो जाएगी तो मैं रोज़ी रोटी कैसे कमाऊँगा? मेरे पास और तो कोई धन्धा नहीं है। इस बहस के बाद चरण पखारने की अनुमति मिलते ही केवट राजकुल के परिवार को नाव से पार उतार देता है। सीता नाव की उतराई के लिए अपनी रत्नजड़ित अँगूठी देना चाहती हैं। केवट का उत्तर है—मूझे अँगूठी नहीं लेनी। मुझे तो सब कुछ मिल गया। मेरे दोष, दु:ख और दरिद्रता की दावाग्नि बुझ गयी—नाथ आज मैं कह न पावा। मिटे दोष दुख दरिद दावा। कवितावली में यही संवाद तत्कालीन यथार्थ का एक दूसरा पहलू भी सामने लाता है। केवट तर्क करता है कि मेरी नौका सड़ी-गली है, दूसरी बनवा नहीं सकता, छोटे-छोटे बच्चों का लालन-पालन कैसे करूँगा। उसके घर में पत्तल पर मछली के सिवा कुछ भी नहीं होता। बच्चे छोटे-छोटे हैं अर्थात कमाने लायक नहीं हैं। मैं दीन-हीन और दरिद्र तो हूँ ही। वेदपाठी ब्राह्मण को दी

जानेवाली शिक्षा-सुविधा से मेरे बच्चे वंचित हैं और मैं निषाद जैसी शूद्र जाति का होने के कारण आपसे झगड़ा मोल नहीं ले सकता :

पात भरी सहरी, सकल सुत बारे-बारे,
केवट की जाति, कछु वेद न पढ़ाईहौं।
सबु परिवारु मेरो याहि लागि, राजा जू
हौं दीन बित्तहीन, कैसें दूसरी गढ़ाइहौं।

(कवितावली, अयोध्याकांड, पद संख्या 8)

प्रभु से बात नहीं बढ़ाऊँगा—प्रभु सों निषादु हवै के बादु ना बढ़ाइहौं। कवितावली में सामन्ती समाज के प्रति तुलसी का दृष्टिकोण आलोचनात्मक है। समाज में व्याप्त असमानता, दरिद्रता, गरीबी आदि से वे दुखी हैं और इसीलिए वे बार-बार अपने राम से इन दुखों को दूर करने की प्रार्थना करते हैं।

## तुलसी की विचारधारा

कविता में इन्द्रियबोध, भाव और विचार तीनों परस्पर गुँथे होते हैं। भक्तिकाल के कवि इस नियम के अपवाद नहीं हैं। तुलसी काव्य के आस्वादन और विवेचन के क्रम में गोस्वामी जी की विचारधारा, उनकी दार्शनिक दृष्टि और समाज-सम्बन्धी उनकी मान्यताओं को लेकर आपको काफी माथापच्ची करनी पड़ती है। इस सन्दर्भ में तुलसी काव्य के मर्मज्ञ विद्वानों के बीच विवाद और मतभेद से आपकी परेशानी और भी बढ़ जाती है। आपको साफ-साफ पता नहीं लगता कि वे अद्वैतवादी हैं या विशिष्टाद्वैतवादी, इस सृष्टि को वे सत्य मानते हैं या मिथ्या, वे भौतिकवादी हैं या भाववादी, गोचर सांसारिक सत्ता को वे स्वीकार करते हैं या अस्वीकार, ब्रह्म और जीव के बीच वे द्वैत की स्थिति मानते हैं या अद्वैत, मायावाद का अनुमोदन करते हैं या खंडन? ब्रह्म चिन्तन और गोचर-अगोचर सत्ता पर तुलसी की वैचारिक मान्यताओं को लेकर चल रही बहसों में वैदिक एवं अवैदिक दर्शनों के भाष्यकारों के उद्धरणों और उल्लेखों से जूझते हुए आपको काफी दिमागी कसरत करनी पड़ती है—अन्त में हाथ कुछ भी नहीं आता। इसी तरह सामाजिक संरचना पर उनके विचारों को लेकर भी आलोचकों के बीच अन्तहीन बहस रही है। नतीजा यह कि इस मुद्दे पर भी आप इस उलझन से निकल नहीं पाते कि तुलसी जाति प्रथा, स्त्री-समाज और राजतन्त्र के बारे में अपनी सोच में रुढ़िवादी हैं या प्रगतिशील?

ऐसी स्थिति में तुलसी की विचारधारा की स्पष्ट समझ के लिए उनकी काव्यकृतियों में आये वैचारिक, दार्शनिक और सामाजिक प्रसंगों को ध्यान से पढ़ना आवश्यक है।

## तत्वदर्शन

रामचरितमानस के बालकांड के आरम्भ में ही गोस्वामी जी की उक्ति है—सगुण और निर्गुण दोनों ब्रह्म के ही स्वरूप हैं (अगुन सगुन दुह ब्रह्म सरुपा)। पर इन दोनों से बड़ा है रामनाम (मोरें मत बड़ नाम, दुहू तें)। ब्रह्म चिन्तन के अन्तर्गत अपनी इसी मान्यता को एक आलंकारिक दृश्यचित्र द्वारा स्पष्ट करते हुए गोस्वामी जी कहते हैं—ब्रह्म अग्नि के समान है, एक एक अग्नि जो लकड़ी में छिपी है ( एक दारुगत देखिअ एकू) अर्थात् अव्यक्त और व्यक्त, निर्गुण और सगुण, अगोचर और गोचर—दोनों एक ही ब्रह्म है और वह अविनाशी है, सत, चित् और आनन्द की पुंजीभूत राशि है। इससे आपको स्पष्ट हो गया होगा कि निर्गुण सन्तों से भिन्न उनकी वैचारिक कल्पना है। एक निरपेक्ष परम सत्ता जो लीला करने के लिए सगुण रूप, लौकिक रूप, अवतारी रूप धारण करती है—उस परमसत्ता के पद पर तुलसी राम को प्रतिष्ठित करते हैं।

तुलसी के वैचारिक और दार्शनिक दृष्टिकोण के अन्तर्गत, जीव और शेष सृष्टि पर उनके चिन्तन को महत्त्वपूर्ण स्थान प्राप्त है। रामचरितमानस में काकभुशुंडि-गरुड़ प्रसंग के अन्तर्गत भगवान राम स्वयं कहते हैं :

मम माया सम्भव संसारा।
जीव चराचर बिबिध प्रकारा॥

(रामचरितमानस, उत्तरकांड, पद संख्या 86)

परम पद पर अधिष्ठित परमेश्वर राम स्वयं इस रहस्य को खोल देते हैं कि यह सारा संसार ही उनकी माया से उत्पन्न है—और इसी माया से उत्पन्न संसार में विविध प्रकार के चराचर जीव हैं। इससे आपको स्पष्ट हो गया होगा कि तुलसी की दृष्टि में ब्रह्म और जीव अलग-अलग हैं, पर जीव की पृथक् सत्ता भी ब्रह्म की माया के वशीभूत है। दार्शनिक विवेचन के धरातल पर आप सहज ही इसे समझ सकते हैं कि तुलसी की मान्यता के अनुसार यह गोचर लौकिक जगत अपने वस्तुगत नियम से स्वयं उत्पन्न और विकसित न होकर, अगोचर परब्रह्म परमेश्वर की माया से उत्पन्न है। इसका तात्पर्य यह कि तुलसी विचार और दर्शन में भाववादी हैं, न कि भौतिकवादी। भारतीय दर्शन की भाववादी धाराओं में वे मूलतः अद्वैतवादी हैं, पर जीव की ब्रह्म-आश्रित पृथक् सत्ता पर बल देने के कारण विशिष्टाद्वैतवाद के एक पहलू का अनुमोदन करते हैं। ईश्वर और जीव में फर्क बतलाने के लिए गोस्वामी जी एक और भी प्रसंग लाते हैं और वह है ज्ञान। भक्तिकालीन साहित्य में इस ''ज्ञान'' शब्द की बारम्बार आवृत्ति हुई है। प्रायः सभी भक्त रचनाकारों की दृष्टि में ज्ञान का अर्थ है ब्रह्म का ज्ञान। यह ज्ञान माया की वजह से जीवों को नहीं होता, अज्ञान का पर्दा पड़ा रहता है, जीव के चित्त पर अज्ञान और अविद्या का अँधेरा छाया रहता है। उल्लिखित काकभुशुंडि-गरुड़ संवाद में रामकथा के साथ-साथ ज्ञान चर्चा भी चलती रहती है, शिव-पार्वती

संवाद और याज्ञवल्क्य-भारद्वाज संवाद का भी यही हाल है। काकभुशुंडि जी पक्षिराज गरुड़ को बताते हैं :

ज्ञान अखंड एक सीताबर। माया बस्य जीव सचराचर॥
जौं सब कें रह ग्यान एकरस। ईश्वर जीवहि भेद कहहु कस॥
माया बस्य जीव अभिमानी। ईस बस्य माया गुनखानी॥
परबस जीव स्वबस भगवन्ता। जीव अनेक एक श्रीकन्ता॥
मुधा भेद जद्यपि कृत माया। बिनु हरि जाइ न कोटि उपाया॥

(रामचरितमानस, उत्तरकांड, पद संख्या 78)

सिर्फ मायापति प्रभु राम ही अखंड ज्ञान स्वरूप हैं, शेष जड़-चेतन सभी पदार्थ और जीव माया के वशीभूत हैं। अगर जीवों को भी अखंड ज्ञान होता तो ईश्वर और जीव में फर्क क्या रहता। अभिमानी जीव माया के वशीभूत है, पर सत्व, रज और तम—इन तीनों गुणों की खान माया ईश्वर से नियन्त्रित होती है, ईश्वर के वशीभूत है। जीव परतन्त्र है, पर भगवान स्वतन्त्र हैं। जीव अनेक हैं, पर भगवान एक है। यद्यपि मायाकृत यह भेद असत्य है तथापि वह भगवान की भक्ति के बिना करोड़ों उपाय करने के बाद भी नष्ट नहीं होता।

उपर्युक्त पद में आपने देखा कि परम विचार (एब्सोल्यूट आइडिया) और निरपेक्ष परम सत्ता की परम ज्ञान से अभिन्नता दर्शायी गयी है। पश्चिमी दर्शन में इसे प्रोटोटाइप भी कहा जाता है। एक ही परम सत्ता की लौकिक अभिव्यक्ति के रूप में राजतन्त्र के सम्राट और अनेकानेक जीवात्माओं को प्रजागण के रूप में देखने से तात्विक चिन्तन और सामाजिक चिन्तन एकाकार हो जाते हैं। जीवात्मा परतन्त्र है और बिना हरिकृपा से उसे ज्ञान नहीं होता, उसके दुःख का निवारण नहीं होता। इसलिए भक्ति की जरूरत है, हरिभक्ति के बिना सांसारिकता से जीवों को त्राण नहीं मिल सकता।

इसी क्रम में तुलसी जिस निष्कर्ष की ओर बढ़ते हैं, उस पर सहज ही आपका ध्यान गया होगा। रामचरितमानस में शिव-पार्वती संवाद के अन्तर्गत पार्वती अपनी शंका रखती हैं। हे कामदेव को भस्म करनेवाले शिवजी! आप जिस राम का जाप करते हैं क्या ये राम अयोध्या के राजा के पुत्र हैं या निर्गुण-निराकार कोई और राम हैं? इस शंका का सन्दर्भ यह भी है कि निर्गुण सन्त कबीर जिस राम की भक्ति करते हैं, उसके बारे में वे कह चुके हैं कि राम दशरथ-पुत्र नहीं बल्कि निर्गुण अगोचर परब्रह्म हैं। कबीर आदि निर्गुण धारा के सन्तों का खंडन तुलसीदास कर रहे थे और अपनी विचारधारा को शंका-समाधान द्वारा प्रतिष्ठित करने का प्रयत्न कर रहे थे।

पार्वती की उल्लिखित शंका के अन्तर्गत यह प्रश्न भी आता है कि यदि वे राजपुत्र हैं तो ब्रह्म कैसे? और यदि ब्रह्म हैं तो सीता के विरह में उनकी मति बावली कैसे हो गयी? पार्वती कहती हैं उनके ऐसे चरित्र को देखकर और महिमा सुनकर

उनकी बुद्धि चकरा गयी है :

जौं नृप तनय त ब्रह्म किमि नारि बिरह मति भोरि।
देखि चरित महिमा सुनत भ्रमति बुद्धि अति मोरि॥

(रामचरितमानस, बालकांड)

अपनी शंका के अन्तर्गत अनेकानेक प्रश्न और रामचरित के विभिन्न घटना प्रसंगों को लाकर फिर मुख्य रूप में यही अनुरोध किया जाता हैं कि रामचन्द्र के अवतार की कथा सुनाइए—पुनि प्रभु कहहु राम अवतारा। पार्वती के उक्त प्रश्नों के उत्तर के अन्तर्गत कबीर आदि सन्तों को तुलसी खरीखोटी ही नहीं सुनाते बल्कि उन्हें मोहरूपी पिशाच से ग्रस्त (ग्रसे जे मोह पिसाच), पाखंडी, हरिपद विमुख और अधम नर (कहहिं सुनहिं अस अधम नर) बताकर पूरी तरह लांछित करते हैं। तुलसी की दृष्टि में दशरथ पुत्र राम को परब्रह्म परमेश्वर न माननेवाला व्यक्ति बनता तो है सन्त, पर वह अज्ञानी, मूर्ख, अन्धा और भाग्यहीन है, उसके मनरूपी दर्पण पर विषयासक्ति रूपी काई जमी हुई है, वह व्यभिचारी, छली और कुटिल है तथा उसने कभी स्वप्न में भी सच्चे सन्तों के साथ समागम नहीं किया। ऐसे लोग निर्गुण-सगुण के बारे में मनगढ़न्त बातें बका करते हैं। इन्हें सन्निपात-उन्माद आदि वायुरोग हो गया है, ये मदिरा के नशे में चूर होकर बकवास करते हैं। (रामचरितमानस, बालकांड, पद संख्या 114-115)

खैर इस प्रसंग को छोड़िए। उस युग के गर्मागर्म बौद्धिक विवादों के नमूने के रूप में इस प्रसंग को याद रखिए। पार्वती की शंका का समाधान करते हुए शिव कहते हैं :

सगुनहि अगुनहि नहि कुछ भेदा। गावहि मुनि पुरान बुध बेदा॥
अगुन अरुप अलख अज जोई। भगत प्रेम बस सगुन सो होई॥
जो गुन रहित सगुन सोइ कैसें। जलु हिम उपल बिलग नहिं जैसे॥

(रामचरितमानस, पद संख्या 116)

लकड़ी में अव्यक्त अग्नि और जली लकड़ी में व्यक्त अग्नि के दृष्टान्त के बाद यहाँ दूसरा दृष्टान्त रखा गया है—अर्थात् जल और उपल (ओले) में भेद नहीं है। सगुण-अगुण दोनों रूप में उसी की सत्ता है। वह अलौकिक है, अमूर्त है, अदृश्य है :

बिनु पद चलै सुनै बिनु काना। कर बिनु करम करै बिधि नाना।
आनन रहित सकल रस भोगी। बिनु बानी बकता बड़ जोगी॥
तन बिनु परस नयन बिनु देखा। ग्रहै घ्रान बिनु बास असेषा॥
असि सब भाँति अलौकिक करनी। महिमा जासु जाइ नहिं बरनी॥

(रामचरितमानस, पद संख्या 118)

अलौकिक गुणों से युक्त परमेश्वर ने दशरथ–पुत्र के रूप में भक्तों के हित के लिए जन्म ग्रहण किया और अयोध्या में निवास किया। जब जब धर्म की हानि होती है और अधर्म–अभिमानी असुरों की वृद्धि होती है—उनके द्वारा भयंकर अन्याय होता है, ब्राह्मण, गाय, देवता और पृथ्वी को कष्ट होता है, तब तब कृपानिधान प्रभु भाँति–भाँति के शरीर धारण कर सज्जनों की पीड़ा हरते हैं, असुरों को मारकर देवताओं को स्थापित करते हैं, वेदों की रक्षा करते हैं और जगत में अपना यश प्रकाशित करते हैं। श्री रामचन्द्र के अवतार का यही रहस्य है।

यह सब पढ़कर आपको क्या यह प्रतीत नहीं होता कि वैदिक–पौराणिक संस्कृति के कुछ सूत्र वाक्य दोहराकर गोस्वामी जी अपने युग को अतीत के सांस्कृतिक अवशेष के चौखटे में फिट करना चाहते हैं? खैर यहाँ तो ब्राह्मण, गौ, देवता और पृथ्वी की रक्षा के उद्देश्य से अवतार की बात की गयी है। पर कवितावली में इस अवतारवाद के साथ दो नई बातें जोड़ी गयी हैं—भक्तों के हित के लिए पवित्र नरलीला, कथा नट की नृत्यलीला के रूप में बहुरूपिया के करतब :

भगत हेतु भगवान प्रभु राम धरेउ तनु भूप।
किय चरित पावन परम प्राकृत नर अनुरुप॥
जथा अनेक वेष धरि नृत्य करइ नट कोइ।
सोइ सोइ भाव देखावइ आपुन होइ न सोइ॥

(रामचरितमानस, उत्तरकांड, पद संख्या 72)

परमेश्वर राम माया की शक्ति से यह नरलीला करते हैं। इसी माया की शक्ति से वे सम्पूर्ण सृष्टि की रचना, पालन और संहार करते हैं। बीच–बीच में उलझन पैदा करनेवाली एक शंका सबको होती है—अत: आपके मन में भी यह प्रश्न उठता होगा कि ये त्रिदेव कौन हैं? तुलसी के अनुसार—ब्रह्मा, विष्णु, महेश—तीनों अपना देवत्व प्रभु राम से ही प्राप्त करते हैं। लक्ष्मण शेषनाग के अवतार हैं। सीता मूल प्रकृति, आद्याशक्ति, योगमाया और लक्ष्मी की अवतार हैं। यह सारा संसार सीताराम से व्याप्त है (सीय राममय सब जग जानि)।

यहाँ यह याद करने की जरूरत है कि कुछेक समीक्षक इस मान्यता को दोहराते हैं कि तुलसी मायावाद के समर्थक नहीं हैं। आप गोस्वामी जी के सम्पूर्ण कृतित्व को यदि विशद पाठ के रूप में देखें तो मायावाद के खंडन से सम्बन्धित एक भी उक्ति आपको नहीं मिलेगी। माया का लगभग ऐसा ही आख्यान कबीर में भी मिलता है (माया महाठगिनी मैं जानी)। गोस्वामी जी इस प्रसंग में सन्तों की परम्परा का ही अनुसरण करते हैं। सत्व, रज और तम—तीनों गुणों से युक्त यह माया, त्रिगुणात्मिका शक्ति है (तिरगुन फाँस लिये कर डोलत, बोलत मधुरी बानी)। गोस्वामी जी विस्तार से माया के बारे में बताते हुए कहते हैं कि सम्पूर्ण विश्व, देव, दनुज, मनुष्य, राजा–

प्रजा, किसान–मजदूर सभी इसके वश में हैं। माया स्वत: तो जड़ होती है पर देखो प्रभु की लीला कि उन्हीं की प्रेरणा से वह क्रियाशील होती है। माया राम की चेरी है। माया का ही एक रूप है अविद्या। अविद्या द्वारा ही वह जीव को भवचक्र–भवकूप में डाले रखती है और दु:ख देती रहती है। गोस्वामी जी ने जीव और शरीर में फर्क किया है। तुलसी के अनुसार पंचभूतों से निर्मित शरीर से जीव भिन्न होता है, उसकी अलग–अलग सत्ता है, इसलिए जीव नित्य है, वह मरता नहीं, आवागमन के चक्र में फँसा रहता है और कर्मों का फल जन्म–जन्मान्तर तक भोगता रहता है।

तत्वमीमांसा के इन प्रश्नों पर तुलसी की एक तर्क–व्यवस्था है जिसके निष्कर्ष के रूप में वे भक्ति का महत्त्व प्रतिपादित करते हैं। ज्ञान प्राप्त करते ही जीव को संसार–चक्र और आवागमन से मुक्ति मिल जाती है। गोस्वामी जी का मत है कि रामभक्ति से ही ज्ञान प्राप्त होता है। पर राम कृपा के बिना भक्त का पद आसानी से नहीं मिलता। निष्कर्ष यह कि राम का नाम स्मरण, नाम जाप, राम कथा श्रवण और राम को ही सर्वशक्तिमान परमेश्वर मानकर उनसे कृपा का अनुग्रह आवश्यक है। गोस्वामी जी बारम्बार बताते हैं कि राम भक्ति से भक्त के अन्त:करण में अज्ञान का अंधकार छँट जाता है। अगर अन्दर–बाहर दोनों जगह उजाला ही उजाला चाहते हो तो रामनाम रूपी मणिदीपक को मुख रूपी द्वार की जीभ रूपी देहली पर रखो :

राम नाम मनिदीप धरू जीह देहरीं द्वार।
तुलसी भीतर बाहरहुँ जौं चाहसि उजिआर॥

(रामचरितमानस, बालकांड, पद संख्या 21)

आप पूछ सकते हैं कि नाना पुराण निगमागम के ज्ञान से समृद्ध तथा अपने युग की समस्या के प्रति जागरूक एक विचारक के नाते तुलसी द्वारा प्रस्तुत समाधान वास्तविक है या काल्पनिक? यथार्थ है या भ्रांति? प्रतिगामी है या अग्रगामी? प्रगतिशील है या प्रतिक्रियावादी?

विचारधारा और ऐतिहासिक मूल्य–दृष्टि—दोनों क्षेत्रों में इस प्रकार के प्रश्नों के उत्तर सरलीकरण की माँग करते हैं—हाँ और न में जवाब माँगना खुद–ब–खुद एक प्रकार की आत्मग्रस्तता या अवैज्ञानिकता है। मुख्य बात है यह समझना कि तुलसी की विचारधारा क्या थी और उस विचार व्यवस्था की निर्मिति में कौन–कौन से उपादान सक्रिय थे। शत–प्रतिशत वे न तो अद्वैतवादी थे और न विशिष्टाद्वैतवादी। तुलसी के युग तक चली आ रही विभिन्न विचार–परम्पराओं और साधना–पद्धतियों के जो सांस्कृतिक अवशेष थे, उनसे निपटे बिना, उनकी व्यर्थता और असंगतियाँ बताये बगैर एक विचारक के रूप में अपनी मान्यताओं को वे प्रतिष्ठित कर ही नहीं सकते थे। आप लोगों ने हठयोगियों, सिद्धों, नाथों, सन्तों और शैवों के प्रति उनकी आलोचनात्मक टिप्पणियाँ पढ़ी हैं। दूसरा महत्त्वपूर्ण यह तथ्य भी आपकी आँखों से ओझल नहीं

होना चाहिए कि गोस्वामी जी अपने युग के हिन्दू समाज को सम्बोधित कर रहे हैं। उनकी रचनाएँ कहीं से भी मुस्लिम समाज को सम्बोधित नहीं हैं। विजेता शासक समुदाय की संस्कृति से अपनी उच्चता और गरिमा सिद्ध करने के लिए अक्सर अतीत को धो-पोंछ कर, परिशोधित और परिष्कृत कर पेश किया जाता है। गोस्वामी जी भक्तिकालीन कवियों में इस दृष्टि से सबसे पृथक दिखाई देते हैं—वेदों, उपनिषदों, स्मृतियों आदि पर अपनी निर्भरता का बार-बार वे उल्लेख भी करते हैं। वे वैष्णव सम्प्रदाय और शैव सम्प्रदाय के बीच एकता स्थापित करना चाहते थे। शूद्रों और अंत्यजों के सामाजिक विद्रोहों को प्रकट करनेवाली साधना-पद्धतियों को वे पौराणिक-वैदिक संस्कृति की पुनः प्रतिष्ठा के मार्ग में सबसे बड़ी बाधा मानते थे। अतः यह नहीं समझना चाहिए कि वे समन्वयवादी विचारक थे। आपने तुलसी साहित्य से सम्बन्धित आलोचना पुस्तकों में उनके तथाकथित समन्वयवाद का बार-बार उल्लेख अवश्य ही पढ़ा होगा। अद्वैतवादी चौखटे में विशिष्टाद्वैतवाद के कुछ पहलुओं, त्रिदेवों (ब्रह्मा, विष्णु, महेश) और शैव साधना के कुछ तत्वों को एकसूत्र में पिरोने से उस युग में कोई समन्वयवादी नहीं हो सकता था। समन्वय तो तभी होता जब बौद्ध, जैन, लोकायत, आजीवक, सिद्ध, नाथ और सूफी मतों का लोकग्राह्य रूप में समाहार प्रस्तुत किया जाता। दर्शन की अवैदिक परम्पराओं तथा सिद्धों-नाथों-सन्तों के प्रति गोस्वामी जी के दृष्टिकोण से आप परिचित हैं ही।

आचार्य शुक्ल, पं. हज़ारी प्रसाद द्विवेदी, बलदेव प्रसाद मिश्र, विश्वनाथ प्रसाद मिश्र, उदयभानु सिंह, रामविलास शर्मा आदि समालोचक और पं. राम किंकर उपाध्याय जैसे कथावाचक तक सभी उन्हें समन्वयवादी कहते आये हैं। विद्वानों की पंक्ति में सिर्फ माता प्रसाद गुप्त भिन्न मत रखते आए हैं। इस विवाद में निर्भ्रांत रूप में हस्तक्षेप करते हुए उन्होंने कहा है :

कुछ लोग तुलसीदास को अद्वैतवादी और कुछ उनको विशिष्टाद्वैतवादी कहते हैं। कुछ कहते हैं कि उन्होंने दोनों का समन्वय किया था और कुछ कहते हैं कि दोनों के परस्पर विरोधी सिद्धान्त भी उनकी रचनाओं में पाए जाते हैं। कुछ यह भी कहते हैं कि उनके आध्यात्मिक विचार उनके अपने हैं और इसलिए उनके सिद्धान्तों को दर्शन मानना चाहिए। किन्तु वास्तविकता में इनमें से एक भी विचार ग्राह्य नहीं है और सभी भ्रमात्मक हैं। इस भ्रम का कारण यह है कि तुलसीदास के पूर्व रामभक्ति धारा का दर्शन क्या था, इसे जानने और समझने की यथेष्ट चेष्टा नहीं हुई है।

वास्तविकता यह है कि तुलसीदास ने जिस प्रकार अपनी राम कथा का निर्माण पूर्ववर्ती राम कथा के उस अन्तिम रूप की नींव पर किया था जो "अध्यात्म रामायण" में मिलती है, उसी प्रकार उन्होंने अपने राम भक्ति दर्शन का निर्माण भी राम भक्ति दर्शन के उस अन्तिम रूप की नींव पर किया था जो "अध्यात्म रामायण" में मिलती है।

तुलसी के तत्व दर्शन में जनसाधारण के लौकिक-सांसारिक जीवन के सम्बन्धों, भावों, वृत्तियों और प्रेरणाओं को मायाकृत बताकर उनका निषेध किया गया है। बाह्य जगत और उसके सम्बन्ध परम-सत्ता और जीव की अपनी वास्तविक स्थिति के परिज्ञान में मायाकृत बाधा है। इसलिए आपने देखा होगा कि गोस्वामी जी इनके फंदे, भवजंजाल, काम, क्रोध, मोह, लोभ, स्त्री-पुरुष सम्बन्ध, पिता-पुत्र सम्बन्ध तथा ऐन्द्रिक संवेदनाओं का परित्याग आवश्यक मानते हैं। जैसे यज्ञ में तर्पण, हवन और बलिदान होता है उसी तरह भावनाओं के परित्याग का यज्ञ आवश्यक है जिसमें ममता की बलि करनी है, तभी इन्द्रिय निग्रह होगा और मन वश में आएगा। संसार में आसक्ति भवनिशा है, अब इन्द्रियों के वश में नहीं रहना है, जितेंद्रिय बनना है।

"विनय-पत्रिका" में इन्द्रिय बोधों के निषेध का बारम्बार उपदेश दिया गया है। इसके एक पद में यह कहा गया है कि जो भी आदमी इनका कहना मानता है वह भवकूप में गिरता है। इसी पद में आगे कहा गया है कि त्वचा, रक्त, मांस, मज्जा, अस्थि, मेद और वीर्य—शरीर की रचना करनेवाले, ये सातों धातु पाप के भंडार हैं। "विनय पत्रिका" के एक अन्य पद में यह कहा गया है कि आत्म-बोध और पर-बोध इस लौकिक संसार रूपी वृक्ष का मूल है, भय इसके कांटे हैं और शोक इसके फल हैं। इस भवतरु-इस संसार रूपी वृक्ष को कुल्हाड़ी से काट देने में ही भलाई है। लौकिक-पारिवारिक जीवन जीते हुए अपनी आजीविका के संघर्ष, बाल-बच्चों के भरण-पोषण आदि के क्रम में काम, लोभ, क्रोध, मोह, ईर्ष्या, द्वेष, ममता, हर्ष, विषाद आदि की भावनाएँ मनुष्य की चित्तवृत्तियों को आन्दोलित किए रहती हैं। तुलसीदास कहते हैं कि मोह सकल व्याधियों का मूल है, काम वातरोग है, क्रोध पित्त है, विषयों का मनोरथ पेचिश रोग है, ममता दाद है, ईर्ष्या खुजली है, हर्ष-विषाद कंठमाला रोग है। ऐसी काव्योक्तियों से तुलसीदास का काव्य-कृतित्व भरा पड़ा है। इसे ही गोस्वामी जी परिभाषित करते हैं—"सकल धरम विपरीत करत।" नेत्रों से युवतियों को देखना, कानों से दूसरों की आलोचना सुनना, अपने मुँह से अन्यों के गुण-दोष बताना, हृदय में अभिमान, मोह आदि को स्थान देना और अपने सुन्दर मानव शरीर से सांसारिक तृप्ति ढूँढना—ये सब "सकल धरम विपरीत" हैं।

मन रूपी भवन में जो भी स्थायी और संचारी भाव हैं (मोह, लोभ, क्रोध), वे चोर की तरह घुस आये हैं। इन सहज मानवीय वृत्तियों को अद्वैतवादी शंकराचार्य भी चोर कहते हैं (देहें तिष्ठन्ति तस्करा:)। कबीर भी इन वृत्तियों को और सांसारिक इच्छाओं को चोर ही बताते हैं (तोरी गठरी में लागा चोर)। वैदिक दर्शन में भाष्यकारों से लेकर भक्तिकाल के रचनाकारों तक में यह प्रवृत्ति द्रष्टव्य है। यदि आप तुलसी-काव्य का मनोयोगपूर्वक अध्ययन करें तो ऐसे हज़ारों उदाहरण मिल जाएँगे। गोस्वामी जी लौकिक इन्द्रियबोध, मनोविकार और संसार धर्म के परित्याग के लिए आध्यात्मिक

और नैतिक—दोनों प्रकार के तर्कों का उपयोग करते हैं। ये कामनाएँ और वासनाएँ मल हैं, पाप हैं, कलुष हैं। ऐसी स्थिति में आपके मन में भी यह प्रश्न उठता होगा कि अगर साहित्य का सहृदय पाठक अथवा श्रोता अपनी इन्द्रियों का निग्रह कर ले, भावों का परित्याग कर दे तो फिर राम के सत्य, शील और सौन्दर्य का आस्वादन कैसे करेगा? आलम्बन, उद्दीपन, स्थायी भाव, संचारी भाव आदि से युक्त रसात्मक काव्य का आनन्द कैसे लेगा? राम कथा के विभिन्न अवतारी चरित्रों की नरलीला के अन्तर्गत उनके मानवीय क्रियाकलापों, उनके बाल रूप, उनके प्रेम, उनके पराक्रम, उनके बन्धुत्व, उनकी प्रजावत्सलता—अर्थात् वनगमन से लेकर रावण के संहार तक—रामलीला के दृश्यों को देखकर संवेदनात्मक प्रतिक्रिया कैसी होगी? बिना इन्द्रियों के? क्या यह विचित्र बात नहीं लगती? रघुकुल गाथा के अन्तर्गत लौकिक-अलौकिक व्यापारों को देखकर सुख-दुख, हर्ष-पुलक, क्रोध, करुणा, ममता आदि ठीक हैं, पर ये ही वृत्तियाँ जनसाधारण के लौकिक जीवन के लिए त्याज्य और गर्हित हैं! तुलसी के विचार जगत और उनके भावजगत का यही अन्तर्विरोध है।

## सामाजिक संरचना

जातिप्रथा अथवा वर्णाश्रम व्यवस्था पर लगातार हो रहे प्रहार, शूद्रों, अंत्यजों और दलित जातियों के भीषण उत्पीड़न के विरुद्ध और धर्म-परिवर्तन, नाथों, सिद्धों और सन्तों द्वारा वर्णाश्रम व्यवस्था के विरुद्ध जन-जागृति से भरी बानियों और पदों का व्यापक प्रभाव और अन्तत: जात-पाँत, छुआछूत, ऊँच-नीच के भेदभाव से भरी आश्रम व्यवस्था के अन्दर पैदा हो रही टूट-फूट से भक्त कवि तुलसीदास क्षुब्ध और सन्तप्त थे। आपने ध्यान दिया होगा कि इतिहास की इस बहुआयामी प्रक्रिया को ठीक से समझने के बजाय वे दुखी और खिन्न थे। इसके लिए वे कलियुग को दोषी तो मानते ही थे लेकिन ज्यादा दोषी वे सिद्धों, नाथों और सन्तों को समझते थे। अपने वचन और वेशभूषा मात्र से वैरागी बने लोगों ने जगत को ठग लिया है (वचन-बिराग, वेष जगतु हरो सो है)। कवितावली के इसी पद में बताया गया है कि गोरख ने जोग जगाकर, भक्ति को खदेड़ कर समाज से बाहर कर दिया (गोरख जगायो जोग भगति भगायो लोग)। आपको यह जानकर आश्चर्य होगा कि इस पद के प्रारम्भ में ही वर्ण, धर्म, आश्रम, आदि के विनाश की तथाकथित ट्रेजेडी पर तुलसी के गहरे शोक सन्ताप की छाया फैली हुई है। वर्णाश्रम के विनाश पर सन्ताप और वर्णाश्रम व्यवस्था के सोपान-क्रम में निचले दर्जे पर अवस्थित जातियों के बीच से आये कबीर, रैदास, दादू आदि सन्तों के प्रति कटूक्ति और शापवाणी—ये दोनों बातें तुलसी की काव्य-कृतियों में अनेक स्थलों पर एकत्र ही मिलती हैं। रामचरितमानस के उत्तरकांड में पन्द्रहवी सदी से चले आ रहे विवाद का उत्तर गोस्वामी जी सोलहवीं सदी के अन्तिम दशक में देते हैं :

बादहिं सूद्र द्विजन्ह सन हम तुम्ह तें कछु घाटि।
जानै ब्रह्म सो बिप्रबर आँखि देखावहिं डाटि॥
परत्रिय लंपट कपट सयाने। मोह द्रोह ममता लपटाने॥
तेइ अभेदवासी ज्ञानी पर। देखा मैं चरित्र कलिजुग कर॥
आपु गए अरु तिन्हहूं घालहिं। जे कहुँ सतमारग प्रतिपालहिं॥
कल्प कल्प भरि एक एक नरका। परहिं जे दूषहिं श्रुति करि तरका।
जे बरनाधम तेलि कुम्हारा। स्वपच किरात कोल कलवारा॥
नारि मुई गृहसम्पति नासी। मूड़ मुड़ाइ होहिं संन्यासी॥
जे विप्रन्ह सन आपु पुजावहिं। उभय लोक निज हाथ नसावहिं॥
बिप्र निरच्छर लोलुप कामी। निराचर सठ बृषली स्वामी॥
सूद्र करहिं जप तप ब्रत नाना। बैठि बरासन कहहिं पुराना॥
सब नर कल्पित करहिं अचारा। जाइ न बरनि अनीति अपारा॥

(रामतरितमानस, उत्तरकांड, पद संख्या 99-100)

शूद्र ब्राह्मणों से विवाद करते हैं और कहते हैं कि हम क्या तुमसे कुछ कम हैं? जो ब्रह्म को जानता है वही श्रेष्ठ ब्राह्मण है—यह कह कर वे ब्राह्मणों को डाँट कर आँखें दिखाते हैं। जो परायी स्त्री में आसक्त, कपट करने में चतुर, मोह-ममता में लिपटे हुए हैं—ऐसे ही लोग ब्रह्म और जीव को एक बतानेवाले अभेदवादी ज्ञानी हैं। मैंने उस युग का यह चरित्र देखा है। उपर्युक्त ज्ञानी-अभेदवादी स्वयं तो नष्ट हो ही चुके हैं—सन्मार्ग पर चलनेवालों को भी नष्ट कर देते हैं। जो तर्क करके वेद की निन्दा करते हैं, ऐसे लोग युग-युग तक एक-से-एक नरक में पड़े रहते हैं। तेली, कुम्हार, चांडाल, भील, कोल और कलवार आदि जो वर्ण में नीचे हैं स्त्री के मरने पर या घर की सम्पत्ति नष्ट होने पर सिर मुड़ाकर संन्यासी हो जाते हैं। वे अपने को ब्राह्मण से पुजवाते हैं और अपने ही हाथों लोक-परलोक दोनों नष्ट कर देते हैं। ब्राह्मण अनपढ़, लोभी, कामी, आचरणहीन, मूर्ख और नीची जाति की व्यभिचारिणी स्त्रियों के स्वामी होते हैं। शूद्र नाना प्रकार के जप, तप और व्रत करते हैं तथा ऊँचे आसनवाली गद्दी पर बैठकर पुराण कथा का वाचन करते हैं। सब मनुष्य मनमाना आचरण करते हैं। अपार अनीति का वर्णन नहीं किया जा सकता।

आप पूछेंगे वेदों, स्मृतिग्रन्थों और पुराणों का पालन न करने पर भी तो वे इतने ही क्षुब्ध और चिंतित हैं—इसके पीछे कारण क्या है? आप शायद यह भी जानना चाहेंगे कि ब्राह्मणों के प्रति निरादर के उल्लेखों के साथ जो गहरा विषाद झलकता है उसके मूल में क्या है? जब तुलसी के समसामयिकों ने उनसे पूछा था कि आज का सबसे बड़ा पुण्य क्या है तो उन्होंने जवाब दिया था—इस जगत में पुण्य एक ही है, उसके समान दूसरा नहीं। वह है मन, वचन और कर्म से ब्राह्मणों के चरणों की पूजा :

पुन्य एक जग महुँ नहि दूजा।
मन कर्म बचन बिप्र पद पूजा॥

(रामचरितमानस, उत्तरकांड, पद संख्या 45)

ब्राह्मणों के द्रोही को, यदि वह देवराज इन्द्र के समान ऐश्वर्यवान भी हो, तो भी यह राम कथा नहीं सुनानी चाहिए। जो द्विज-निन्दक है वह घोर नरक में जाएगा और कौए के रूप में पुनर्जन्म पाएगा (वही, पद संख्या 121)। गोस्वामी जी उन सबको यह शाप देते हैं कि वे युगों-युगों तक नरक में पड़े रहेंगे जो तर्क-वितर्क करके वेद की निन्दा करते हैं, सकल निगमागम ज्ञान के प्रतिकूल आचरण करते हैं और हेतुवाद (तर्कवाद) के समर्थक हैं।

ब्राह्मणवादी वैदिक-पौराणिक संस्कृति, विचारधारा और सामाजिक व्यवस्था के चतुर्दिक क्षरण के युग में वे रामभक्ति द्वारा समाज की पुरानी परिपाटियों को नवजीवन देना चाहते हैं। गोस्वामी जी इतिहास की गति पहचान नहीं पाते। वे यह समझ ही नहीं पाते कि वर्गीय अन्तर्विरोध तीव्र हो रहे हैं और पुरानी व्यवस्था अपनी ही असंगतियों के परिणामस्वरूप लड़खड़ा रही है। यद्यपि भक्तिकालीन आन्दोलन के उत्थान काल के सामाजिक प्रश्नों में सिर्फ एक प्रश्न पर वे सहमति व्यक्त करते हैं कि भगवान के दरबार में भक्ति का अधिकार सबके लिए एक-समान है और इस पहलू पर कोई गैर बराबरी नहीं हो सकती—पर यह बराबरी तो परलोक के लिए थी। इस लोक में यदि राम राज्य आएगा भी तो वर्णाश्रम के तहत शास्त्रों द्वारा निर्धारित विधान के तहत सब अपने-अपने कर्म ही करेंगे। पर जहाँ तक ब्राह्मण, क्षत्रिय, वैश्य और शूद्र में वैधानिक और शास्त्रीय अन्तर का प्रश्न है, उसमें कोई छूट नहीं होगी। भगवान के दरबार में भी ब्राह्मणों की ही श्रेष्ठता रहेगी, यद्यपि प्रभु की दृष्टि में दास सर्वप्रिय है :

मम माया सम्भव संसारा। जीव चराचर बिबिध प्रकारा॥
सब मम प्रिय सब मम उपजाए। सब ते अधिक मनुज मोहि भाए॥
तिन्ह मँह द्विज, द्विजमहँ श्रुतिधारी। तिन्ह महँ निगम धरम अनुसारी॥
तिन्ह महँ प्रिय बिरक्त पुनि ग्यानी। ग्यानिहु ते अति प्रिय बिग्यानी॥
तिन्ह ते पुनि मोहि प्रिय निज दासा। जेहि गति मोरि न दूसरि आसा।
पुनि पुनि सत्य कहउं तोहि पाहीं। मोहि सेवक सम प्रिय कोउ नाहीं॥

(रामचरितमानस, उत्तरकांड, पद संख्या 86)

पहले हम उनके तत्वदर्शन के चौखटे में स्त्री सम्बन्धी उनके विचारों की छानबीन करें। गोस्वामी जी माया की साक्षात् मूर्ति के रूप में स्त्री समुदाय को देखते हैं। रमेश कुन्तल मेघ इसे रत्नावली ग्रन्थि मानते हैं। अद्वैतवाद की तर्क-व्यवस्था को वे स्त्री-प्रसंग में जब-जब रूपायित करते हैं उन्हें स्त्री और माया दोनों अभिन्न प्रतीत होती हैं। रामचरितमानस में नारद से प्रभु राम स्वयं कहते हैं—अति दारुन दुखद माया रुपी

नारि (अरण्यकांड, पद संख्या 43)। यह उक्ति छोटे-मोटे घटना-प्रसंग में किसी नगण्य पात्र का तर्क-वितर्क नहीं है। भगवान राम जब नारद से यह स्पष्टीकरण दे रहे हैं कि उन्हें विवाह क्यों नहीं करने दिया गया, तभी स्त्री समुदाय पर पूरी वैचारिक चर्चा होती है। अपनी मान्यता की पुष्टि के लिए भगवान राम पुराण, वेद और सन्तमत का उल्लेख करते हुए कहते हैं कि मोह रूपी विपिन में स्त्री बसन्त ऋतु बनकर आती है और सौन्दर्य-शोभा-मकरन्द से प्रलुब्ध कर लेती है। निम्नलिखित पंक्तियों पर यदि आप ध्यान दें तो आपका सन्देह दूर हो जाएगा :

अवगुनमूल सूलप्रद प्रमदा सब दुख खानि।
तातें कीन्ह निवारन मुनि मैं यह जिय जानि॥

(रामचरितमानस, अरण्य कांड, पद संख्या 44)

अर्थात युवती स्त्री अवगुणों की मूल, पीड़ा देनेवाली और सब दुखों की खान है। इसलिए हे मुनि मैंने उक्त ज्ञान के आधार पर तुम्हारे निवारण के लिए तुमको विवाह करने से रोका था।

स्त्री जाति के लिए तुलसी एक ही धर्म, एक ही नियम बताते हैं "काय वचन मन पति पद प्रेमा।" पति चाहे जैसा भी हो—वृद्ध, रोगजर्जर, जड़, धनहीन, अंध, बधिर, क्रोधी, अतिदीन....। इसके बावजूद ऐसे पति का अपमान करनेवाली स्त्री यमपुरी जाती है। नारी अपनी सहज प्रकृति से ही "अपावन" है। इसके अलावा "बिधिहुँ न नारि हृदय गति जानी" जैसी उक्तियाँ अनेक स्थलों पर आती हैं। पितृसत्तात्मक सामन्ती मूल्य-दृष्टि के तहत "तिरिया चरित्तर" की अवधारणा तुलसी की काव्यकृतियों में भी बद्धमूल होकर बार-बार उभरती है।

तुलसी की सामाजिक संरचना में सामन्ती राजतन्त्र की विचार-दृष्टि का प्रतिफलन सर्वत्र दिखाई देता है। गरीबनेवाज, दीनदयालु, कृपानिधान, दलितों-वंचितों के शरणदाता के रूप में सर्वशक्तिमान प्रभु राम की कल्पना से यह स्पष्ट होता है कि गोस्वामी जी व्यवस्था तो सामन्ती राजतन्त्र की ही सर्वश्रेष्ठ समझते थे, पर उस व्यवस्था में राजा के पद पर वे अपने आदर्शों के अनुकूल उदार राजा को अधिष्ठित करना चाहते थे। ऐसा जो सत्य, शील और सौन्दर्य की प्रतिमूर्ति हो, अन्यायी का दलन करनेवाला वीर और पराक्रमी हो, निर्धन-निस्सहाय लोगों के लिए करुणा-निधान हो और कठिन जीवन संग्राम में अविचलित रहनेवाला साधक हो। राजा-प्रजा सम्बन्धों के मामले में प्रजावत्सल हो, शरणागत को अभयदान देता हो। रामराज्य की परिकल्पना में तुलसी के ये आदर्श निहित थे। लेकिन उस रामराज्य में भी वर्णाश्रम अपने अविकृत शुद्ध रूप में फिर से जीवित हो जाये—उनकी ऐसी ही आशावादी कल्पना की झलक मिलती है। रामराज्य के सामाजिक-राजनीतिक आदर्श के प्रतिलोम के रूप में लंका के राजा का राज्य है। विलासिता, ऐश्वर्य, मदांधता, अविवेक, अनैतिकता और

निरंकुशता का प्रतिनिधित्व रावण करता है।

राम के प्रति दास्य भाव—सेवक भाव—वाली भक्ति राजा-प्रजा सम्बन्धों के बारे में उनकी सामाजिक-राजनीतिक मान्यताओं का ही भावात्मक प्रतिरूप है।

अपने युग की समस्याओं के समाधान के लिए तुलसी ने राम कथा के आख्यान का जो पुनर्गठित पाठ तैयार किया उसमें कलियुग के प्रतिलोम के रूप में राम राज्य वस्तुतः एक मिथकीय यूटोपिया है। यह यूटोपिया भारतीय सामन्तवाद के अभ्युदयकालीन राजतन्त्र का आदर्शीकरण करता है, लोक-विश्वासों और दन्तकथाओं को नये सन्दर्भों में काल्पनिक स्वरूप प्रदान करता है, मृत अतीत का वर्तमान जटिलताओं में नये सिरे से आह्वान करता है और प्राचीन की स्वप्नमयी अतिरंजना करता है—चाहे वह निरी फैंटेसी ही क्यों न हो जाए।

## तुलसी की राजनीतिक चेतना और राम राज्य की परिकल्पना

मध्यकालीन भारतवर्ष में सामन्तवाद के पतन के साथ-साथ हिन्दू धर्म में भी जकड़बन्दी, सड़ांध, गतिरोध और दुर्निवार बुराइयों के लक्षण प्रकट हो रहे थे। पुरानी व्यवस्था के पंडितों ने वेद-वेदान्त, पुराण, स्मृति और धर्मशास्त्र के नये-नये भाष्य प्रस्तुत कर मरणोन्मुख व्यवस्था को पुनर्जीवित करने और बचाने का प्रयास किया। जन्म, मुंडन, उपनयन, विवाह, श्राद्ध आदि जैसे संस्कारों के अवसर पर वैदिक मन्त्रों के पाठ के साथ कर्मकांडीय विधानों की पुनः ज़ोर-शोर से प्रतिष्ठा की गयी। जाति प्रथा, वर्णाश्रम व्यवस्था, यज्ञ विधान आदि को नए सिरे से अनुमोदित करने के पीछे तुर्क, अफगान, मुगल, पठान आदि आक्रमणकारियों और उनके धार्मिक-सामाजिक विचारों से रक्षा के प्रयासों ने वैदिक-पौराणिक संस्कृति की पुनः प्रतिष्ठा की प्रवृत्ति को नये सिरे से मजबूत कर दिया। सामन्ती शासक वर्ग ने अपने हितों को धार्मिक जामे में पेश करना आवश्यक समझा और मुगल शासकों ने भी धार्मिक मामलों में हस्तक्षेप न करने की नीति से इस प्रवृत्ति को अपना समर्थन प्रदान किया। तुलसीदास की विचार-व्यवस्था और उनकी राजनीतिक चेतना उल्लिखित प्रवृत्ति के अनिवार्य अंग के रूप में विकसित हुई थी। कहना न होगा कि जनसाधारण पर ढाये जा रहे जुल्म, उनकी दुरवस्था, दरिद्रता तथा भूखे-नंगे लोगों की चीख-चीत्कार का वर्णन उन्होंने पूरी मार्मिकता और करुणा के साथ किया है। यहाँ तक कि महामारी, अकाल, गरीबी आदि की तत्कालीन वास्तविकता पूरी प्रखरता के साथ अंकित हो गयी है। धार्मिक पाखंड, आडम्बर, झूठ, मक्कारी, अनैतिकता आदि का पर्दाफाश करने में भी गोस्वामी जी ने अपनी तरफ से कोई कसर नहीं छोड़ी है। पर अपने युग के सामाजिक-आर्थिक संकट का हल प्रस्तुत करने में वे वैदिक-पौराणिक संस्कृति के ढाँचे से बाहर निकल ही नहीं पाते। उनके पास एक ही हल है—भक्ति, राम की भक्ति। उनका तर्क है कि राम

गरीबनेवाज हैं, दीन दयालु हैं और शरणागत की रक्षा करनेवाले भक्त-वत्सल और उद्धारक हैं। तुलसी वर्तमान यथार्थ के संकट का एक अतीतोन्मुख समाधान प्रस्तुत करने में राम कथा के सभी चरित्रों और उपाख्यानों का आदर्शीकरण करते हैं। गोस्वामी तुलसीदास के सम्पूर्ण कृतित्व के अन्दर इस असंगति से उत्पन्न द्वन्द्व और तनाव की गूँज-अनुगूँज सुनी जा सकती है।

तुलसी के राम की दृष्टि में सभी मनुष्य बराबर हैं। अपनी भक्ति के बल पर जात-कुजात, छोटा-बड़ा, अमीर-गरीब सभी बराबर हैं। भक्ति की भावभूमि से मानवीय समानता और एकता का आह्वान करने में तुलसी भक्तिकाल के किसी भी कृतिकार से पीछे नहीं हैं। पर वर्णाश्रम व्यवस्था की टूटन, जाति प्रथा के विनाश तथा श्रुति और स्मृति के अनादर से गोस्वामी तुलसीदास बहुत दुखी और सन्तप्त हैं। कलियुग की करालता के वर्णन में ऐसे प्रसंग बार-बार आते हैं। ब्राह्मणों के अनादर से भी वे बहुत परेशान और चिंतित हैं। वे जाति प्रथा के विनाशकारी परिणामों पर भी गौर नहीं करते। नाथों, सिद्धों और सन्तों की वे बार-बार खिल्ली उड़ाते हैं और ज्ञान मार्ग का खंडन करते हैं। भक्ति आन्दोलन के मूल में अन्तर्निहित विभिन्न दार्शनिक धाराओं के टकराव में वे तटस्थ नहीं हैं बल्कि खुल्लम-खुल्ला तौर पर गोरखनाथ, कबीर आदि पर फब्तियाँ कसते हैं। विशिष्टाद्वैतवाद की प्रतिपत्तियों का अवलम्बन कर वे वेद-वेदान्त, स्मृतियों और पुराणों की पुनर्रचित एक नयी विचार व्यवस्था कायम करते हैं। इस विचार-व्यवस्था में ज्ञान मार्ग का, सन्तों के रहस्यवाद का, जाति प्रथा को समूल नष्ट करने के आह्वान का, राम से भिन्न कृष्ण के स्वतन्त्र व्यक्तित्व का पूरी तरह निषेध है। इस विचार-व्यवस्था में सिर्फ दास्य भाव की भक्ति है। इस भक्ति में नैतिकता मिली हुई है—इसलिए सामाजिक उत्पीड़न के प्रति जागरूकता भी है। भक्त याचक है और भगवान राम दाता हैं। भक्ति का यह स्वरूप सामन्ती राजतन्त्र के अन्तर्गत निर्मित राजा-प्रजा सम्बन्ध का ही धार्मिक प्रतिबिम्ब है। ''जासु राज प्रिय प्रजा दुखारी। सो नृप अवसि नरक अधिकारी॥'' राजतन्त्र के ऐसे स्वरूप की यूटोपिया या अतिरंजित आदर्शीकरण का प्रयास रामराज्य की परिकल्पना में प्रतिफलित हुआ है।

अन्याय, उत्पीड़न, दुराचार, पाखंड और अनैतिकता के राज्य के रूप में कलियुग का वर्णन आता है और ठीक इसके विपरीत रामराज्य आता है, जहाँ न्याय है, शान्ति है और सर्वत्र सुख है। तुलसी का राज्यादर्श ऐसे शासक की कल्पना है जिसका कोई निजी स्वार्थ नहीं होता, त्याग ही जिसका आचरण है और लोकहित ही जिसका जीवन लक्ष्य है। इस राज्य में वर्णाश्रम के अन्तर्गत सभी अपने-अपने कर्तव्य का पालन करते हैं, पर ऊँच-नीच का भेद नहीं है। कोई निर्धन और दरिद्र नहीं है। पृथ्वी धन-धान्य से परिपूर्ण है। बादल समय पर जरूर बरसते हैं और सूर्य आवश्यकता के अनुरूप ही गर्मी देता है। शासन के पुण्य, धर्म और प्रताप से जनता सुखी और सन्तुष्ट है।

परस्पर प्रीति है, कोई पीड़ा और अनाचार नहीं है। अल्पायु में मृत्यु नहीं होती और किसी को दैहिक, दैविक और भौतिक कष्ट नहीं होता। राजा इतना कम टैक्स ले कि किसी को पता न चले और उसके बदले में सुख-समृद्धि की वर्षा करे ताकि लोग कहें कि राजा दानी और प्रजापालक है। सूर्य के आचरण से हमें ऐसी ही शिक्षा लेनी चाहिए। सूर्य थोड़ा-थोड़ा करके पानी सोखता है पर वर्षाकाल में वही पानी जब बरसता है तो सब हर्षित हो जाते हैं :

बरषत, हरषत, लोग सब, करषत लखै न कोइ।
तुलसी प्रजा सुभाग तें, भूप भानु सो होई॥

निर्मम और हृदयहीन संसार में तुलसी के रामराज्य की यह परिकल्पना उत्पीड़ित जनसाधारण के लिए असंदिग्ध रूप से चिरकाम्य आश्रय-स्थल बनी हुई है। तुलसी की लोकप्रियता और जनमत में राम के प्रति भक्ति और अनुराग का रहस्य भी यही है। चूँकि किसी भी शासक ने वास्तविक रूप में रामराज्य के कल्पित सुख को चरितार्थ नहीं किया है, अतः तुलसी के रामचरितमानस और उनके सम्पूर्ण कृतित्व को दरिद्र और वंचित जनसाधारण ने एक थाती के रूप में अपने सीने से लगा रखा है। इसी सन्दर्भ में गोस्वामी जी की उक्तियाँ सदियों से हृदयहीन विश्व का हृदय और काल्पनिक सुख की अनन्त निधि बनी हुई हैं।

# एक कवि के रूप में तुलसीदास

## प्रस्तावना

तुलसीदास लोक कवि हैं। उन्होंने अपनी कविता जनभाषा (ब्रज, अवधी) में लिखी है। उनकी कविता में जीवन के अनेक प्रसंगों का विस्तृत और सूक्ष्म अंकन हुआ है। आचार्य रामचन्द्र शुक्ल ने रामचरितमानस में अनेक मर्मस्पर्शी स्थलों का उल्लेख किया है। धनुषभंग होने पर परशुराम का आगमन और परशुराम-लक्ष्मण संवाद कवि की मौलिक कल्पना और सूझबूझ का प्रमाण है। इसी प्रकार के कई मार्मिक प्रसंग रामचरितमानस में भरे पड़े हैं। ''वैराग्य सन्दीपनी'' से लेकर 'हनुमान बाहुक' जैसी कृतियों के रचयिता के रूप में तुलसी एक से नहीं। उनकी काव्य-यात्रा के अनेक पड़ाव हैं, अनेक रंग हैं, अनेक छवियाँ हैं। तुलसीदास जनता के कवि हैं। उन्होंने दरबारी रचनाकारों और पतनशील सांस्कृतिक धारा का अनुसरण न कर भाषा-काव्य को समृद्ध किया है। उनकी कविताओं में ब्रज, अवधी, बुन्देलखंडी, भोजपुरी के साथ-साथ अरबी और फारसी के शब्दों का भी सृजनात्मक प्रयोग हुआ है। इसके कारण उनकी कविता जन-जन में लोकप्रिय हुई। इन्हीं पक्षों पर इस इकाई में विस्तार से विचार किया गया है और एक कवि के रूप में तुलसीदास की सफलताओं और असफलताओं को पहचानने की कोशिश की गयी है।

## कविता के बारे में तुलसीदास के विचार

तुलसीदास जनकवि थे। उन्होंने जनभाषा में कविताएँ लिखी हैं। संस्कृत जैसी देवभाषा और फारसी जैसी राजभाषा का उपयोग न कर अवध और ब्रज प्रदेश के ग्रामीण जनों की बोलियों में अपनी कविता लिखने का उन्होंने निश्चय किया था। इसलिए प्रबुद्ध पंडित और ज्ञानी समाज से माफी माँगते हुए, क्षमा प्रार्थना करते हुए और अपनी सच्ची विनम्रता के साथ कहते हैं कि उनकी काव्यकृति में ''जदपि कबित रस एकउ नाहीं'' और वह ''भनिति भदेस'' अर्थात एक गँवार की काव्य वाणी है। पर इसके बावजूद उनकी कविता गंगा नदी की पवित्र जलधारा के समान टेढ़ी-मेढ़ी चाल से हरहरा कर

बह रही है—"गति कूर कविता सरित की ज्यों सरित पावन पाथ की" (रामचरितमानस, बालकांड, पद संख्या 10)। यद्यपि उनकी "गिरा ग्राम्य" है (गँवारू भाषा), पर उसकी सुन्दरता "मनि मानिक मुकुता छवि जैसी" है। भारतीय इतिहास के मध्ययुग तक जन-साधारण के दु:ख दर्द, यथार्थ और संघर्ष को काव्य-विषय बनाने की परम्परा शुरू नहीं हुई थी। अत: तुलसीदास प्राकृत जनों के गुणगान अंकित नहीं करते, क्योंकि इससे तो सरस्वती पछताने लगती कि इस कवि की वाणी में साक्षात् मैं क्यों प्रगट हुई। पर श्रेष्ठ विचारों और आदर्श नायक रामचन्द्र के चरित्र की कथाओं से मुक्तामणि के समान कविता लिखने का उनका प्रयत्न है।

गोस्वामी जी रामचरितमानस में अपने चरितनायक के आख्यान का आरम्भ करने से पहले अपने मन को भरोसा देते हैं कि वाल्मीकि, व्यास तथा प्राकृत कवियों ने जो काव्य-परम्परा बनायी है, उसकी सहायता से वे काव्य रचना कर लेंगे :

चरन कमल बन्दउं तिन्ह केरे। पुरवहुँ सकल मनोरथ मेरे॥
कलि के कबिन्ह करउं परनामा। जिन्ह बरने रघुपति गुन ग्रामा॥
जे प्राकृत कबि परम सयाने। भाषां जिन्ह हरि चरित बखाने॥
भए जे अहहिं जे होइहहिं आगे। प्रनवउं सबहि कपट सब त्यागें॥
होहु प्रसन्न देहु बरदानू। साधु समाज भनिति सनमानू॥
जो प्रबन्ध बुध नहिं आदरहीं। सो श्रम बादि बाल कबि करहीं॥
कीरति भनिति भूति भलि सोई। सुरसरि सम सब कहँ हित होई॥
राम सुकीरति भनिति भदेसा। असमंजस अस मोहि अन्देसा॥
तुम्हरी कृपाँ सुलभ सोउ मोरे। सिअनि सुहावनि टाट पटोरे॥
सरल कबित कीरति बिमल सोइ आदरहिं सुजान॥
सहज बयर बिसराइ रिप जो सुनि करहिं बखान॥
सो न होइ बिनु बिमल मति मोहि मति बल अति थोर॥
करहु कृपा हरि जस कहउं पुनि पुनि करउं निहोर॥

अर्थात् मैं उन सब श्रेष्ठ कवियों के चरण-कमलों में अपनी वन्दना अर्पित करता हूँ, वे मेरे सभी मनोरथों (काव्य रचना के संकल्प) को पूरा करें। कलियुग के उन कवियों को भी मैं प्रणाम करता हूँ जिन्होंने रघुपति की गुणगाथा का वर्णन किया है। जो बड़े बुद्धिमान प्राकृत (भाषाओं के) कवि हैं, जिन्होंने जनभाषाओं में हरिचरित्र का बखान किया है, जो ऐसे पूर्ववर्ती कवि हैं और भविष्य में होंगे, उन सबको निष्कपट भाव से मैं प्रणाम करता हूँ। आप सब मुझे वरदान दीजिए कि सज्जनों (साधु) के समाज में मेरी कविता का सम्मान हो क्योंकि बुद्धिमान लोग जिस कविता का आदर नहीं करते, उस कविता की रचना का व्यर्थ परिश्रम मूर्ख या बालबुद्धि रचनाकार ही करता है। कीर्ति, कविता और विभूति (अथवा सम्पत्ति) वही उत्तम है जो गंगा नदी

के समान सबका हित करनेवाली हो। राम की कीर्ति तो सुन्दर है, पर मेरी कविता गँवारू भाषा में है (अथवा भद्दी है)। मेरी यही चिन्ता है, मेरा यह असमंजस है। परन्तु हे कवियो! आपकी कृपा से मेरी यह चिन्ता भी दूर हो जाएगी, इस असमंजस का हल भी निकल जाएगा क्योंकि रेशम की सिलाई टाट पर भी सुहावनी लगती है। सुजान लोग उसी कविता का आदर करते हैं जो सरल हो, जिसमें निर्मल चरित्र का वर्णन हो तथा जिसे सुनकर शत्रु भी अत्यन्त सहजता से वैर भूलकर सराहना करने लगते हैं। पर ऐसी कविता निर्मल बुद्धि के बिना रची ही नहीं जा सकती—दिक्कत यह है कि मेरी बुद्धि का बल बहुत ही थोड़ा है। इसलिए बार-बार निहोरा करता हूँ कि हे कवियों! आप कृपा करें जिससे मैं राम की महिमा (हरि यश) का वर्णन कर सकूँ।

प्रबुद्ध समाज में तुलसी अपनी कविता का आदर चाहते हैं। "जो प्रबन्ध बुध नहिं आदरहीं" जैसी उक्ति से स्पष्ट है कि बुद्धिमानों की बुद्धिमता को वे पैरों की जूती नहीं समझते। काव्य धार्मिक पूजा-आराधना, श्रद्धा-विश्वास के कर्मकांड की पूर्ति के लिए मन्दिर निर्माण नहीं है—गंगा नदी के समान सबका हित करनेवाली भावधारा है। कविता के सम्बन्ध में तुलसी के इन विचारों पर ध्यान देना आवश्यक है। रामचरितमानस रूपी सरोवर के अवगाहन के लिए वे "कबि कोबिद" को आमंत्रित करते हैं और उन्हें "मानस मंजु मराल" की संज्ञा देते हैं अर्थात् विवेक और बुद्धिमत्ता के प्रतीक के रूप में हंस का स्वागत करते हैं—बुद्धिवाद के जूते को बाहर ही उतार देने का निर्देश नहीं देते। डॉ. लल्लन राय ने ठीक ही कहा है कि "तुलसी ने काव्य के सम्बन्ध में अपने लिए जो प्रतिमान निर्धारित किए थे उसमें समाजनिष्ठता सर्वोपरि है।" (तुलसी की साहित्य साधना, पृ. 39)

काव्य के स्वरूप और लक्षण को परिभाषित करते हुए गोस्वामी जी रामचरितमानस के पहले श्लोक में ही कहते हैं :

वर्णनामर्थसन्धानां रसानां छन्दसामपि।
मंगलानां च कर्त्तारौ वन्दे वाणीविनायकौ॥

मंगलाचार के अन्तर्गत ही भारतीय काव्यशास्त्र की सुदीर्घ परम्परा से प्राप्त काव्यादर्श को स्वीकार करते हुए वे रस और छन्द को काव्य के अनिवार्य उपादान के रूप में परिगणित करते हैं। पर इन उपादानों की सार्थकता तभी है जब मंगल भी हो, लोक-कल्याण की भावना भी हो। वस्तुतः यह लोकमंगल ही उनकी दृष्टि में काव्य का प्रयोजन है।

पर इस लोकमंगल के प्रयोजन को कविता के माध्यम से तभी चरितार्थ या उपलब्ध किया जा सकता है जब श्रेष्ठ विचारों की मूसलाधार वर्षा हो—"जौं बरषइ बर बारि बिचारू"। रूपक के माध्यम से काव्य की सृजन प्रक्रिया को तुलसी स्पष्ट

करते हैं और इस क्रम में अपने काव्यादर्श को सटीक ढंग से प्रस्तुत कर देते हैं। यह रूपक इस प्रकार है :

हृदय सिन्धु मति सीप समाना। स्वाति सारदा कहहिं सुजाना॥
जौं बरषइ बर बारि बिचारू। होहिं कबित मुकुता मनि चारू॥

कवि हृदय रूपी सिन्धु में ही कविता रूपी श्रेष्ठ मोती की उत्पत्ति होती है। पर इसके लिए पूर्व शर्त यह है कि श्रेष्ठ विचार रूपी जल की वर्षा हो। उपर्युक्त पद की सांकेतिक व्यंजनाओं पर अगर ठीक से ध्यान दें तो स्पष्ट होता है कि गोस्वामी जी कवि के हृदय की विशालता, उदारता और विपुलता आवश्यक मानते हैं—और सामाजिक जीवन के प्रेक्षणों से प्राप्त नैतिक आदर्शों और विवेकपूर्ण विचारों की धाराप्रवाह दृष्टि भी आवश्यक मानते हैं अन्यथा मति रूपी सीप में मोती की सृष्टि नहीं हो सकती।

## मर्मस्पर्शी जीवन प्रसंगों का चित्रण

आप इस बात से परिचित होंगे कि हिन्दी समालोचना में तुलसी साहित्य के विवेचन के सन्दर्भ में ''मर्मस्पर्शी स्थलों की पहचान'' का प्रश्न प्रबन्धकार कवि की भावुकता और कलात्मक सामर्थ्य की निर्णायक कसौटी के रूप में मान्य रहा है। तुलसीदास पर आचार्य शुक्ल द्वारा लिखित जो निबन्ध ''त्रिवेणी'' में संकलित है, उसका प्रस्थान बिन्दु इस कसौटी का सूत्रीकरण करता है :

''प्रबन्धकार कवि की भावुकता का सबसे अधिक पता यह देखने से चल सकता है कि वह किसी आख्यान के अधिक मर्मस्पर्शी स्थलों को पहचान सका है या नहीं। रामकथा के भीतर ये स्थल अत्यन्त मर्मस्पर्शी हैं—राम का अयोध्या त्याग और पथिक के रूप में वनगमन, चित्रकूट में राम और भरत का मिलन, शबरी का आतिथ्य, लक्ष्मण को शक्ति लगने पर राम का विलाप, भरत की प्रतीक्षा। इन स्थलों को गोस्वामी जी ने अच्छी तरह पहचाना है, इनका उन्होंने अधिक विस्तृत और विशद वर्णन किया है।''

(त्रिवेणी, पृ. 114)

कथा-विन्यास के अन्तर्गत धनुष-भंग होने पर परशुराम की आकस्मिक उपस्थिति और राम-लक्ष्मण से संवाद में एक मनोरंजक नाटकीय स्थिति की कल्पना निःसन्देह एक मौलिक सूझबूझ है। धनुष टूट चुका है। चारों तरफ आनन्द और हर्ष है। सखियाँ मंगलाचार के गीत शुरू कर देती हैं। सीता ने राम के गले में जयमाला पहना दी। सहसा कोलाहल सुनकर सीता सशंकित हुईं—परशुराम प्रगट हुए—भृकुटि कुटिल, नयन क्रोध से लाल, वृषभ के समान कन्धे, विशाल छाती और भुजाएँ, सुन्दर यज्ञोपवीत, माला, मृगचर्म, वल्कल, तरकस, धनुष-बाण और कंधे पर फरसा। पूछते हैं—कहु जड़ जनक धनुष के तोरा? राम कहते हैं आपके दास ने तोड़ा। परशुराम कहते हैं—

सहस बान सम सो रिपु मोरा। लक्ष्मण थोड़ा मुस्कुराये और बोले :

बहु धनुहीं तोरीं लरिकाई। कबहुँ न असि रिस कीन्हि गोसाई॥
एहि धनु पर ममता केहि हेतु। सुनि रिसाइ कह भृगकुल केतु॥

भृगुवंश की ध्वजा के समान अपनी प्रचंड क्रोधाग्नि लहराते हुए परशुराम बोले—अरे मूर्ख तू मुझे निरा मुनि समझता है। मैं तो क्षत्रिय कुल द्रोही के रूप में विश्वविदित हूँ—मेरे फरसे को देख। यह गर्भ के बच्चे का भी नाश करनेवाला है। तुलसीदास द्वारा इस मुठभेड़ के क्षण में लक्ष्मण की प्रतिक्रिया का अंकन आपको अवश्य ही मनोरंजक प्रतीत होगा :

पुनि पुनि मोहि देखाव कुठारू। चहत उड़ावन फूँकि पहारू॥
इहाँ कुम्हड़ बतिया कोउ नाहीं। जे तरजनि देखि मरि जाहीं॥

लक्ष्मण के उत्तर परशुराम की क्रोधाग्नि के लिए आहुति के समान थे। परशुराम लक्ष्मण को तुरन्त अपने फरसे से काटकर यमपुरी भेजने की धमकी देते हैं। इसी बीच राम हस्तक्षेप करते हैं और अपने अलौकिक अतिप्राकृतिक चमत्कारी करतब से परशुराम को शांत कर देते हैं। परशराम कहते हैं :

अनुचित बहुत कहेउं अग्याता।
छमहु छमा मन्दिर दोउ भ्राता॥

कथा श्रोता और रामलीला के दर्शक के लिए सस्पेंस, सारा औत्सुक्य और कुतूहल अस्वाभाविक ढंग से खत्म हो जाता है। इस दृश्य चित्रण पर आपकी प्रतिक्रिया क्या है? क्या आप यह महसूस नहीं करते कि कंट्रास्ट उपस्थित करने में, द्वन्द्व और नाटकीयता उत्पन्न करने में तुलसी की कला महान है, पर उसकी सृजनात्मक सम्भावना उनके विचार दर्शन के कारण अपनी पूर्ण परिणति तक पहुँचने के पहले ही कुंठित हो जाती है! कवितावली के बालकांड में भी यही स्थिति है।

जहाँ तक राम के वनवास का कथा प्रसंग है, ''तुलसी की भावुकता'' शीर्षक निबन्ध में आचार्य शुक्ल द्वारा प्रस्तुत विशद विवेचन को आपने अवश्य ही पढ़ा होगा। कुछ याद कीजिए उन्होंने क्या-क्या कहा है। ''अत्यन्त सहृदयता से वर्णन'', वनगमन के ''दृश्य वर्णन में उठान'', राम के वियोग में अयोध्या की विषादमग्नता का चित्रण—आचार्य शुक्ल द्वारा दिये गये इन सूत्रों के सहारे इस दृश्य-खंड के मार्मिक और हृदयस्पर्शी चित्रण पर सम्भवत: आप भी उतने ही मुग्ध होंगे।

राम के जनगमन के पहले दशरथ-कैकेयी संवाद में अन्त:पुर के दृश्य के अन्तर्गत छल और निश्छलता, कपट और सत्य, प्रेम और द्वेष की द्वन्द्वभरी भावनाओं के संघर्ष को भी ध्यान से पढ़ना चाहिए। कैकेयी की कटु-कर्कशा और कुतर्की संवाद-भाषा प्रस्तुत करने में गोस्वामी जी को कोई हरा नहीं सकता। जनसाधारण की बातचीत में आपने नोट किया होगा कि लोग ''रघुकुल रीति सदा चलि आई। प्रान जाइ बरू

बचनु न जाई॥" जैसी पंक्ति का लोकोक्ति की तरह अपने जीवन-व्यवहार में इस्तेमाल करते हैं। दरअसल यह कैकेयी की उक्ति है जिसे उसने दशरथ को परास्त करने के लिए एक आदर्श मानदंड के रूप में पेश किया है। जब कैकेयी ने भरत के लिए राजसिंहासन और राम के लिए चौदह वर्ष का वनवास माँगा तो राजा विवर्ण हो गए मानो बिजली ताड़वृक्ष पर बरबस टूट गिरी हो :

बिबरन भयउ निपट नरपालू।
दामिनि हनेउ मनहूँ तरू तालू॥

ऐसे मन:सन्ताप के उद्विग्न क्षण में आपने कैकेयी की टिप्पणी अवश्य ही सुनी होगी—क्या भरत आपका पुत्र नहीं है? क्या मुझे आप बाज़ार से खरीदी औरत की तरह ले आये हैं? आपने वर देने के लिए कहा था। आप क्या समझ बैठे थे कि मैं वर के रूप में चबेना माँगूँगी? दशरथ को प्रचंड क्रोध से जलती हुई कैकेयी ऐसी प्रतीत हुईं मानो क्रोध रूपी तलवार म्यान से बाहर आ गयी हो—कुबुद्धि उस तलवार की मूठ है, निष्ठुरता धार है और मंथरा रूपी सान पर रगड़ कर तेज की गयी है—"लखी महीप कराल कठोरा।" राजा हार जाते हैं और राम के वनवास का आदेश होता है। कौशल्या जब यह सुनती हैं तो इस भयंकर आघात के मारे सन्न रह जाती हैं।

राम, सीता और लक्ष्मण सहित अयोध्या से विदा हो जाते हैं। इस दृश्य का वर्णन तुलसी ने इस प्रकार किया है :

लागति अवध भयावनि भारी। मानहुँ कालराति अंधियारी॥
घोर जंतु सम पुर नर नारी। डरपहिं एकहि एक निहारी॥

अगर आप रामचरितमानस और कवितावली—दोनों के वनगमन दृश्य को मिलाकर पढ़ें तो कवितावली के अनेक पद आपको काव्य सौष्ठव की दृष्टि से सुन्दर प्रतीत होंगे। उदाहरण के लिए कवितावली के ये पद :

कीर के कागर ज्यों नृप चीर, बिभूषन उप्पम अंगनि पाई।
औध तजी मगबास के रूख ज्यों, पन्थ के साथ ज्यों लोग लोगाई॥
संग सुबन्धु, पुनीत प्रिया, मनो धर्म क्रिया धरि देह सुहाई।
राजिव लोचन रामु चले तजि बाप को राजु बहाउ की नाई॥
कागर कीर ज्यों भूषन-चीर सरीख लस्यो तजि नीरू ज्यों काई॥
मातु-पिता प्रिय लोग सबै सनमानि सुभायँ सनेह सगाई॥
संग सुभामिनि, भाइ भलो, दिन द्वै जनु औध हुते पहुनाई।
राजिवलोचन रामु चले तजि बाप को राजु बटाउ की नाई॥

एक अदना से बटोही की नाईं राम अवध से विदा लेकर चल पड़े। राजवस्त्र और आभूषण तोते के जीर्ण पड़े पंखों के समान त्याग कर राम वैसे ही स्वाभाविक

सौन्दर्य से सुशोभित हो उठे जैसे काई हटने पर स्वच्छ जल। इस वर्णन को आप किस प्रकार विवेचित करेंगे? यही न कि लोकसामान्य भावभूमि पर साधारण मनुष्य के रूप में चित्रण किया जा रहा है?

आप जानना चाहेंगे कि राम के वनवास पर जनसाधारण खासकर ग्रामीण जनों की क्या प्रतिक्रिया होती है? सम्पूर्ण रामचरितमानस में ऐसे मर्मस्पर्शी कथा प्रसंगों के अवसर पर सीधे-सादे गाँव के लोगों की प्रतिक्रियाओं का बड़ा भाव विह्वल चित्रण किया गया है :

सीता लखन सहित रघुराई। गाँव निकट जब निकसहिं जाई॥
सुनि सब बाल बृद्ध नर नारी। चलहिं तुरत गृहकाजु बिसारी॥

निरीह विपन्न ग्रामीण लोग सहृदय और उदार हैं। उनके पास जो भी है, उसे लेकर सत्कार करते हैं। स्त्रियाँ सीता की आवभगत करती हैं, परिचय प्राप्त करती हैं। राम का परिचय देने में सीता को कठिनाई है। तुलसी ने बड़ी सहजता से वर्णन किया है :

खंजन मंजु तिरीछे नयनि। निज पति कहेउ तिन्हहिं सिय सयननि।
भई मुदित सब ग्राम बधूटीं। रंकन्ह राय रासि जनु लूटीं॥

खंजन पक्षी के समान अपने नयनों को जरा तिरछा करके सीता ने इशारे से बताया कि ये मेरे पति हैं। ग्राम वधूटियाँ परम आनंदित हुईं मानो कंगालों को लूट के रूप में अपार धनराशि प्राप्त हो गयी हो।

वनवास, पर्णकुटी, कन्दमूल फूल और साधनहीन वन्य जीवन। ऐसे वर्णनों के बीच आपको तुलसी की संवेदनाओं का विस्तार दिखाई पड़ेगा।

लेकिन उधर भरत और कैकेयी के संवाद में गोस्वामी जी अपनी महान कलात्मक प्रतिभा का परिचय देते हैं। सब लोग मानो इस संवाद की प्रतीक्षा में हैं। खास तौर पर यह जानने के लिए कि देखें भरत क्या कहते हैं। तब तक भरत को कुछ भी पता नहीं है। ममहर से लौट कर आते हैं। पिता की मृत्यु, स्वयं को राजगद्दी और राम को वनवास की सारी कहानी उन्हें बतायी जाती है। कुतूहल, उत्कंठा और बेचैनी के साथ भरत की प्रतिक्रिया जानने की बेसब्री है।

कैकेयी भरत से कहती है जो होना था सो हो गया, अब जी भरकर समाज सहित नगर का राज्य सम्भालो। भरत को ऐसा लगा कि घाव पर किसी ने जलता हुआ अंगार डाल दिया। लम्बी साँस लेते हुए उन्होंने कहा :

जब तैं कुमति कुमत जियै ठयऊ। खंड-खंड होई हृदय न गयऊ॥
बर मागत मन भइ नहिं पीरा। गरि न जीह मुँह परेउ न कीरा॥

भरत के निश्चल, सत्यव्रती और पवित्र हृदय के ज्ञान, विवेक और स्वच्छ विचार को दर्शाने के लिए तुलसी भरत के मुँह से शापवाणी की वर्षा करवा रहे हैं। एक

सामान्य आदमी दुष्टा स्त्री को जैसी गाली देता है, उसी तरह। भरत के चरित्र की उज्ज्वलता दर्शाकर तुलसी संयुक्त परिवार के अन्दर भाईचारे का भावोत्कर्ष दिखलाते हैं। माता की कुटिलता से शत्रुघ्न भी इतने पीड़ित हैं। ज्यों ही मन्थरा आती है शत्रुघ्न उसकी कूबड़ पर लातों से आघात करते हैं।

इसके बाद चित्रकूट में राम और भरत का मिलाप होता है। इस घटनावृत्त की कुंजी बतलाते हुए आचार्य शुक्ल ठीक ही कहते हैं कि यह "शील और शील का, स्नेह और स्नेह का, नीति और नीति का मिलन है।" (त्रिवेणी, पृ. 116)। ज्यों ही लक्ष्मण ने बताया कि भरत मिलने आ पहुँचे हैं और प्रणाम कर रहे हैं—राम प्रेमपुलकित और अधीर होकर उठ खड़े हुए—कहीं वस्त्र गिरा, कहीं तरकस, कहीं धनुष और कहीं बाण :

उठे रामु सुनि प्रेम अधीरा। कहुँ पट कहुँ निषंग धनु तीरा॥

सीता हरण के बाद राम के वियोगदग्ध हृदय की व्याकुलता के वर्णन में भी गोस्वामी जी ने अपनी महान कलात्मक प्रतिभा का परिचय दिया है। इससे बढ़कर और क्या मार्मिक आघात हो सकता है। लता, पल्लव, विटप, खग, मृग, मधुकर श्रेणी से राम पूछते हैं क्या तुम लोगों ने मेरी सीता मृगनयनी को कहीं देखा है। 'अरण्य कांड' में इस दृश्य की मार्मिकता को तुलसी बहुत सम्भाल नहीं पाते हैं। नारद से संवाद के बाद इस वृत्तान्त पर वही मायावादी टिप्पणी जड़ दी जाती है—युवती स्त्रियों का शरीर दीपक की लौ के समान है। हे मन तू उसका पतंगा न बन :

दीप सिखा सम जुबति तन मन जनि होसि पतंग।

इसके बाद लंका कांड का युद्ध वर्णन है। कल्पना-प्रसूत इस कथाबन्ध में आहत लक्ष्मण की बेहोशी के वक्त राम की व्याकुलता का वर्णन हृदयस्पर्शी है। इसके बाद रणभूमि में विरथ रघुवीर से विभीषण का प्रश्न है कि शत्रु तो बलवान है और रथ पर सवार है। भला आप युद्ध कैसे जीतेंगे। रणभूमि में इस शंका के समाधान के लिए धर्मरथ का रूपक खींच कर राम विभीषण को आश्वासन देते हैं। धर्मरथ का रूपक तुलसी के विचार दर्शन को मूर्त रूप प्रदान करता है :

रावनु रथी बिरथ रघुबीरा। देखि बिभीषन भयउ अधीरा॥
अधिक प्रीति मन भा सन्देहा। बंदि चरन कह सहित सनेहा॥
नाथ न रथ नहिं तन पद त्राना। केहि बिधि जितब बीर बलवाना॥
सुनहु सखा कह कृपा निधाना। जेहिं जय होइ सो स्यंदन आना॥
सौरज धीरज तेहि रथ चाका। सत्य सील दृढ़ ध्वजा पताका॥
बल बिबेक दम परहित घोरे। छमा कृपा समता रजु ज़ोरे॥
ईस भजनु सारथी सुजाना। बिरतिवर्म सन्तोष कृपाना॥
दान परसु बुधि सक्ति प्रचंडा। बर बिग्यान कठिन कोदंडा॥

अचल अमल मन त्रोन समाना। सम जम नियम सिलीमुख नाना॥
कवच अभेद बिप्र गुर पूजा। एहि सम बिजय उपाय न दूजा॥
सखा धर्ममय अस रथ जाकें। जीतन कहँ न कतहुँ रिपु ताकें॥

अर्थात् इस धर्मरथ में शौर्य और धैर्य पहिये हैं, सत्य और शील दृढ़ ध्वजा-पताका हैं, बल, विवेक, दम और परोपकार—ये चार घोड़े हैं जो क्षमा, दया और समता की रस्सियों से रथ को जोड़े हुए हैं, ईश्वर-भजन सारथी है, वैराग्य और सन्तोष ढाल-तलवार हैं। दान फरसा है, बुद्धि प्रचंड शक्ति है, श्रेष्ठ विज्ञान कठिन धनुष है। निर्मल और अचल मन तरकस के समान है। शम, यम और नियम बाणों के समान हैं। ब्राह्मण और गुरु का पूजन अभेद्य कवच है। इस धर्मरथ के अलावा और किसी उपाय से युद्ध जीता नहीं जा सकता। हे सखा विभीषण! ऐसा धर्ममय रथ जिसके पास हो उसे कोई भी दुश्मन हरा नहीं सकता।

अन्यायी और कपटी शत्रु से युद्ध के लिए ऐसे धर्मरथ का रूपक खड़ा कर तुलसी फिर उसी अलौकिक अति प्राकृतिक चमत्कार का सृजन करते हैं जो वास्तविक चुनौतियों के विरुद्ध तैयारी की भावना को व्यर्थ कर देता है। आपको यह शंका अवश्य होगी कि लौकिक और अलौकिक के मिश्रण से रागात्मक संवेदना का ऐसा तनाव महाकाव्यकार क्यों उत्पन्न करता है? आध्यात्मिक-धार्मिक तात्पर्यों से रचित रूपकों की भरमार तुलसी में क्यों है? ऐसे प्रश्नों के उत्तर देते वक्त कुछ समीक्षक मध्यकालीन समाज के अन्तर्विरोध की व्याख्या का ऐसा सांचा (हिन्दू-मुस्लिम संघर्ष) प्रस्तुत करते हैं जिससे एक रचनाकार के नाते तुलसी की सामाजिक सौन्दर्य-संवेदना का वस्तुगत तरीके से स्पष्टीकरण नहीं हो पाता है। एक रचनाकार के नाते तुलसी के मध्यकालीन बोध की यह सीमा भी थी और असंगति भी। बाल कांड में अवतारवादी जीवन-दर्शन के अन्तर्गत धर्म की हानि और असुरों के अत्याचार से पृथ्वी की रक्षा के लिए परब्रह्म परमेश्वर के अवतार की कथा आती है। रावण को यह वरदान प्राप्त था कि उसकी मृत्यु मनुष्य के हाथों होगी। अत: नर-रूप में राम ने रघुकुल में जन्म लिया। धर्म की रक्षा, असुर समूह का विनाश और रावण का संहार दिखलाकर रामचरित को उत्कर्ष बिन्दु तक पहुँचाने का क्रम पूरा हुआ। लंका कांड के अन्त में इस प्रचंड युद्धलीला के दृश्य चित्रण के क्रम में गोस्वामी जी कुतूहलवर्द्धक अपशकुन सम्बन्धी अन्धविश्वासों की चर्चा करते हैं। अन्त में कानों तक धनुष को खींचकर राम ने इकतीस बाण छोड़े—ऐसे बाण जो कालसर्प के समान थे—"रघुनायक सायक चले मानहुँ काल फनीस।" एक बाण ने रावण की नाभि के अमृतकुंड को सोख लिया, अन्य तीस बाणों से सिर एवं भुजाओं सहित उसका धड़ पृथ्वी पर नाचने लगा—"सिर भुजहीन रूंड महि नाचा।" धड़ प्रचंड वेग से दौड़ता है। फिर राम ने एक बाण मारकर उसके दो टुकड़े कर दिए। मरते-मरते रावण की गर्जना सुनाई पड़ी :

गर्जेउ मरत घोर रव भारी। कहाँ रामु रन हतौं पचारी॥
डोली भूमि गिरत दसकंधर। छुभित सिन्धु सरि दिग्गज भूधर॥
धरनि परेउ द्वौ खंड बढ़ाई। चापि भालि मर्कट समुदाई॥
मन्दोदरि आगें भुज सीसा। धरि सर चले जहाँ जगदीसा॥
प्रबिसे सब निषंग महँ जाई। देखि सुरन्ह दुंदुभीं बजाई॥

रावण के गिरते ही पृथ्वी काँप उठी और राम के बाण रावण की भुजाओं समेत उसके रूंडमुंड को मन्दोदरी के सामने रखकर फिर राम के तरकस में लौट कर समा गए। और अन्त में राम का तेज प्रभु राम के मुख में समा गया—"तासु तेज समान प्रभु आनन।"

अवतारी मर्यादा पुरुषोत्तम की यह पराक्रमी नरलीला अलौकिक शक्ति से परिपूर्ण है और युद्धभूमि में अतिप्राकृतिक चमत्कारों से सबको अभिभूत कर रही है। सत्य की विजय होगी—नरोत्तम राम की ही विजय होगी—सब कुछ पहले से निश्चित है। मध्यकालीन बोध की यही सीमा है। पौराणिक आख्यान परम्परा से तुलसी कोई प्रश्न नहीं पूछते, उसकी तार्किक आलोचना भी नहीं करते बल्कि उसे लोकविश्वास का हिस्सा बनाने में अपनी नई भूमिका जोड़कर और भी प्रगाढ़ता प्रदान करते हैं। इस सवाल पर हो रही साहित्यिक बहस को जानने के लिए डॉ. रमेश कुन्तल मेघ की पुस्तक "तुलसी : आधुनिक वातायन से" अवश्य पढ़ें। उनकी मान्यता है "मिथकीय रामवृत्त के चरित्र अलौकिक और लौकिक दोनों शील धारण करते प्रतीत होते हैं। अत: जिस तरह वाल्मीकि ने "रामायण" के पात्रों की वैदिक-अर्द्ध-पौराणिक व्याख्याएँ की हैं, उसी तरह तुलसी ने राम के मिथक प्रतीक (राम, रामवृत्त के पात्र, रामचरित) की "तत्कालीन एक पूर्ण वैष्णव व्याख्या" पेश की है।" (वही, पृ. 160)

आख्यान के सिर्फ हृदय विदारक घटना-प्रसंगों को चुनने की समस्या नहीं है। ऐसे प्रसंगों के चयन के पीछे अनिवार्य रूप में अन्तर्निहित विचार-दृष्टि, युगबोध, लोकहृदय की मर्मज्ञता और ऐतिहासिक प्रेरणाओं के उपादान समवेत रूप में काव्य-विवेक का निर्माण करते हैं। मर्मस्पर्शी स्थलों की पहचान और उनके कलात्मक चित्रण का प्रश्न मूलत: काव्य-विवेक की विवेचना की माँग करता है।

आपके मन में यह प्रश्न उठ सकता है कि तुलसी से सम्बन्धित समालोचनाओं में "मर्मस्पर्शी स्थलों की पहचान"वाली यह कसौटी किस सीमा तक चर्चा का विषय रही है? तुलसी साहित्य के अधिकांश मर्मज्ञों ने इसी कसौटी को अपनी साहित्यिक विवेचना का आधार बनाया है। जैसा कि पहले ही उल्लेख किया जा चुका है, आचार्य रामचन्द्र शुक्ल की "त्रिवेणी" के ऊपर उद्धृत अनुच्छेद में ऐसे पाँच मर्मस्पर्शी स्थल बताए गए हैं।

वाल्मीकि, भवभूति आदि द्वारा रामकथा में सीता के निर्वासन का प्रसंग गोस्वामी

तुलसीदास ने न तो "रामचरितमानस" में लिया, न "बरवै रामायण" में और न "कवितावली" में। वाल्मीकि ने जितनी गहरी मार्मिकता और करुणा के साथ सीता के निर्वासन और वनवास का चित्रण किया है, उसके आगे राम का वनगमन एकदम बेजान और फीका लगता है। रामविलास शर्मा ने "आदिकाव्य" नामक निबन्ध में इस प्रश्न पर बेबाक टिप्पणी की है। "राम के साथ लक्ष्मण और सीता भी गए थे और इनके साथ रहने से राम को अयोध्या की याद बहुत न आती थी। लेकिन गर्भिणी सीता को धोखा देकर उनका वन में त्याग करना ऐसी हृदय विदारक घटना है जिससे राम के वनवास की तुलना की ही नहीं जा सकती। रामायण की इसी घटना को लेकर उत्तर रामचरित और कुन्दमाला जैसे महानाटकों की रचना की गयी है। लेकिन सीता के त्याग में जिस क्रूरता का आभास आदिकवि ने दिया है, परवर्ती कवि उसे छू नहीं सके। गोमती के किनारे दुख से बेहोश होकर सीता के गिर पड़ने में जो स्वाभाविकता है, परवर्ती कवि अपने अलंकृत वर्णनों में उसे नहीं पा सके। सीता एक वीर नारी है।" (भाषा, युगबोध और कविता, पृ. 23-24)

आखिर तुलसी-साहित्य के मर्मज्ञों ने रामचरितमानस में कथा के पुनर्विन्यास के इस पक्ष पर विचार क्यों नहीं किया? इसके पीछे गोस्वामी जी की विचार दृष्टि क्या थी? क्या स्त्री को बार-बार अज्ञ, "सकल कपट अवगुन खानी" और ताड़न की अधिकारिणी माननेवाली दृष्टि ही इस काट-छाँट के लिए जिम्मेदार नहीं थी? इन शंकाओं के सम्बन्ध में अनेक विद्वानों द्वारा यह समाधान सुझाया गया है कि चूँकि तुलसीदास राम का वर्णन एक अवतारी पुरुष के रूप में करना चाहते थे, अतः लंका में विजय और रावण के संहार के साथ उनके चरित्र का उत्कर्ष राम-राज्य की स्थापना में दिखाकर उन्होंने अपने युग को एक सन्देश दे दिया है। उनका अभिप्रेत मात्र इतना ही था। आपको भी सन्देह होगा—फिर गोस्वामी जी बार-बार रामकथा के बखान की प्रतिज्ञा क्यों दोहराते हैं? सीता के निर्वासन और लवकुश के बिना यह कथा अधूरी रह जाएगी—क्या उन्हें इतना भी अनुमान न था?

इस चर्चा से आपको स्पष्ट हो गया होगा कि रामकथा के पुनर्विन्यास के क्रम में "मार्मिक स्थल की पहचान" की असफलता ने रामचरितमानस की प्रभावोत्पादकता को घटाया है। कथाविन्यास का एक और प्रसंग जिसे गोस्वामी जी ने छोड़ दिया है, वह है शम्बूक वध। वाल्मीकि के राम एक शूद्र तपस्वी का वध करते हुए जरा भी नहीं झिझकते। इधर सिर काटा, उधर देवता फूल बरसाने लगे। भवभूति के राम हिचक, खीझ और किंचित करुणा के बावजूद यह कहकर कृपाण चलाते हैं कि जिस राम को गर्भिणी सीता के निर्वासन में उद्विग्नता नहीं हुई वह राम शम्बूक का वध करने में आगा-पीछा क्यों करें। "तुलसीदास ने रामचरितमानस में राम द्वारा शूद्र तपस्वी का वध नहीं करवाया है। तुलसी के राम ब्राह्मणों का सम्मान करते हैं, वे शायद गुणी

होने पर भी शूद्र का वध नहीं कर सकते। भक्ति आन्दोलन वर्ण व्यवस्था को तोड़ता था।'' (डॉ. विश्वनाथ त्रिपाठी, लोकवादी तुलसीदास पृ. 230)

वर्णाश्रम व्यवस्था में जो सबसे नीचे था, उस शूद्र जाति के दीन-दलित तपस्वी के वध से राम के गरीबनेवाज, कृपालु और राम-राज्य के संस्थापक आदर्शवादी राजा के चरित्र की असंगति के चित्रण में अपने युगबोध और करुणा के लिए जो अवसर मिल सकता था, तुलसी उसे भी पहचान नहीं पाये।

## तुलसी के काव्य में चित्रित विस्तृत जीवन फलक

तुलसी के काव्य की विवेचना के प्रसंग में तथा भक्त कवियों के बीच उनकी विशिष्टता के सन्दर्भ में आपने आचार्य शुक्ल का सूत्र वाक्य जरूर सुना होगा—प्रत्येक मानव स्थिति में अपने को डालकर उसके अनुरूप भाव का अनुभव, जीवन की प्रत्येक स्थिति के मर्मस्पर्शी अंश का साक्षात्कार, हिन्दी के सभी कवियों में इनकी सर्वांगपूर्ण भावुकता, मानव प्रकृति के अधिकाधिक रूपों के साथ उनके हृदय का रागात्मक सामंजस्य। काव्य-सृजन के इन विशिष्ट उपादानों की व्याख्या प्रस्तुत करते हुए आचार्य शक्ल ने कहा था—''यदि कहीं सौन्दर्य है तो प्रफुल्लता, शक्ति है तो प्रणति, शील है तो हर्ष पुलक, गुण है तो आदर, पाप है तो घृणा, अत्याचार है तो क्रोध, अलौकिकता है तो विस्मय, पाखंड है तो कुढ़न, शोक है तो करुणा, आनन्दोत्सव है तो उल्लास, उपकार है तो कृतज्ञता, महत्त्व है तो दीनता, तुलसी के हृदय में बिम्ब-प्रतिबिम्ब भाव से विद्यमान हैं।'' (त्रिवेणी, पृ. 122)

रामकथा में अन्तर्भूत संघर्षशील विराट जीवन का वैविध्य तथा मुगल शासन के अन्तर्गत दुर्दशाग्रस्त वैषम्यपूर्ण जनजीवन—ये दोनों परस्पर घुलमिल गये हैं। आपने अवश्य ही ध्यान दिया होगा कि उपर्युक्त दोनों पहलुओं की परस्पर घुलनशीलता से तुलसी का काव्य इतना मार्मिक और भाव-व्यंजक हो गया है कि उत्तरी भारत के हिन्दी भाषी अपढ़ जनगण तक सुख-दुःख, हर्ष-विषाद, द्वेष-ईर्ष्या के क्षणों में तुलसी की कविता को स्वयंसिद्ध लोकोक्ति के रूप में उद्धत कर देते हैं; कभी सन्त और असन्त, सज्जन और दुर्जन का फर्क समझाते हुए, कभी खलों का स्वभाव बतलाते हुए, कभी अन्याय और अत्याचार का हवाला देते हुए, कभी नीति और अनीति, सदाचार और दुराचार की व्याख्या करते हुए। इसलिए कहा जाता है कि तुलसी लोकप्रिय हैं, लोकहृदय के मर्मज्ञ हैं। कुछ लोग धर्म और भक्ति के लिए भी उन्हें याद करते हैं। हिन्दू गृहस्थ परिवारों में रामचरितमानस के नियमित पाठ का भी चलन अभी समाप्त नहीं हुआ है। लेकिन तुलसी धर्म और भक्ति के पथ-प्रदर्शक के नाते बीसवीं सदी के श्रोताओं-पाठकों के लिए उतने प्रासंगिक नहीं हैं, जितने नैतिक लोकानुभव के सूक्तिकोश के रूप में। जब तक यह उत्पीड़नकारी वैषम्यपूर्ण समाज व्यवस्था है तब

तक तुलसी काव्य की वैविध्यपूर्ण व्यंजना की शक्ति क्षीण नहीं पड़ेगी। इस व्यंजना में भक्ति, धर्म, नैतिकता, मानवीय मूल्य, संयुक्त परिवार की आचार-संहिता, न्याय-अन्याय बोध सब कुछ समाहित रहता है। जीवन के विराट दृश्य-फलक पर तुलसी की दृष्टि की चर्चा आपको अपूर्ण प्रतीत होगी यदि आप कलियुग और राम राज्य के वर्णन को ध्यान से न पढ़ें, यदि आप दीन-दुःखी और दरिद्र जनसाधारण के प्रवक्ता और परामर्शदाता के रूप में गोस्वामी जी के विनय सम्बन्धी पदों और गीतों की संवेदनशीलता में अन्तर्निहित गहरी व्यंजना को न समझें। ''वैराग्य सन्दीपनी'' से ''हनुमान बाहुक'' तक एक रचयिता के रूप में तुलसी में हो रहे निरन्तर परिवर्तनों पर ध्यान अवश्य दें वर्ना उनकी कविताओं के बदलते हुए बहु-अर्थ और उनकी रंगारंग बहु-छवि को आप आत्मसात ही नहीं कर पायेंगे। वीतराग और वैष्णव हो जाने के बावजूद अपने युग के यथार्थ पर उनकी दृष्टि थी—अतः उनके विचार-संस्कार बाहर की दुनिया से टकरा रहे थे।

आप यह जरूर जानना चाहेंगे कि तुलसीदास के काव्य विकास की रूपरेखा क्या है? गोस्वामी जी के सृजनात्मक विकास के क्रम में ''वैराग्य सन्दीपनी'' के शान्तिपद सन्त के रूप में आत्म-साक्षात्कार का प्रस्थान बिन्दु हैं, प्रौढ़ विकास का दूसरा पड़ाव राम-भक्ति में गहरी अनुरक्ति के फलस्वरूप ''रामचरितमानस'' है; और तीसरा चरण है आत्मनिवेदन की व्याकुलता जिसकी परिणति ''विनय पत्रिका'', ''कवितावली'' और ''हनुमान बाहुक'' में होती है। पहले चरण में तुलसी बाह्य विश्व से अन्तःक्रिया का समारम्भ करते हैं। दूसरे चरण में वैष्णव आध्यात्मिकता और राम-भक्ति के माध्यम से अपने युग के पीड़ितों के एक नायक का अन्वेषण करते हैं जो लौकिक-अलौकिक दोनों हो; तीसरे चरण में पीड़ामय संसार के परिवेश में आत्मिक छटपटाहट और मोहभंग को पूरी तरह व्यक्त न कर पाने की अन्तर्वेदना है।

आपने देखा कि तुलसी के रचना संसार के तीनों चरण बाह्य विश्व से अनुकूलित हैं। इसलिए यह माना जाता है कि अपने युग और समाज के मुखर प्रवक्ता और प्रतिबिम्ब के रूप में भक्त कवियों के बीच तुलसी अद्वितीय हैं। उनके सम्पूर्ण काव्य कृतित्व में मानवतावादी नैतिकता (''परहित जैसा कोई पुण्य नहीं तथा परपीड़ा जैसा कोई पाप नहीं'') अन्तःसलिला के रूप में प्रवहमान है। रचयिता की यह नैतिकता उनके काव्य विवेक के रूप में सर्वत्र विद्यमान है।

आप पूछेंगे कि उनके दृष्टिफलक के अन्तर्गत कौन-कौन सी चीजें हैं? ज़ाहिर है कि प्रकृति, सम्पूर्ण देश, सृष्टि निर्माण के रहस्य, देव मंडल, भारतीय सांस्कृतिक परम्परा, ज्योतिष, तत्कालीन समाज की अवस्था, अर्थात अकाल, दरिद्रता, शोषण, कपट, अत्याचार, कृषक जीवन, तत्कालीन निरंकुश सामन्ती व्यवस्था, राजा-प्रजा

सम्बन्धों की वास्तविकता और आदर्श राज्य का स्वरूप, खेत-खलिहान, पेड़-पौधे, पशु-पक्षी, नदी-नाले, पर्वत, वन्य जीवन, कोल-किरात-भील, पाप-पुण्य बोध, वर्णाश्रम व्यवस्था, ब्राह्मण समाज, सज्जन-दुर्जन, छलकपट आदि न जाने कितनी चीजें उनके काव्य में समायी हुई हैं। राम कथा के विभिन्न पात्रों के चारित्रिक वैविध्य के अंकन द्वारा अपने दृष्टि क्षेत्र की व्यापकता और अपने ज्ञान प्रसार का तुलसी ने परिचय दिया है। सादृश्य विधान और प्रतीक चयन भी सर्वांगीण जीवन दृष्टि के परिचायक हैं। इसी के अन्तर्गत अन्योक्तियाँ भी आती हैं। डॉ. रमेश कुन्तल मेघ ने तुलसी पर लिखित अपनी पुस्तक में इनका व्यवस्थित अध्ययन किया है। जैसे कौओं को बड़े प्रेम से पालने पर भी क्या वे कभी मांस भक्षण छोड़ सकते हैं? मानसरोवर के जल में पली हुई हंसिनी कहीं खारे समुद्र के जल में जी सकती है? कहीं पोखरे का क्षुद्र कछुआ भी मन्दराचल उठा सकता है? संसार में जितने भी कामी और लोभी होते हैं वे कुटिल कौवे की तरह सबसे डरते हैं। राजा तड़पने लगे मानो मछली को माँजा व्याप गया हो। राजा के वचनों को कैकेयी टेढ़ा करके जान रही है जैसे ''चलइ जोंक जल व्रक गति, जदपि सलिल समान।'' नगर के लोग ऐसे व्याकुल हैं जैसे शहद छीन लिए जाने पर मधुमक्खियाँ। ऐसे न जाने कितने आलंकारिक वर्णन हैं जो मूलतः रचनाकार के सूक्ष्म पर्यवेक्षण और व्यापक दृष्टिफलक का परिचय देते हैं।

## तुलसी की काव्य कला

अभी तक आप तुलसी के काव्य में आए मर्मस्पर्शी स्थलों, तुलसी काव्य में चित्रित जीवन और कविता के बारे में तुलसीदास के विचार से अवगत हो चुके हैं। अब हम तुलसी की भाषा और रूप विधान की चर्चा करने जा रहे हैं।

### काव्य भाषा

तुलसी की सृजनशील काव्य कला की महानता को समझने के लिए सबसे पहले इस तथ्य को विशेष रूप से रेखांकित करने की जरूरत है कि उन्होंने संस्कृत और फारसी की दरबारी काव्य परम्परा और लक्षण ग्रन्थों को तिलांजलि देकर आधुनिक भारतीय भाषाओं के अभ्युदयकाल की नवीन जातीयता के उन्नयन को ऐतिहासिक कार्यभार के रूप में स्वीकार किया। दरबारी रचनाकारों और अपने युग के पंडितों की पतनशील सांस्कृतिक धारा का अनुसरण न कर तुलसी अन्य भक्तिकालीन कवियों की तरह भाषा काव्य को समृद्ध करने का निर्णय करते हैं। अपने युग के जनसाधारण की सांस्कृतिक आकांक्षा और सांस्कृतिक आवश्यकता की पूर्ति के दायित्व को एक चुनौती की तरह लेकर वे खुल्लम-खुल्ला नई धारा के सहयात्री बन गए। इस प्रश्न पर निर्णय

में उनकी युक्ति भी गौर करने लायक है :

का भाषा, का संस्कृत, प्रेम चाहिए साँच।
काम जु आवै कामरी, का लै करै कुमाँच॥

सच्चे प्रेम की अभिव्यक्ति का माध्यम नितप्रति व्यवहार की टकसाल में ढली हुई जनभाषा ही हो सकती है—ठीक वैसे ही जैसे शीतकाल में कंबल ही काम आता है, रेशमी वस्त्र नहीं। ''भाखा बहता नीर'' जैसी उक्ति के द्वारा कबीर ने संस्कृत के विरुद्ध जो तर्क दिया था, तुलसी उसी तर्क के आधार पर अपना निर्णय करते हैं। भक्तिकालीन अन्य कवियों की तरह गोस्वामी जी को भी पंडितों के द्वारा किये जा रहे उपहास और व्यंग्य की चिन्ता नहीं थी।

मध्यकालीन सामन्ती समाज के सांस्कृतिक रुढ़िवाद और पतनशील मूल्य व्यवस्था के विरुद्ध संघर्ष का जो व्यापक आन्दोलन मराठी, बांग्ला, उड़िया, असमिया समेत सभी जनभाषाओं में चल रहा था, तुलसीदास उसी आन्दोलन के एक अंग थे। रामविलास शर्मा मानते हैं कि इस आन्दोलन ने सामन्ती बन्धनों की जकड़बन्दी के बरक्स भक्त कवियों के लिए ''व्यक्तित्व की सापेक्ष मुक्ति'' का द्वार उन्मुक्त कर दिया :

''सामन्तवाद ने मनुष्य के व्यक्तित्व को अनेक बन्धनों में जकड़कर उसके विकास को रोक दिया था। जाति (कास्ट), धर्म, सम्प्रदाय, सामाजिक आचार-विचार की शृंखलाओं में बँधकर मनुष्य का यह व्यक्तित्व स्वाधीन विकास के लिए तड़प उठता था। बिना इस व्यक्तित्व को स्वच्छन्दता दिए हुए, बिना मुक्त आकाश में उड़ान भरे हुए काव्य में गेयता उत्पन्न नहीं हो सकती। ब्रजभाषा काव्य में जो अभूतपूर्व गेयता उत्पन्न हुई है, उसका सबसे बड़ा कारण इसी व्यक्तित्व की सापेक्ष मुक्ति है। सापेक्ष मुक्ति इसलिए कि सामाजिक बन्धनों से यह पूर्ण मुक्त नहीं थी।'' (भाषा, युगबोध और कविता, पृ. 48)

रामविलास शर्मा का यह उद्धरण ''मध्यकालीन हिन्दी कविता में गेयता'' शीर्षक जिस निबन्ध से लिया गया है, उसी में आगे चलकर तुलसी काव्य की गेयता—चाहे वह अवधी में लिखित हो या ब्रजभाषा में—का उपयुक्त विवेचन किया गया है। इस दृष्टि से हिन्दी भाषी जनता द्वारा रामचरितमानस का गाया जाना—एक प्रबन्ध काव्य में गेयता के गुण उपलब्ध करना निश्चित रूप से तुलसी की महान उपलब्धि थी।

भाखा में लिखने के निर्णय से तुलसी को लोक संस्कृति और जनसाधारण की दैनंदिन जीवनधारा में कलात्मक साधनों की अक्षय निधि प्राप्त हो गयी। भारत के विभिन्न जनपदों में प्रचलित लोक-संस्कृति के विभिन्न रूपों, संस्कार गीतों, पर्व-त्योहार और विभिन्न ऋतुओं के लोक गीतों से गोस्वामी जी को वे छन्द प्राप्त हुए जो अपभ्रंश काव्यों में भी व्यवहृत होकर निखर चुके थे। उपमान, रूपक, प्रतीक, बिम्ब,

मुहावरे, लोकोक्ति तथा दृष्टान्त भी इसी लोक-संस्कृति और ठेठ ग्रामीण जीवन से लिए गए हैं।

शब्द-चयन पर भी तुलसी की दृष्टि सांस्कृतिक संकीर्णतावाद से मुक्त थी। इस प्रसंग में प्रोफेसर लल्लन राय ने बताया है—"भाषा के सम्बध में तुलसी की एक अन्य विशेषता है, मुक्त रूप से दूसरी बोलियों और भाषाओं से शब्द ग्रहण। इसमें ब्रज, अवधी, बुन्देलखंडी, भोजपुरी तथा कुछ नितान्त स्थानीय शब्दों के साथ अरबी और फारसी भाषा के शब्द भी आ जाते हैं। तुलसी ने अपनी रचनाओं में इतने अधिक अरबी-फारसी के शब्दों का प्रयोग किया है, जितना शायद हिन्दी के किसी भी पुराने या आधुनिक कवि ने नहीं किया।" (तुलसी की साहित्य साधना, पृ. 144)

भारतीय वाङ्मय और विभिन्न भाषाओं तथा बोलियों से शब्द-चयन की उन्मुक्तता के कारण ही प्रसंगानुकूल भाषा शैली की विविधता विकसित करने में तुलसी अद्वितीय हैं। आचार्य रामचन्द्र शुक्ल का ध्यान गोस्वामी जी की इस विशेषता की ओर गया था। उनकी टिप्पणी है—"गोस्वामी जी ने इस बात का भी ध्यान रखा है कि किस स्थल पर विद्वानों या शिक्षितों की संस्कृत मिश्रित भाषा रखनी चाहिए और किस स्थल पर ठेठ बोली। घरेलू प्रसंग समझकर कैकेयी और मंथरा के संवाद में उन्होंने ठेठ बोली और स्त्रियों में विशेष चलते प्रयोगों का व्यवहार किया है।" (हि. सा. इ., पृ. 131)

अपने उद्‌भव काल से ही कविता मुख्यत: श्रव्य विधा है। भक्तिकालीन कवियों के काल में भी यह मुख्यत: श्रव्य विधा ही थी। इसलिए महान कलाकार की काव्य कला की कसौटी के अन्तर्गत इस बात की माँग होती थी कि रचनाकार भाषा के ध्वनि प्रवाह और गति को पहचाने। रचना की श्रव्यता के लिए यह आवश्यक माना जाता है। इस कसौटी पर खरा उतरनेवाला काव्य जन-जन का कंठहार बन जाता है और सदियों तक पीढ़ी-दर पीढ़ी लोकस्मृति में अक्षुण्ण पड़ा रहता है। विश्वनाथ त्रिपाठी गोस्वामी जी के काव्य की इस विशेषता का विवेचन करते हुए कहते हैं—"तुलसी की पंक्तियाँ लोगों को बहुत याद हैं। वे उत्तरी भारत के गाँवों, पुरबों, खेतों, खलिहानों, चरागाहों, चौपालों में दूब, जल, धूल, फसल की भाँति बिखरी हैं—इसे कहना अनावश्यक है। अवश्य ही इनका कारण उन पंक्तियों की सन्दर्भवत्ता और मार्मिकता है, लेकिन इसमें तुलसी की पंक्तियों के ध्वनि प्रवाह का भी बहुत योगदान है। तुलसी की पंक्तियों में वह रपटन और फिसलन है कि उनका एक शब्द याद पड़ जाए तो पूरी पंक्ति अपने आप ही स्मृति में उदित हो जाती है। इसका कारण है पंक्तियों में प्रयुक्त शब्दों की ध्वनिमैत्री।" (लोकवादी तुलसीदास, पृ. 139)

आगे के विवेचन में डॉ. त्रिपाठी उल्लिखित ध्वनिमैत्री के लिए अपनाए गए कौशलों का सोदाहरण विवेचन करते हैं। इन कौशलों के अन्तर्गत ही ह्रस्व स्वरान्त

पद प्रयोग और वर्णानुप्रास की छटा तुलसी की उल्लेखनीय विशेषता है। अनुप्रासों में खास तौर पर आनुनासिक ध्वनियों के आरोह-अवरोह गौर करने लायक हैं। उदाहरण के लिए "नील सरोरूह स्याम तरून अरून बारिज नयन" अथवा "किंकिणि नूपुर धुनि सुनि", "तुलसी मनरंजन रंजित अंजन नैन सुखंजन चातक से" अथवा "उदित उदयगिरि मंच पर रघुबर बाल पंतग" आदि से सम्बन्धित पदों के ध्वनि सौन्दर्य और तदनुसारी भाव सौन्दर्य को देखा जा सकता है।

## छन्द और संगीत

मध्ययुग में मुक्त छन्द का प्रचलन नहीं हुआ था। कविता छन्दोबद्ध होती थी। तुलसी संस्कृत, प्राकृत, अपभ्रंश, अवधी और ब्रजभाषा के काव्यग्रन्थों में प्रयुक्त छन्दों के अच्छे जानकार थे। इसलिए अपनी काव्यकृतियों में उन्होंने अभिप्रेत विषय-वस्तु और भाव के अनुसार विविध प्रकार के छन्दों का उपयोग किया है। "छन्द प्रबन्ध अनेक बिधाना" जैसी उक्ति के द्वारा छन्दों के भेद और प्रकार के प्रति उन्होंने अपनी सजगता का संकेत भी दिया है। उनके साहित्यिक जीवनवृत्त और सृजन-प्रक्रिया के क्रम विकास से ऐसा प्रतीत होता है कि "रामचरितमानस" की रचना से पहले एक ओर जहाँ अवधी के लोकगीतों में प्रचलित सोहर छन्द का उपयोग कर वे "रामलला नहछू" और "जानकी मंगल" की रचना कर रहे थे, वहीं दूसरी ओर अपभ्रंश काव्य परम्परा के जातीय छन्द दोहा और चौपाई में "रामाज्ञा प्रश्न" और "वैराग्य सन्दीपनी" की भी रचना कर रहे थे। इन प्रयोगों से पता चलता है कि भाखा-काव्य के लिए अपेक्षित अन्त:संगीत के अन्वेषण द्वारा वे अपना कौशल परिष्कृत कर रहे थे। जीवन की प्रौढ़ावस्था में ही "रामचरितमानस" की रचना में वे अपने को समर्थ और सक्षम समझकर जुटे। संस्कृत से अवधी-ब्रज तक की काव्य सम्पदा के अनुशीलन से प्राप्त रचना विधियों और छन्द कौशल का प्रमाण प्रस्तुत करने की दृष्टि से गोस्वामी जी के लिए यह जबर्दस्त चुनौती और आत्मपरीक्षा की अवधि थी। संस्कृत में भी वे काव्य सृजन कर सकते हैं और संस्कृत के वर्णिक तथा मात्रिक छन्दों का साधिकार उपयोग कर सकते हैं। काशी के पंडितों को यह दिखलाना आवश्यक था। भाखा काव्य के प्रति "खल उपहास" के बौद्धिक परिवेश से वे परिचित थे। वाल्मीकि, व्यास से लेकर भवभूति तक द्वारा उपयोग में लाए गए संस्कृत छन्दों में वे अपनी रचनात्मक प्रतिभा के प्रमाण प्रस्तुत कर सकते हैं, इसे सोदाहरण प्रस्तुत कर वे पंडित समाज में अपनी स्वीकृति चाहते थे ताकि यह बता सकें कि भाषा-काव्य किसी अज्ञानी गँवार की रचना नहीं है। इसलिए संस्कृत श्लोकों में अनुष्टुप, इन्द्रवज्रा, त्रोटक, भुजंग प्रयात वृत्त, मालिनी वृत्त, वसन्ततिलका वृत्त, शार्दूल विक्रीड़ित वृत्त, वंशस्थ विलय वृत्त, स्रग्धरा छन्द और नागर स्वरूपिणी वृत्त के उपयोग से गोस्वामी जी की रचनात्मक प्रतिभा के निखरे

स्वरूप का दिग्दर्शन सम्भव हुआ।

रामचरितमानस के संस्कृत श्लोकों को छोड़कर शेष सम्पूर्ण महाकाव्य में दोहा-चौपाई और सोरठा में ही रचना की गयी है, यद्यपि भावधारा और प्रसंग के अनुसार लय-गति-ताल का अनुसरण करते हुए हरिगीतिका, तोमर, अरिल्ल, त्रिभंगी आदि छन्दों के उपयोग के अनेक उदाहरण मिलते हैं। कार्य या घटना की पूर्णता पर कथाविन्यास में कड़ियाँ मिलाने के लिए मन्थर गति से चलनेवाले छन्द के प्रयोगों में नई उद्भावनाओं के प्रमाण भी मिलते हैं। चरितकाव्यों की परम्परा में परखी जा चुकी कड़वक योजना का प्रभाव रामचरितमानस पर पर्याप्त रूप में परिलक्षित होता है। चरितकाव्यों पर शोध करनेवाले डॉ. दीनानाथ शुक्ल की टिप्पणी इस प्रसंग में उल्लेखनीय है—''मानस में भी हमें संस्कृत काव्यों की सर्गनिबद्धता का नहीं प्रत्युत् कड़वक योजना का ही प्रभाव स्पष्ट रूप से दिखाई पड़ता है। इन कड़वकों में उपलब्ध होनेवाली अर्द्धालियों की संख्या के लिए कोई निश्चित नियम न तो अपभ्रंश के महाकाव्यों में ही पाया जाता है और न रामचरितमानस में ही। ''पउमचरिउ'' की बारहवीं संधि में ही हमें कहीं आठ अर्द्धालियों का कड़वक दिखाई देता है, तो कहीं नौ का। मानस में भी आठ अर्द्धालियों से लेकर सोलह तक के कड़वक देखने को मिलते हैं।'' (चरित काव्य की परम्परा और रामचरितमानस, पृ. 286)

गोस्वामी जी की अन्य प्रमुख कृतियों में ''कवितावली'' और ''हनुमान बाहुक'' के प्रिय छन्द कवित्त और सवैया हैं। ''रामाज्ञा प्रश्न'' और ''दोहावली'' में दोहा छन्द, ''पार्वती मंगल'' और ''जानकी मंगल'' में मंगल, सोहर और हरिगीतिका छन्द का उपयोग दिखाई देता है। ''विनय पत्रिका'', ''गीतावली'' और ''कृष्ण गीतावली'' में प्रगीत और मुक्तक के रचनातन्त्र का प्रयोग है। पद शैली में रचित ये प्रगीत और मुक्तक कल्याण, गौरी, असावरी, भैरवी, केदार घनाश्री, मल्हार, रामकली, टोड़ी, मारु, विलावल आदि राग-रागिनियों में निबद्ध हैं। स्वामी हरिदास की संगीत परम्परा से रस-सिक्त गायन शैली का लाभ उठाते हुए और ब्रजभाषा की मँजी हुई प्रगीतात्मकता का निखार प्रस्तुत करते हुए तुलसीदास ने संगीत के प्रति भी अपनी गहरी अभिरुचि और रागमयता का परिचय दिया है।

तानसेन, बैजू, स्वामी हरिदास, लाल खाँ आदि के द्वारा भारतीय संगीत परम्परा का परिष्कार हुआ, उसे नया रूप मिला। हिन्दुस्तानी संगीत की इस लोकाश्रित जातीय परम्परा के विकास में हिन्दू-मुस्लिम संगीतकार योग दे रहे थे। बारहवीं-तेरहवीं सदी से सत्रहवीं सदी तक सन्तों, सूफियों और भक्तों के पदों की गायन परम्परा पर संगीत के राग और ताल की गहरी छाप है। यह मूलत: लोकसंगीत है जिसे कभी-कभी मुगल दरबार में या हिन्दू-मुस्लिम रियासतों में भी आश्रय प्राप्त हो जाता था। आचार्य शुक्ल सूरदास के प्रसंग में पहले से चली आ रही जिस गीत परम्परा का उल्लेख

करते हैं, वह वस्तुतः सिर्फ ब्रजभाषा में ही नहीं है, मैथिली, अवधी, खड़ी बोली, पंजाबी, मराठी, बांग्ला आदि में भी है और इस गीत परम्परा का जातीय लोकसंगीत के रूप में अलग-अलग प्रसार हो रहा था। रामविलास शर्मा का अनुमान है "सन्तों के पद लोकगीतों का विकास हैं। दक्षिण की शास्त्रीय पद्धति के गायक त्यागराज और पुरन्दरदास के पद गाते हैं, उत्तर की शास्त्रीय पद्धति के गायक सूर, तुलसी और मीराँ के पद गाते हैं। यही नहीं, कुछ गायिकाएँ शास्त्रीय गायन का समापन कजरी या किसी अन्य संगीत से करती हैं और वादक भी अपने शास्त्रीय वादन का समापन कभी किसी लोकधुन से करते हैं। इस तरह वे उस आदि स्रोत को याद कर लेते हैं जिसने सन्तों के गायन और शास्त्रीय गायन दोनों को जन्म दिया था।" (भारतीय साहित्य की भूमिका, पृ.190)

तुलसी की सभी कृतियों में कथागायन का लोकरूप, रमेश कुन्तल मेघ के विश्लेषण के अनुसार चित्रकूट के परिवेश से ही आया है। उनके अनुसार "चूँकि चित्रकूट राम की उपासना में वृन्दावन की तरह है, अतः कीर्तनियों की भिन्न-भिन्न मंडलियों द्वारा राम के भजन और राम के लीलागान की परम्परा आज तक चली आ रही है। कहना न होगा कि गोस्वामी जी के जीवन के इस वृत्त में चित्रकूट के सम्पर्क ने तुलसी के सृजनकार्य तथा कवित्व को गढ़ा है।" (तुलसी आधुनिक वातायन से, पृ. 154)

## काव्य का रूप विधान

तुलसी ने मध्यकाल में प्रचलित काव्य सृष्टि के तीनों रूप विधानों—प्रबन्ध, मुक्तक और प्रगीत को अपनाया। कथा वर्णन की परिपाटी में अपना काव्य लेखन आरम्भ करने के पहले गोस्वामी जी फुटकर मुक्तक और पदावली में उपलब्ध सन्त काव्य की परम्परा की ओर आकृष्ट हुए थे। रत्नावली से दुत्कारे जाने के बाद जब उन्हें लौकिक-पारिवारिक गृहस्थ जीवन से विरक्ति हुई तो सन्तों की वैराग्य-प्रधान रचनाओं में ही उन्हें आत्माभिव्यक्ति दिखाई पड़ी। ऐसा माना जाता है कि "वैराग्य सन्दीपनी" के पद निर्गुण-निराकार ब्रह्म की उपासना, जीवन की क्षण-भंगुरता और इन्द्रियार्थ निषेध से भरे पड़े हैं। यह मात्र संयोग नहीं है कि तुलसीदास पश्चिमी ब्रजभाषा में अपनी रचना आरम्भ करते हैं। उदाहरण के लिए निम्नलिखित पद लिया जा सकता है, जो "वैराग्य सन्दीपनी" से उद्धृत तीसरा पद माना जाता है :

सुनत लखन श्रुति नयन बिनु रसना बिनु रस लेत।
बास नासिक बिनु लहै परसै बिना निकेत॥

अपनी इस प्रारम्भिक रचना में भी वे हरिकथा और रामकथा के अन्तर्गत ही इन पदों की रचना कर रहे थे। "वैराग्य सन्दीपनी" के पद 38 और 40 में आयी

निम्नलिखित उक्तियाँ ध्यान देने लायक हैं :

1. तुलसी भगत सुपच भलौ भजै रैन दिन राम।
ऊँचो कुल केहि काम को जहाँ न हरि को नाम॥

2. जदपि साधु सब ही बिधि हीना।
तदपि समता के न कुलीना॥

सुपच (श्वपच, चांडाल) और कुलीन में तथा साधु और कुलीन में तुलसी चांडाल और साधु को ऊँचा स्थान देते हैं। तुलसी साहित्य के मर्मज्ञ पंडित राम नरेश त्रिपाठी की दृष्टि में "तुलसीदास की सबसे पहली रचना "वैराग्य सन्दीपनी" जान पड़ती है। यह उस समय की रचना है जब तुलसीदास का झुकाव सन्तमत की तरफ रहा होगा। सन्तमत का प्रचार उन दिनों ज़ोरों पर था।"(तुलसीदास और उनका मत, पृ. 223)

"वैराग्य सन्दीपनी" के दोहे और कबीर की साखियों में काफी साम्य दिखाई देता है। डॉ. माता प्रसाद गुप्त भी प्रकारान्तर से इसी तथ्य की पुष्टि करते हुए यह कहते हैं कि "इसकी शैली और विचारधारा तुलसीदास की ज्ञात रचनाओं से भिन्न है।" (हिन्दी साहित्य कोश, खंड 2, पृ. 553) निष्कर्ष यह कि स्वतन्त्र मुक्तक रचनाविधि का रूपबन्ध प्रारम्भ में ही गोस्वामी जी को अपनी प्रतिभा के संचरण के लिहाज़ से उपयुक्त प्रतीत हुआ। विभिन्न छन्दों में मुक्तक रचना की इस प्रणाली का उपयोग उनके सम्पूर्ण कृतित्व में प्रारम्भ से अन्त तक दिखाई पड़ता है—"वैराग्य सन्दीपनी" से लेकर "कवितावली" और "हनुमान बाहुक" तक में।

"रामलला नहछू", "जानकी मंगल", "पार्वती मंगल" आदि में राम कथा के कुछ घटना प्रसंगों को वर्णन की आधारभूत सामग्री के रूप में प्रस्तुत किया गया है। कहना चाहिए कि मुक्तक और आख्यान के मिश्रित रूपबन्ध में प्रस्तुत इन काव्य-कृतियों में युवा रचनाकार की प्रयोगशीलता बरबस सन्त काव्य परम्परा से भिन्न नये आस्वाद का परिचय देती है। राम के यज्ञोपवीत और विवाह संस्कार के कथासन्दर्भ में गाये जानेवाले मंगल-गीतों के रूप में इन काव्य-कृतियों की रचना की गयी है। "रामलला नहछू" में लोहारिन, अहीरिन, तंबोलिन, दरजिन, मोचिन, मालिन आदि का रूपचित्रण किया गया है। नाइन निछावर माँग रही है, हठ और झगड़ा कर रही है। सम्पूर्ण वस्तुविधान अवध, भोजपुर क्षेत्र और मिथिला के लोकरिवाजों को सामने लाता है और इसके लिए लोकगीतों की सहज-सरल रोचक शैली अपनायी गयी है। कथावस्तु की दृष्टि से भिन्नता यह है कि दशरथ ग्रामीण स्त्रियों, खासकर निम्न कुल की स्त्रियों के रूपयौवन पर मुग्ध और आसक्त दिखाए गए हैं। मर्यादावादी तुलसी उत्तान शृंगार का ऐसा वर्णन करें, और वह भी अपने उपास्यदेव के परमपूज्य पिताश्री के चरित्र का स्खलन दिखाते हुए—यह सर्वथा अविश्वसनीय मान लिया गया और इसी के आधार

पर अनेक विद्वानों ने "रामलला नहछू" को प्रामाणिक कृति मानने से इनकार कर दिया। अद्यतन शोधकार्यों के आधार पर अब यह स्वीकार कर लिया गया है कि यह गोस्वामी जी की ही कृति है। दरअसल ये तीनों कृतियाँ अवधी में लिखी गयी हैं और इन पर लोक संस्कृति की गहरी छाप है। राम के प्रति तुलसी की अनन्य भक्ति की विकास प्रक्रिया में तथा एक समर्थ रचनाकार की सम्भावनाशील यथार्थ दृष्टि के स्वरूप ग्रहण की प्रक्रिया में दशरथ का ऐसा चित्रण—"रामचरितमानस" से पहले का एक पड़ाव प्रतीत होता है। मुक्तक और आख्यान की घुली-मिली वर्णन शैली में नाटकीय त्वरा और गति सम्बन्धी ये ऐसे प्रयोग हैं जो ग्रामीण लोक जीवन के प्रेक्षण पर आधारित हैं। "जानकी मंगल" में निबद्ध कथा यह बताती है कि अब गोस्वामी जी "रामचरितमानस" की रचना के लिए आवश्यक तैयारी पूरी कर चुके हैं।

"रामचरितमानस" के रूप विधान, प्रबन्धत्व और महाकाव्यत्व पर चर्चा इस टिप्पणी के अन्त में की जाएगी। इस बीच यह देखना आवश्यक है कि मानस के बाद लिखित रचनाओं में "पार्वती मंगल" का रूप विधान क्या है? यह एक प्रबन्ध काव्य है। इसे हम खंड काव्य या कथा प्रबन्ध की संज्ञा दे सकते हैं। इसमें शिव-पार्वती विवाह का आख्यान है। माता प्रसाद गुप्त इसे खंड काव्य मानते हैं।

प्रबन्ध काव्य के लिए अपेक्षित वर्णनात्मकता की काव्य प्रतिभा का अब पूर्ण प्रस्फुटन हो चुका है। अत: "रामचरितमानस" में वर्णित शिव-पार्वती विवाह के घटना-संयोजनों में गोस्वामी जी एक भिन्नता लाते हैं। ज़ाहिर है कि मानस में यह आख्यान शिवपुराण पर आधारित है, जबकि पार्वती मंगल में कालिदास के "कुमारसम्भव" में उपलब्ध कथा-विन्यास का उपयोग किया गया है। मानस में तो जब राम बीच में पड़ते है, तभी पार्वती से विवाह के लिए शिव राजी होते हैं, जबकि पार्वती मंगल में राम बीच में नहीं पड़ते। पार्वती की तपस्या से शिव स्वयं प्रसन्न हो जाते हैं और बटु रूप में जाकर पार्वती की परीक्षा लेते हैं। मानस में सप्तर्षि और पार्वती के बीच संवाद की योजना करायी गयी है, जबकि पार्वती मंगल में बटु और पार्वती के बीच। सोहर और हरिगीतिका छन्दों में इसकी रचना की गयी है।

कथा प्रबन्ध में क्रमश: सफलता पाते जाने की प्रक्रिया में गोस्वामी जी "बरवै रामायण" नाम से 69 स्फुट पदों के संग्रह द्वारा "कवितावली" की ही तरह सात कांडों में कथा का विभाजन करते हैं। बरवै अवधी का प्रिय छन्द है। इसकी गति और क्षिप्रता पर तुलसीदास की महारत देखने लायक है। रूप विधान की दृष्टि से कुछ आलोचक इसे मुक्तक रचना-संग्रह भी मानते हैं और कुछ इसे खंड काव्य बताते हैं। वस्तुत: "बरवै रामायण", "रामचरितमानस" का ही लघु गुटका संस्करण है, यद्यपि भाषा और छन्द की दृष्टि से इस रचना की अपनी विशिष्टताएँ हैं। अपने मित्र अर्ब्दुरहीम खानखाना की प्रेरणा से तुलसी ने बरवै छन्द में रामकथा को संक्षेप में प्रस्तुत करने के

दायित्व को कलात्मक चुनौती के साथ स्वीकार किया था। माना जाता है कि 1612 ई. में इसकी रचना हुई थी अर्थात् मानस की रचना के काफी बाद।

उल्लेखनीय कृतियों में अब ''गीतावली'' और ''विनय पत्रिका'' पर विचार करना आवश्यक है। ये दोनों ही कृतियाँ आत्मनिवेदन से लबालब गेय पद हैं। इनका रचनातन्त्र भक्तिकाल के आरम्भिक दौर की रचनाशीलता से अनुशासित है और तत्कालीन उत्तरी भारत के जनपदों में प्रचलित लोकसंगीत की टकसाल में ढल कर इनका पदविन्यास निखर उठा है।

## रामचरितमानस का रूप विधान

''रामचरितमानस'' अपनी प्रबन्धात्मकता और आख्यान के रूप विधान की दृष्टि से महाकाव्य के रूप में लगभग सर्वस्वीकृत है, यद्यपि अनेक विद्वानों ने इसे पुराण काव्य भी कहा है। तुलसी ने इस रचना का रूपबन्ध ऐसा बनाया है कि हिन्दी भाषी क्षेत्र के प्रायः सभी जनपदों में यह गाया जाता है और गाकर सुनाया जाता है। इस महाकाव्य के श्रोता और इसके आधार पर होनेवाली रामलीलाओं के दर्शक श्रद्धा से विवश होकर पौराणिक कथा गें प्रयुक्त चमत्कारों के प्रति अपने अविश्वास को स्थगित कर देते हैं, चूँकि तुलसी ने अपने नायक में ही अलौकिकता और सर्वशक्तिमानता की प्रतिष्ठा कर दी है। गोस्वामी जी के इस चरितनायक का लौकिक-सामाजिक जीवन प्रसंग इतना विराट है कि ताड़का, वाल्मीकि, अहिल्या, केवट, निषाद, जटायु, सम्पाति, सुमन्त्र आदि सब के सब कथानक के फलक पर सर्वशक्तिमान और अलौकिक के सहज मानवीय व्यापार में शामिल हो जाते हैं। वस्तुतः ये सभी किसी न किसी प्रासंगिक कथानक के अनिवार्य अंग हैं। आधिकारिक और प्रासंगिक कथानकों के बीच आख्यान और इतिवृत्त जैसा सम्बन्ध है। इस सम्बन्ध को दिखाने के लिए अनेक स्थलों पर काल भी एक ही रखा गया है। कथानकों के बीच सम्बन्धों से घटनाओं में जो मोड़ आता है अर्थात् आकस्मिकता आती है उसे दैव विधान और प्रारब्ध की तार्किकता से विश्वसनीय तथा कुतूहलवर्द्धक बनाया गया है। चित्रपटल के ऐसे आकस्मिक परिवर्तनों के लिए प्रारम्भ से अन्त तक जिन युक्तियों का आश्रय लिया गया है उनमें शंका और समाधान की प्रश्नोत्तर शैली, अवतारी महापुरुष का अतिप्राकृतिक दिव्य शक्ति का प्रदर्शन तथा कुछ पात्रों के पूर्वजन्म की कथा का वाचन आदि कौशल द्रष्टव्य हैं। बालकांड में बतौर पृष्ठभूमि शिवचरित, नारद शाप, मनु-शतरूपा, प्रतापभानु-कपटी मुनि, जलंधर-वृन्दा, रावण चरित आदि प्रासंगिक कथा इकाइयों के नियोजन में पुराणों की आख्यान शैली का अनुसरण है। इसी तरह रामचरितमानस के अन्य सर्गों में सम्पाति, लंकिनी, राक्षसी, काकभुशुंडि आदि के निजी आत्मवृत्त भी मिथकीय कोटि के ही हैं। गोस्वामी जी ने कथाविन्यास की इस संरचना के लिए पुराणों के अतिरिक्त वाल्मीकि

रामायण, अध्यात्म रामायण, कुमारसम्भव तथा पउमचरिउ जैसी चरितकाव्य परम्परा में लिखित रामायणों के प्रबन्ध कौशल को फेरबदल कर दोहराया है। रमेश कुन्तल मेघ मानते हैं कि ''इनमें निःसन्देह प्रबन्ध सौष्ठव विफल हुआ है।'' (तुलसीदास आधुनिक वातायन से, पृ. 193)

आधिकारिक कथा के घटनाविकास के अन्तर्गत वर्णित अनेक घटनाएँ परवर्ती कथावाचक के बीच लगभग पूरी की पूरी दोहरायी जाती हैं, केवल सूच्य बनकर नहीं आतीं। ऐसी आवृत्ति के द्वारा कालविपर्यय होता है, अर्थात् वर्तमान के बीच विगत आ खड़ा होता है बल्कि वर्तमान को धुंधला कर देता है। उदाहरण के लिए—दशरथ की सभा में दूत द्वारा धनुर्भंग की पूरी घटना की इतिवृत्तात्मक आवृत्ति, मारीच द्वारा रावण को दी गयी सूचना के अन्तर्गत विश्वामित्र के साथ राम के प्रस्थान का प्रसंग, विवाह के बाद लौटे राम से ताड़का वध की कथा का माताओं द्वारा श्रवण। शिव पार्वती विवाह, रति को दिये गये वरदान, शिव द्वारा पार्वती को सुनायी गयी रामकथा की काकभुशुंडि द्वारा गरुड़ को सुनाई गयी कथा में आवृत्ति—कथा विन्यास की तकनीक में ऐसे अनेक स्खलन हैं जो रामचरितमानस के महाकाव्यात्मक प्रभाव को बाधित करते हैं और सौन्दर्यात्मक संवेग की त्वरा को कुंठित करते हैं। कथा की जीवन्तता, सुशृंखलन और व्यवस्थापन के मार्ग में अनेक स्थलों पर स्तुतिपरक, उपदेशात्मक और ब्रह्मचिन्तन के तात्विक प्रसंग आते हैं जिनसे कथा प्रवाह बार-बार खंडित होकर शिथिल पड़ जाता है। ऋषियों, मुनियों और भक्तों से जब भी राम की भेंट होती है तो गोस्वामी जी अटक-भटक कर कथा की गति में अनावश्यक व्यतिक्रम कर देते हैं। वनगमन के समय राम और वाल्मीकि संवाद ऐसे ही व्यतिक्रम के अनेक उदाहरणों में से एक है।

मानस के सात सोपानों तथा चार घाटों की व्याख्या से तुलसी साहित्य सम्बन्धी समालोचना और शोधकृतियाँ भरी पड़ी हैं। मानस को धर्मग्रन्थ या भक्ति सरोवर के रूप में प्रस्तुत करनेवाले विद्वानों ने इस प्रवृत्ति को बढ़ावा दिया है। ''मानस में रामकथा'' नामक अपनी समालोचनात्मक कृति के माध्यम से पंडित बलदेव प्रसाद मिश्र ने भी इस प्रकार की विवेचना पद्धति को गम्भीर ज्ञानचर्चा का रूप दे दिया। विद्वानों के बीच इस प्रसंग को लेकर इतनी प्रतिद्वन्द्विता बढ़ी कि डॉ. उदयभानु सिंह मानस के सोपान की व्याख्या और कथा संरचना के प्रश्नों के बीच घालमेल करते हैं। उनके अनुसार ये सात सोपान रामभक्ति के सात पन्थ हैं और ''मानस भक्तिजल से लबालब भरा है। पहले ही सोपान के आरम्भ से भक्तिरस मिलने लगता है। पाठक ज्यों-ज्यों गहराई में उतरता जाता है त्यों-त्यों भक्तिजल में प्रवेश करता जाता है और सातवें सोपान पर पहुँचकर वह भक्तिरस में पूर्णतः मग्न हो जाता है।'' (रामचरितमानस, सम्पादक सुधाकर पांडेय, पृ. 153)। यद्यपि अच्छी बात यह है कि काकभुशुंडि संवाद

को उपासना घाट, शिव पार्वती संवाद को ज्ञानघाट-राजघाट, याज्ञवल्क्य-भारद्वाज संवाद को कर्मघाट-पंचायती घाट और तुलसी-सन्त संवाद को प्रपत्तिघाट-गायघाट के रूप में देखने-दिखानेवाली विवेचना पद्धति से उदयभानु सिंह ने अपनी असहमति जताते हुए इसकी व्यर्थता बतायी है। पर कथा प्रवचन परम्परा के अद्यतन आचार्य पंडित रामकिंकर उपाध्याय इन चार संवादों और मानस के चार घाटों की आध्यात्मिक और भक्तिरसमय व्याख्या से अभी भी जनसाधारण को चमत्कृत करते हैं। उनका निष्कर्ष है ''रामचरितमानस के राम ज्ञानियों के परब्रह्म परमात्मा हैं। भक्तों के सगुण साकार ईश्वर हैं। कर्ममार्ग के अनुयायियों के लिए महान मार्गदर्शक और दीनों के लिए दीनबन्धु हैं। चार घाटों के माध्यम से रामचरितमानस में गोस्वामी जी ने सारे समाज के व्यक्तियों को आमन्त्रण दिया कि श्रीराम के चरित्र से अपनी अभीष्ट वस्तु प्राप्त कर लें।'' ( मानसमुक्तावली, खंड 1, पृ. 167)

रामचरितमानस की कला संरचना में चार वक्ता और चार श्रोता के अलग-अलग स्थान, उनकी अलग-अलग प्रकार की लौकिक-सामाजिक अस्मिता तथा इनकी पृथक-पृथक कथाओं में अन्तर्भूत उपादानों की परस्पर भिन्नता के आधार पर कलात्मक और सौन्दर्यपरक व्याख्या प्रायः नहीं हुई है। इस व्याख्या पर धार्मिक और आध्यात्मिक रंग चढ़ाने में कथावाचकों का जितना योगदान है, उससे कहीं अधिक साहित्य के विद्वानों का ही योगदान है।

तथ्य की दृष्टि से यह सर्वविदित है कि अध्यात्म रामायण, काकभुशुंडि रामायण आदि से तुलसी ने शिव पार्वती और काक गरुड़ संवाद की पद्धति अपनायी है। पर इससे कहीं अधिक महत्त्वपूर्ण उस कलात्मक आवश्यकता का विवेचन हमारे विद्वान समालोचकगण भूल गए जिसके निर्णायक दबाव में उनकी सम्पूर्ण रचनाशीलता अनुशासित-अनुकूलित हो रही थी। तत्कालीन जनसमाज और सहृदय समुदाय की ऐतिहासिक पुनर्रचना कर यदि हम सोचें तो पता चलेगा कि गोस्वामी जी साक्षर समुदाय के लिए किसी साहित्यिक पाठ की रचना न कर, निरक्षर जनसाधारण को गाकर सुनायी जानेवाली कथाकृति या कथाप्रबन्ध की रचना कर रहे थे। रामचरितमानस की हस्तलिखित पोथियों से रामकथा काव्य का थोड़ा-बहुत प्रसार सिर्फ शिक्षित-कुलीन समाज में हो रहा होगा। पर एक कृतिकार के नाते गोस्वामी जी अपने कथाप्रबन्ध, गाथा या गाहा का पाठ कथा प्रवचन, लोक गायन और लीला गान सुननेवाले सहृदय श्रोता समाज के लिए तैयार कर रहे थे। नाटक-नृत्य-संगीत की समवेत विधा के रूप में अगर रामलीला तुलसी से पहले किसी भी रूप में अयोध्या और चित्रकूट में रही होगी तो तुलसी की रचनाशीलता पर जिस प्रकार की छाप पड़ी होगी, उसकी कल्पना की जा सकती है।

इस पृष्ठभूमि में रामचरितमानस के लोकरंजनकारी वाचिक पाठ के रूप विधान

पर विचार न करना और सिर्फ लिखित पाठ के साहित्यिक कलेवर के रचनातन्त्र पर विचार करना अपर्याप्त प्रतीत होता है। इन दोनों पक्षों पर गौर करने से ही पता चलता है कि हर सर्ग के नामकरण में कांड क्यों आया है। एक महागाथा के अलग-अलग कांड सीरियलों की धारावाहिकता और परस्पर पृथक घटनागाथा जैसे प्रतीत होते हैं। संस्कृत और अपभ्रंश के प्रबन्धकाव्य के अनुसार सर्गों का विधान जहाँ लिखित पाठ का वैशिष्ट्य है, वहीं विभिन्न वाचिका आख्यान की सूचक हैं।

मध्यकाल के हिन्दी भाषी क्षेत्र में सन्तों की गायी जानेवाली बानियाँ और पदावलियाँ, कृष्ण-भक्तों की रासलीला और राम-भक्तों की रामलीला विभिन्न जनपदों के सांस्कृतिक जीवन स्पंदन की ठोस अभिव्यक्तियाँ हैं। उस युग का कोई भी रचनाकार इनसे कटकर या अप्रभावित रहकर जीवन्त रचना कर ही नहीं सकता था। उस युग के किसान-विद्रोहों और धार्मिक-आध्यात्मिक रंगत लिए सांस्कृतिक क्रियाकलापों के बीच के अर्थपूर्ण सम्बन्धों की वैज्ञानिक व्याख्या से ही यह समझ में आता है कि नृत्य, गायन, कविता में यथार्थ की उत्पीड़नकारी दुनिया को क्यों खारिज किया जा रहा था—वास्तविक संसार के बीच निरुपायता कलात्मक दुनिया में मनोवांछित क्रीड़ा के दृश्यरूपकों की निर्मितियाँ प्रस्तुत कर रही थी—कभी वीतराग होकर, कभी आनन्ददायी लीला के नृत्य में तल्लीन होकर, कभी पराक्रमी नायक की प्रतिष्ठा के गीत गाकर। यह मनचाही क्रीड़ा अनुभूतियों को एक साझा तानाबाना प्रदान करती थी, अपने साथियों से साहचर्य और हिस्सेदारी के लिए अपेक्षित समान संवेदनाओं का यह भावजगत लोकख्यात नायक के अतिप्राकृतिक चमत्कारों के कारण जनजन के हृदयकुंज में आशा का प्रदीप जलाकर जगमगा उठता था। किसान-विद्रोहों में संघर्ष के कारगर औज़ार के रूप में उत्पीड़ितों के पारस्परिक साहचर्य की यह आवश्यकता गीत, गायन, कविता, लीला आदि को भी अपने रंगों में ढाल रही थी। भक्ति के प्रतीक-रूपकों से आवृत्त इस भावधारा की परस्पर-विरोधी गूँज-अनुगूँज को नये सिरे से समझने की आवश्यकता है। दरअसल दुःख दैन्य से मुक्ति दिलानेवाले अपने युग के नायक की खोज तुलसीदास को जनमन में बसे लोकख्यात वृत्त की ओर ले जाती है। एक सृजनशील कृतिकार के नाते अपने चरितनायक को जिस विचारभूमि पर वे प्रतिष्ठित करते हैं, उससे उनकी वैचारिक सीमा और असंगतियों के साथ-साथ उनकी महान कलात्मक प्रतिभा और गहरी संवेदनशीलता का भी परिचय मिलता है। "रामचरितमानस" इस दृष्टि से गोस्वामी जी की प्रतिनिधि रचना है। हिन्दी भाषी जनता का यह जातीय महाकाव्य जनजन का कंठहार क्यों बना हुआ है? इसके काव्यरूप और प्रबन्धत्व की कलात्मक विशेषताएँ क्या हैं? इन प्रश्नों पर काव्यशास्त्रीय मानदंडों के अनुसार विद्वान आलोचकों ने बहुत विस्तार से विचार किया है और सभी इस नतीजे पर पहुँचे हैं कि लोकख्यात वृत्त, सर्गबद्ध कथा, धीरोदात्त नायक की प्रतिष्ठा,

विराट जीवन सन्दर्भ, लोकमंगल के आदर्श, अन्याय पर न्याय की विजय, रस व्यंजना में वैविध्य, सहज-सुगम भाषा शैली, कथा विन्यास में आधिकारिक कथा के साथ प्रासंगिक-पताका-प्रकरी कथाओं के कलात्मक संग्रथन, मार्मिक स्थलों की पहचान, विभावन व्यापार में दृश्यात्मकता, प्रभावोत्पादक सादृश्य योजना, अलंकार विधान में अनुभवगम्य विस्तार, नैतिक आदर्शों आदि के सफल कलात्मक संयोजन के कारण रामचरितमानस एक अद्वितीय महाकाव्यात्मक कृति है।

❑❑❑